JN042789

講談社選書メチエ

781

精読 アレント『人間の条件』

牧野雅彦

MÉTIER

精読　アレント『人間の条件』◉目次

凡　例

・本書は、ハンナ・アレント『人間の条件』の構成の順序に、おおむね各章の内容が対応している。参照の便宜のため、通し番号になっている節との対応も示した。

・『人間の条件』からの引用や参照箇所の指示については、いちいち書名を示さず、原書の頁数のあとに「／」で区切って「牧野訳の頁数（漢数字）＝志水訳の頁数（アラビア数字）」の形で該当箇所を示す。

Hannah Arendt, *The Human Condition* (Chicago: The University of Chicago Press, 1958), 2nd ed., Chicago: The University of Chicago Press, 1998.

ハンナ・アレント『人間の条件』牧野雅彦訳、講談社（講談社学術文庫）、二〇二三年。

ハンナ・アレント『人間の条件』志水速雄訳、筑摩書房（ちくま学芸文庫）、一九九四年。

例）p. 1／一五頁＝9頁（原書一頁、牧野訳一五頁、志水訳九頁）

なお、ドイツ語版については、「*Vita activa*」と略記した上、同様の形で箇所を指示する。

Hannah Arendt, *Vita activa oder, Vom tätigen Leben*, Stuttgart: W. Kohlhammer, 1960.

ハンナ・アーレント『活動的生』森一郎訳、みすず書房、二〇一五年。

例）*Vita activa*, S. 13／八頁（原書一三頁、邦訳八頁）

・文献の参照箇所については、巻末「文献一覧」に従って指示を行った。なお、邦訳から引用する際には、字遣いや訳語の統一のため訳文は適宜変更している。

・action と activity の訳語について。本書では志水訳以来の定訳となっている「活動（action）」と「活動力（activity）」を「行為（action）」と「活動（activity）」とした。アレントは「観照的生活」に対応する「活動的生活」のさまざまな営みを activity とし、その中でもとりわけ公的空間での営みに action の語をあてている。後者はわれわれが「政治活動」と呼んでいるものに相当するという事情から「活動」の訳語が多くの翻訳や研究書でも用いられてきた。しかしながら、この場合には「労働」や「仕事」を含めた「活動的生活」の営みの総称をどう訳すか、という難点が生じる。アレント自身は母語であるドイツ語への翻訳では action と activity にそれぞれ Handeln（行為）と Tätigkeit（活動）をあてており、森一郎氏によるドイツ語版の邦訳でも「行為」と「活動」と訳されている。この訳語には「観照的生活」と「活動的生活」という対比に即して、後者に属するさまざまな営み全体を「活動」ないし「諸活動」と呼ぶ、という連関がより明確になるという利点があるため、右に掲げた牧野訳と併せ、この訳語を採用することとした。ただし、文脈によって「行為」ではそぐわない場合、例えば古代哲学における「観照」と「活動」という対比で action が用いられている場合などは「活動」と訳したケースがあることをお断りしておく。

はじめに――地球からの脱出と「人間の条件」の変容

ハンナ・アレント（一九〇六―七五年）の『人間の条件』（一九五八年）は、次のような印象的なプロローグで始まっている。

一九五七年、人間の手になる地球生まれの物体が宇宙に向けて発射された。この物体は、太陽や月や星など天体の運行を支配している重力の法則に従って、数週間、地球のまわりをまわり続けたのである。なるほど、この人工の衛星は、月や星とは違って、地上の時間に拘束されていつかは死んでいく人間からすれば無限とも思える周回軌道をたどる天体ではなかった。それでも、しばらくの間、この物体は、あたかも星々の崇高な仲間としてそこに住まうことを許されたかのように、天空にとどまり続けたのである。（p. 1／一五頁＝9頁）

一九五七年一〇月四日、ソヴィエト連邦による人工衛星スプートニク一号の打ち上げ成功は、ソ連が核兵器を搭載できる弾道ミサイルの開発でアメリカに先んじたことを示すものとして大きな衝撃を与えたが、アレントが注目したのは、そうした側面ではない。人工衛星の打ち上げが、人間がみずからの手で作ったものを初めて地球の外に運び出した出来事だとすれば、核エネルギーの開発は、地球上の自然にそのままでは存在しないエネルギーを地球上に持ち込むことを意味していた。[1] 人間の科学と技術が地球の外に人間の力を及ぼし始めたという意味において、人工衛星の打ち上げは核分裂に匹敵する事件だとアレントは言うのである。

ギリシア神話のイカロスの翼が示すように、人類は長い間、大地の拘束から自由になることを夢見てきた。それはまた、プロメテウスがゼウスから盗んで人間に与えた火のように、おのれの手に余る自然の力を統御しようとする営みでもあった。近代の科学と技術は、そうした人類の夢を現実のものにした。人間は今や地球の外の宇宙に手を伸ばすとともに、宇宙から獲得した力を借りて、地球の自然を意のままに操作しようとしている。それればかりではない。人間は、みずからの内なる自然、身体や生命そのものまで、みずからの手で作り出そうとし始めている。スプートニク打ち上げの成功は、地上の世界からの飛翔、自然の制約から抜け出したいという人間の願望が現実のものとなる現代という時代の開幕を告げるものだった。

しかしながら、この地球からの脱出は、人間とその生活に深刻な影響を及ぼし始めている。例えば、今日の科学における「真理」は、数学的な論証や実験によって立証され、ふつうの人間が日常的に用いる言葉では表現することができない。われわれは、科学と技術によって生み出され、維持されている自分たちの生活の営みを理解することができなくなっている。われわれ自身が行っていることを、自然の肉体的条件に拘束されたわれわれの頭脳は理解することができないのである。いずれは、われわれの頭脳に代わって人工的な機械が作られ、われわれのなすべきことを指示するようになるかもしれない。われわれは機械の奴隷というより、技術的な知識の奴隷に成り下がっている。これは地球の自然からの脱出の帰結だ、とアレントは言うのである。

そうした徴候は、もう一つの局面でも進行している。自然からの脱出の願望は、自然に制約された肉体と生命を維持するために必要な労働からの解放の願望でもあった。技術革新、とりわけオートメーションの導入は、物の生産とそのための労働にともなう労苦を飛躍的に軽減し、人間はやがて直接的な労働の労苦からほとんど解放されることが予想されるまでになっている。それにもかかわらず、われわれは自分を労働者と考えている。今日、大統領や首相はおろか、国王でさえ、自分の職務を「社会のために必要な労働」とみなしている。[2] 皮肉なことに、労働からの解放が人類の願望であったにもかかわらず、今日われわれはすべての人間が「労働者」となる社会に生きているのである。

アレントは、地球の自然からの脱出がもたらした帰結を、地上の世界からの「飛翔（flight）」と「逃避（flight）」という二重の意味を込めて、「世界からの疎外（world alienation）」と呼ぶ。この「世界からの疎外」は、いったいどのようにして始まったのか、それは人間とその生のあり方をどのように変えるのか——これがアレントが『人間の条件』で考えようとした問題である。

この問題をアレントが考える際の対話の相手が、カール・マルクス（一八一八—八三年）だった。マルクスこそ、自然という制約条件との関係において人間の能力とその発展の行く末を考察した第一の人物だからである。それでは、アレントにとってマルクスとはいかなる思想家だったのだろうか。本書では、マルクスとの関係を軸に『人間の条件』を読んでいくことにしたい。

まずは本書の内容を簡単に説明しておこう。

序章では、『人間の条件』執筆の前提作業となった講義草稿『カール・マルクスと西欧政治思想の伝統』を手がかりにして、プラトンに始まる西洋政治哲学とマルクスとの関係についてアレントの見方を整理する。アレントが古代ギリシアの都市共同体ポリスを「政治」の一つのモデルとしたことはよく知られているが、プラトン、アリストテレスに始まる西洋政治哲学は、ポリスの経験を継承しながら、アレントにとって決定的に重要だと思われる契機を排除する形で政治哲学＝形而上学を作り上げていった。ここに、政治対哲学、活動に対する観照の優位という構図が成立する。中世ヨーロッパに引き継がれたこの構図を近代になって転倒したのがヘーゲルであり、それをさらに徹底しようとしたのがマルクスだったのである。プラトンからマルクスに至る西洋政治哲学の展開についての大まかな見取り図を得ておくことは、『人間の条件』を読んでいく上で必須の前提である。

第Ⅰ章では、序章で示した見取り図を踏まえて、本書の「活動（activity）」あるいは「活動的生活」の意味について整理する。古代ギリシアにおける「観照」と「活動」の対比の構図は、中世ヨーロッパのキリスト教哲学の「観照的生活」と「活動的生活」に引き継がれるが、そこにはギリシア語からローマ・ラテン語への翻訳にとどまらない意味内容の変化があった。アレントが「労働」、「仕事」、「行為」の三つの活動の総称として用いる「活動的生活」という用語が、そこに成立する。近代における「観照」と「活動」の転倒と言われるものの内実が分かりにくいのは、「活動」の内容の変化、それを構成する三つの活動のそれぞれの意味と関係の変容があるからである。

第Ⅱ章では、「観照」と「活動」の関係の転倒、活動の相互関係の近代における変化を考える枠組みとして、「公的なもの」と「私的なもの」の関係を検討する。アレントにおける「公私」の区分は、おおむね古代ギリシアのポリスと家という実体的な区別に即して理解されているが、アレントはこれをそのまま継承しているわけではない。古代における区別とその基盤が近代になって解体したことが人間にとって何を意味するのか——この問題を考える際の基本的な論点が、ここで提示される。第Ⅲ章以降は、いよいよ「労働」、「仕事」、「行為」についての検討となる。近代、特に産業革命以降の急速な経済発展は人類に何をもたらしたのか、という問題に正面から取り組んだのがマルクスだった。

第Ⅲ章では、マルクスの理論の基軸となる「労働」の概念をアレントがどのように批判的に継承したのかを検討する。マルクスとアレントの労働概念が対照的であることはしばしば指摘されるが、にもかかわらず両者の労働概念は相互に重なり合っている。近代産業革命以来の経済と社会の発展をマルクスとアレントはそれぞれ別の角度から見ており、両者の最終的な違いは、この発展が人間と生にもたらすものは何かについての見方の相違に帰着する。

第Ⅳ章では、「仕事」＝「制作」の側面から両者の労働概念を検討する。アレントにとって「制作」の観点に偏るマルクスの労働論では、産業革命以降の経済発展の本質は把握できない。無限の拡大過程となった経済と社会の発展を抑えることができるものは何か、人間の生の決定的条件としての「世界」を維持する手がかりとなるものは何かが、マルクスからプラトンにまで遡って検討される。

第Ⅴ章では、『人間の条件』の中で最も注目され、さまざまな形で読まれてきた「行為」をめぐるアレントの議論を検討する。アレントの「行為」概念は、古代ギリシア、典型的にはアテナイのポリス共同体を舞台とする活動として理解されてきた。しかしながら、アレントにとって複数の人間の間で営まれる「行為」とは、そうした場を絶えず乗り越えていくことを本質としている。行為のもつ無限性、予測不能性に対するギリシア人の一つの解決策こそが、ポリスという政治共同体の設立だった。近代という新たな条件のもとで、それに代わりうるものは何か――これがアレントの問題である。

第Ⅵ章では、人間の条件を構成する「労働」、「仕事」、「行為」の諸活動と近代におけるその変容についての検討を踏まえて、近代における展開をもたらしたのは何かが明らかにされる。結論を先取りして言えば、地球からの飛翔と内面への逃避という二重の意味における「世界からの疎外」をもたらしたのは、人間の活動の結果としての「出来事」の連鎖だった。そこに今後の人間の生のあり方を考える手がかりもある。

序　章

マルクスと
西洋政治思想の伝統

1　古典的政治哲学の成立

アレントは『人間の条件』第I章第2節の冒頭で、人間の諸活動の総称としての「活動的生活」という用語を生み出した政治思想の伝統について、次のように述べている。

「活動的生活［vita activa］」という用語には、多くの伝統が詰め込まれている。あまりに多くの伝統が詰め込まれているので、ここで整理しておくことが必要だろう。この言葉は西洋の政治思想の伝統と同じくらい古いものだが、それ以上過去に遡るものではない。そもそも政治思想の伝統自体、西洋の人間の政治的経験のすべてを包括しているわけではなかった。それを生み出したのは、ソクラテスの裁判とそれがもたらした哲学者とポリスの対立という具体的な歴史のめぐり合わせである。こうして成立した伝統からは、ポリスとの対立という政治的な目的と直接に関わらないそれ以前の経験の多くが排除された。そうした選択と排除の終着点に位置するのが、カール・マルクスの著作である。（p. 12／三〇―三一頁＝25～26頁）

西洋の政治思想の伝統は、古代ギリシアに始まる政治の営みの経験のすべてを包括していたわけではない。それは一定の観点からする選択と排除のもとに成立した。この西洋政治思想の終着点がマルクスだ、とアレントは言うのである。

一九五三年一〇月のプリンストン大学での講義草稿『カール・マルクスと西欧政治思想の伝統』はアレントの考察のあとをうかがわせてくれる重要な資料であるが[1]、そこでは次のように書かれている。

おそらく西欧の伝統の発展に対して最も重みをもった精神史上の事実は、政治哲学が政治的なもののすべてに対する見下しと軽蔑から始まったという事実であろう。政治哲学がその打撃から立ち直ることは決してなかった。それは、思想の伝統の出発点となったソクラテス以後の哲学者、プラトンとアリストテレスによって加えられた打撃だった。ある意味で、すべてはソクラテスの死から始まったと言えるだろう。政治史上ソクラテスの裁判と有罪宣告は、宗教史上ナザレのイエスの裁判と有罪宣告が占めている位置と同じ位置を占めている。両者は、われわれの伝統――記憶された過去の物語というのではなくて――がそこから始まる転換点である。それ以前にあったもの、そして、ある程度はソクラテスやイエスのもともとの教義も含めて、いっさい忘れられるか、この伝統の用語で理解されたのである。（アーレント 二〇〇二、第一草稿、一〇〇頁）

古代ギリシア人の政治的な経験はポリスが形成される以前のホメロス時代に遡るとアレントは見ているのだが、本格的な政治の営みは自由な市民の共同体としてのポリスの設立とともに始まる。その典型が、アテナイの民主政だった。しかしながら、ペロポンネソス戦争（前四三一―前四〇四年）でのアテナイの敗北を契機として、古典的なポリスの衰退が始まる。ソクラテスの裁判はアテナイがスパルタに敗北したあとに成立した三〇人政権の崩壊後に復活した民主派の政権のもとで行われ、プラトンを含めた裕福な家柄の弟子たちはこの寡頭制支配と関係があったと言われている。なぜ古代ギリシア世界の精華とも言うべきアテナイの民主政ポリスがソクラテスを死刑に処さねばならなかったのか。プラトンの政治哲学の中には、アテナイの民主政に対する根本的な疑義が潜んでいた。

その意味で、古代ギリシアのアテナイにおけるソクラテスの裁判は、ローマ支配のユダヤにおいて行われたナザレのイエスの裁判とともに、西洋の精神史上の転機となった事件だった。裁判と処刑に至るソクラテスとイエスの言行は西洋の思想的伝統として継承されることになるが、その内容は伝承する弟子たちによって改変され、彼らがその言行で示そうとしていたことから離れてしまっている、とアレントは言うのである。

2　ソクラテス——自己の内なる対話

では、ソクラテスが本来問おうとしていたことは何だったのか。アレントはこう述べている。

ソクラテスの理解では、「汝自身を知れ」というデルポイの銘が意味するのは、私にとって現れるもの、私だけに現れるもの、私の具体的な実存に絶えず関わるものを知ることによっててのみ、私は真理を理解できるということである。絶対的な真理というものは、すべての人間にとって等しく、それゆえに各人の実存と関わりなく、それから独立しているのであって、そのような絶対的真理は、死すべき者にとっては存在しえないのである。死すべき者にとって重要なのは、意見(doxa)を真実にすること、どんな意見(ドクサ)の中にも真理を見出すこと、自分自身の意見(ドクサ)を、そこに含まれる真理を自分や他人に開示するような形で語ることである。(アーレント 二〇〇二、第二草稿、第六部、二九二頁)

死すべき存在としての人間にとって重要なことは、個人の死を超越して存在する絶対的な真理ではなく、この「世界」の中に現れる「現象」である。「世界」において、人々の間で語られる「意見」の中にしか真理は存在しない。

真実を語るということは、ソクラテスにとって第一次的に、自分自身と矛盾しないということ、矛盾したことを言わないことを意味していた。〔…〕われわれの誰もがなぜかそうした矛盾を犯すのを恐れている。そうした恐れは、われわれの誰もが一人の者(hena onta)でありながら、あたかも二人であるかのように自分自身と(eme emautō)語ることができるという事実に由来する。話すという能力と人間の複数性という事実は互いに対応している。ともに生きる他者とコミュニケートするために言葉を用いるという意味においてだけでなく、さらに重要なのは、自分自身に話すことで私は自分自身とともに生きているのである。矛盾律が論理学の最も基本的なルールとなったのは、私は一人でありながら、思考という独居[2]〔solitude〕の中で「一者の中の二者」であるからなのだ。（同書、第二草稿、第六部、二九四頁）

ソクラテスにとっては、「一者の中の二者」という形で行われる内的対話において自分自身と矛盾しないことが、真実を語ることの基準だった。自分の中に対立する「もう一人の自分」を抱え込んだまま人は生きていけない。人間は、たとえ一人の時であっても、「もう一人の自分」と生きていかなければならない。仮に誰にも見られなくても、罪を犯せばその人は自己の内部に罪人を抱え込むことになる。誰も自分の中に罪人を抱えて一生を過ごしたくはない。これが「良心」と呼ばれているものの起源だ、とアレントは言うのである。

3　存在への問いとプラトン

もとより、そうした内的対話の向こうにある「存在への驚嘆」にこそ哲学の発端があることをアレントは認めている。

驚嘆（タウマゼイン）、あるがままの存在への驚きというのは、プラトンによれば一つの情念〔パトス〕、そのままに耐えられねばならない何かであって、対話や知覚とはまったく別のものである。人が耐えるこの驚き、降りかかってくる驚嘆は言葉に関係づけることができない。なぜなら、それは言葉で表現するにはいわばあまりに一般的すぎるからである。宇宙の内部の特定の問題ではなく、総体としての宇宙の謎に直面して、人間は答えのないまま言葉を失い、どう応じていいか分からなくなる。この無言の驚嘆という状態を言葉に翻訳しようとするや否や、究極の問いと言われているさまざまの問題が定式化され始めるだろう。例えば、私はどこから来てどこへ行くのか、人生とは何か、人間とは誰か、存在とは何か、宇宙の始まりは何か、神は存在するのか、不死はあるのか、などである。こうした問いすべてに共通しているのは、それは答えられないということであり、知識の内容という点で言えばソクラテスの「私は自分が知らないということを知っている」という言葉がまさにあてはまるのだが、これを積極的な形で言い換えるなら、驚嘆という情念の最も一般的な衝撃に耐えた者の精神に残された結果はこう表現できるだろう。今や私は、知らないということが何を意味するのかを知っている、と。(アーレント 二〇〇二、第二草稿、第六部、二九八―二九九頁)

あるがままの存在に対する驚き、言葉にならない問いに対して答えを与えることはできない。答えのない問いをめぐって対話を進めたソクラテスも、存在への驚嘆に向き合っていた。無言の驚嘆から発する存在への問い、答えのない問いを問う能力なくしては、およそ人間の問いかける能力、思考の能力はない。だが、そうした驚嘆は、大多数の人々とその「世界」との間に深淵を作り出さざるをえない。

すべての偉大な哲学的探求に浸透しているこのいわば哲学的な衝撃が、驚嘆に耐える哲学者を彼がともに生きている人々から分けるのである。この少数者たる哲学者と大衆との間の相違は、大多数の人間が驚嘆という情念（パトス）を知ろうとしないからでは決してなく、彼らが驚嘆に耐えるのを拒否するという点にある。独りでいること、そして「一者の中の二者」の対話の始まりにこの衝撃があるからこそ、独りでいることが政治的な領域では猜疑の目で見られることの原因なのであり、独りでいることに続いて生ずる対話のためではない。（同書、第二草稿、第六部、二九九―三〇〇頁）

かくして、多数の人々の間で成立する「政治」と、言葉にならない存在への問いに向き合う「哲学」との間に開いた溝は、プラトン（前四二七―前三四七年）において決定的な対立となる。

プラトンにあっては、人間における「一者の中の二者」は、もはや思考の対話ではなく、身体に対する魂の支配となる。支配は何よりもまず自分自身の内部で打ち立てられ、すべての問題は、魂が身体を支配するのか、それとも身体が魂を支配するのか、ということになる。自分自身に命令し自分自身に服従することが徳のしるしとなる。言い換えれば、哲人王の専制支配は、洞窟の中で蠢く大衆と人間的事象の暗闇から哲学者を護るために必要とされるのだが、それは哲学者が自分自身の中に逃避して、自分自身に対する専制支配を打ち立てるところから始まるのである。

（同書、第二草稿、第六部、三〇二頁）

プラトンにおいて、自己の内なる「対話」は、精神による肉体の「支配」となる。自己の身体を支配する者は、自然の必然性とその最たるものである「死」を克服することができる。かくして、死と向き合い、自己をよく統御できる者、絶対的な真理としてのイデアを垣間見ることのできる哲学者こそが、肉体の必要性と卑俗な要求に屈する大衆を支配しなければならない、とプラトンは言うのである。

プラトンは「哲人王の支配」、絶対的な真理を認識する哲学者による統治によって、意見と世論が跋扈する政治のあり方を克服しようとした。そこには、師であったソクラテスを無実の罪で処刑したアテナイの民主政に対する根底的な批判が込められている。プラトンに始まる西洋政治哲学は、その初発から反政治的な性格を帯びていたのである。

　ソクラテス裁判の含意を引き出そうとした過程で、プラトンは彼の真理概念に到達した。それは、はじめから生の政治的領域に対する敵意と世論（ドクサ）に対する反感がそなわっており、彼の師が抱いていた極度に政治的な真理の観念を受け継いだものではなかった。彼は真理と世論を対立させたのだが、おそらくそれはプラトンの踏み出した最も革命的な一歩だった。そして、それが最も反ソクラテス的なものだったことは確かである。（同書、第二草稿、第六部、二九〇―二九一頁）

4　近代の転換——ヘーゲルからマルクスへ

近代は、真理と政治の関係を大きく転換する。哲学においてそうした転換を遂行したのが、G・W・F・ヘーゲル（一七七〇—一八三一年）だった。

哲学に対する政治の側からの挑戦、観照と活動〔action〕という序列に対する疑問が出される歴史的な基礎がフランス革命とアメリカ革命だったというのは真実である。それはちょうど、政治的活動に対する観照の優位というそもそもの伝統の歴史的基礎がギリシアのポリス的生活の没落にあったのと同様である。ポリス的生活が没落していくその中で、プラトンとアリストテレスはその政治哲学を築いたのである。しかしながら、ヘーゲルの哲学が伝統的な概念秩序を崩壊に導くことになった新たな要因は政治それ自体でも行為でもなく、歴史というものを重視するまったく新しい見方であった。それまで歴史というものは、過去における人間の活動や受難の物語であって、哲学者からはほとんど顧みられなかった。人間にとって研究に値するものと哲学者がみなしていたのは、数学的なものだけであり、のちには自然科学だった。その歴史が突然、人間に対して絶対的真理を開示するという至上の尊厳をもつことになったのである。（アーレント 二〇〇二、第二草稿、第六部、三〇三—三〇四頁）

西洋哲学の思考の枠組みを確立したプラトンとアリストテレスの哲学は、古典的なポリスの没落とともに成立した。政治に対する根本的な懐疑、活動に対する観照の優位という彼らの政治哲学は、自由な市民の政治共同体としてのポリスの危機に対する応答だった。この西洋政治哲学の伝統的な枠組みを根底から覆（くつがえ）したのが、歴史過程そのものを真理の発現の場として捉えるヘーゲルの歴史哲学である。フランス革命（とアメリカ革命）から始まる歴史の展開を踏まえて、ヘーゲルは真理と現象という二分法の枠組みそのものを解体したのである。出来事の展開そのものの内に真理は開示される。そこでは、観照に活動が取って代わる。真理の体現者としての絶対的精神の発展過程としての歴史というヘーゲルの議論の延長線上にマルクスは立っている。

マルクスの見解は、まさに歴史のこうした新たな称揚という背景から捉えなければならない。〔…〕ヘーゲルが述べたように、真理が人間の活動〔action〕を通して開示されるほかないのだとすれば、それは人間によって制定されうることになる。哲学が、真理の探究という点で、歴史の弁証法的な運動法則の中にその実現法則を発見することで終わったのだとすれば、哲学はみずからを廃棄する地点に達したことになる。哲学の実現は、哲学を不必要なものにし、それを廃棄するのだ。言い換えれば、その始まり以来互いに支え合ってきた哲学と政治は、その終わりにおいてまったく同じものになるのである。すなわち、政治が哲学を実現する。それは、少数者が一人で行っていた思考の対話という特権的な活動とまったく同じものを、人々がともに生きること自

体がついに生み出すというのだ。（同書、第二章稿、第六部、三〇五―三〇六頁）

観照の下に貶められていた活動が、みずから真理を実現できるとすれば、哲学は特権的な地位から引きずり下ろされ、実践としての活動そのものが真理を体現するものになる。有名な「フォイエルバッハに関するテーゼ」（一八四五年）の第一一番で、マルクスはこう述べている――「哲学者たちは、世界をいろいろに解釈してきたにすぎない。重要なのは世界を変革することである」。

5　自然と人間の物質代謝

ただし、マルクスとヘーゲルの間には決定的な相違がある。それが自然と人間の関係である。人間は、その生命を維持・再生産していくにあたって、外的な自然を必要とする。人間は他の生命有機体と同様に、外部の自然に働きかけ、そこから物質を摂取して、みずからの生命を維持・再生産する。これが「自然と人間の物質代謝」である。

労働はまず第一に、人間と自然の間の一過程である。すなわち、人間がその自然との物質代謝を、彼自身の行為によって媒介し、規制し、調整する過程である。人間は、自然素材そのものに対して、一つの自然力として相対する。彼は、自然素材を、彼自身の生活のために使用しうる形態において獲得するために、彼の身体のもっている自然力、すなわち腕や脚、頭や手を動かす。この運動により、彼の外にある自然に働きかけ、これを変化させるとともに、同時に彼は彼自身の自然を変化させる。彼は、彼自身の自然のうちに眠っている潜在能力を発現させ、その諸力の活動を、彼自身の統御に服させる。(『資本論』第一巻第三篇第五章第一節「労働過程」、マルクス 一九六九―七〇、(2)九頁)

人間は「自然との物質代謝」の中で自然の素材に手を加え、これを変化させるとともに――自然の一部としての――自分自身をも作り変えていく。そこには、ヘーゲルの「精神」のもつ能動性が組み込まれている。マルクスは、このような形で、ヘーゲルの「精神」のダイナミズムを、歴史の発展の原動力としての「生産力」のダイナミズムに読み替えたのである。

『人間の条件』は、マルクスのこの問題設定を継承している。生命有機体としての自然の制約――その基盤は地球上の自然である――を前提としながら、人間はそのさまざまな能力、「活動（activity）」を通じて、そうした条件のあり方そのものを作り変えていく――おそらくは地上で唯一の――存在である。近代に始まる自然科学と技術の発展は、ついにそうした自然的条件をも克服するかに見えるところまで来ている。それをもたらした人間の能力とは、いったいどのようなものなのか。それが人間と、そして人間を取り巻く自然にもたらすものは何なのか。これらの問題にマルクスとは違った展望を見出そうとすること――これが『人間の条件』を貫く主題である。

第Ⅰ章

観照的生活と活動的生活

1　アウグスティヌスと古代世界の没落（第2節）

さて、ここで「観照」と「活動」をめぐる古代ギリシアから中世への概念の継承と変容の問題を整理しておかなければならない。

アレントは、生命の再生産に関する営みとしての「労働」、自然に対して人工的な「世界」の基礎となる事物を作り出す「制作」＝「仕事」、人間相互の関係において営まれる「行為（action）」――これらの「活動（activity）」の総称として「活動的生活（vita activa）」というラテン語を用いている。これは古代ギリシアの「観照」と「活動」――「観照的生（bios theōrētikos）」と「政治的生（bios politikos）」――に対応するラテン語訳「観照的生活（vita contemplativa）」と「活動的生活（vita activa）」に由来するが、古代ローマにおけるラテン語の対比が中世ヨーロッパのキリスト教思想に継承される過程で、その意味内容は大きく変容している[1]。したがって、アレントの定義する三つの活動と、ギリシア・ローマからキリスト教に至るヨーロッパの思想的伝統における「活動的生活」との間には明らかなズレがあることに注意しておかなければならない。

古代ギリシアでは、都市共同体（ポリス）と家共同体（オイコス）が画然と区別され、家を支配する家父長が自由な市民として両者を接合する、という構造をとっていた。ポリスで行われる自由な市民の営みが「政治」（アレントの言う「行為」）であり、これに対して家共同体は生活の必要のための営み（アレントの言う「労働」）が行われる場だった。

しかしながら、ローマ帝国の崩壊によって都市共同体が最終的に解体されることで、「活動的生活（vita activa）」という用語は、もともとの意味を失い、この世界の事物に対する積極的な関わり一般を意味するようになる。それまで「仕事」や「労働」とは明確に区別されていた政治的な「行為」も、「仕事」や「労働」と並ぶ「活動的生活」の一部として、「観照的生活（vita contemplativa）」に対置されることになったのである。

古代から中世ヨーロッパへの転換点に立っていたのが、アウグスティヌス（三五四―四三〇年）である。ローマ帝国という地上の権力の崩壊に直面して、キリストの再臨のあとに来たるべき「神の国」と現在の地上の世界の秩序である「地上の国」との関係をアウグスティヌスは明らかにしようとした。そこでは、ギリシアからローマへ引き継がれた共和制的伝統がキリスト教の立場から再構成される。[2]もとよりアウグスティヌスのようなキリスト教の信仰の立場からすれば、キリストの再臨と最後の審判のあとの復活後の世界に至る前の世界は、いわば、かりそめのものにすぎない。したがって、来たるべき来世への準備として、世俗の「活動的生活」から隔離したところで行われる「観照的生活」こそが自由な生活様式とされることになったのである（p. 14／三三頁＝27～28頁）。

中世キリスト教における「活動的生活」に対する「観照的生活」の優位は、プラトン以降の西洋政治哲学における「政治」に対する「観照」の優位と一致する。そのために、古代ギリシアにおける「観照」と「活動」の区別が中世ヨーロッパに継承された際に生じた「活動的生活」の内容そのものの変容――狭義の政治的行為から、活動的な現世的生活一般への拡大――は見落とされることになった、とアレントは言うのである。

観照的生活と活動的生活：諸活動の位置関係の変遷

古代ギリシア（アリストテレス）
観照的生活（bios theōrētikos）
ポリス的（政治的）生活（bios politikos）
………
［制作］
［労働］

ローマ（アウグスティヌス）から中世へ
観照的生活（vita contemplativa）
活動的生活（vita activa）
活動 ┬ 行為（action）
　　 ├ 仕事＝制作（work）
　　 └ 労働（labour）

2　不死と永遠（第3節）

古代ギリシア・ローマから中世ヨーロッパへの移行にともなう、もう一つの重要な変化は、人間の生と時間の関係についての観念が転換したことである。古代ギリシア人の理解において「不死」とは、地上の世界において死ぬことのない生命のことを指していた。それを享受しているのは、オリンポスの神々と自然であり、絶えず循環する自然と不老不死の神々の間にいるのが、死すべき存在としての人間だった。したがって、人間にとっての理想とは、神々のように自然の循環に抗して持続するものを作り出すことだった。のちに第Ⅴ章（第27節）で述べるように、ポリスというのは人間が「不死」にとどまろうとする努力の結果として生まれたものだったのである。

プラトンに始まる政治哲学は、「不死」の理想から、永遠の真理を求める「観照」へと、その求めるべき目標を転換した。永遠に続くと思われていたローマ帝国が崩壊したあとには、地上の世界における「不死」への努力は空虚な試みとして退けられ、個体の生命の永遠を説くキリスト教の福音が人々の心を捉えることになった。それとともに、古代ギリシアにおける「不死」への努力としての「政治」も忘却されてしまったのである。こうした「活動的生活」の意味変容を踏まえて、アレントは次のように述べている。

それゆえ、私がここで提案している「活動的生活」の用語法が伝統とは明らかに矛盾しているとしても、そうした区別の背後にある経験の妥当性を否定しているわけではない。そうした区別に当初から含まれていた上下関係に、私は疑問を抱いているのである。真理は啓示されるものであって、本質的に外から人間に与えられるものだ、という伝統的な観念に反対して議論を挑むつもりはないし、人間は自分が作った物しか理解できない、という近代のプラグマティックな主張を支持しているわけでもない。私が問題にしているのはただ、伝統的な序列における観照の圧倒的優位のために「活動的生活」内部の区別が曖昧にされてきた、ということだけである。近代になって伝統からの断絶が進み、マルクスとニーチェによって最終的にこの序列が転倒されたように見えるにもかかわらず、事情はまったく変わっていない。彼らによる哲学体系あるいは既存の諸価値の「転倒」はよく知られているが、概念の枠組みはほとんどそのまま残されているのである。(pp. 16-17／三六頁＝31頁)

プラトン以来の西洋政治哲学の観照と活動という伝統的な枠組みからの訣別を遂行したヘーゲルを受けて、マルクスとニーチェがそれぞれの仕方で伝統的な枠組みを転倒しようとしたにもかかわらず、彼らの試みは不徹底なものに終わった。彼らはなお伝統的な諸活動の序列にとらわれている。人間の諸活動のあり方が大きく変容しようとしている現在、改めて「活動的生活」を構成する諸活動の内容とそれぞれの関係を検討しなければならない。『人間の条件』における「労働」、「仕事」、「行為」の検討は、そうした観点からなされている。

第Ⅱ章

公的なものと私的なもの

1　アテナイにおける古典的ポリスの成立（第4節）

(1) クレイステネスの改革

古代ギリシアの都市共同体（ポリス）が家共同体（オイコス）の領域とは画然と区別されており、公的領域と私的領域の区別もそこに依拠していることは、アレントの本書での議論以来、よく知られている。ポリスが本格的に成立したのはいつの時点であるか、アレントは具体的には語っていないが、おそらくクレイステネス（前六世紀）の改革以降だと考えている。第Ⅱ章第4節で、アレントはこう述べている。

> ポリスの創設に先立って、部族〔phratria〕や胞族〔phylē〕のような血縁に基づいて組織された単位がすべて解体されたというのは、アリストテレスの意見や理論の上のことではなく、歴史的な事実そのものだった。[1]（p. 24／五四頁＝45～46頁）

ポリスの創設のためには、まず氏族や種族などの血縁的ないし疑似血縁的な組織は解体されなければならなかった。そうした編成替えの事例としてアリストテレスが挙げているのが、アテナイの民主政を確立したと言われるクレイステネスの改革である。アリストテレスは『アテナイ人の国制』第二一章で次のように述べている。

> 今や大衆の指導者となった彼〔クレイステネス：引用者注〕は僭主の仆（たお）れてのち第四年目に、すなわちイサゴラスのアルコンの年〔前五〇八／七年〕に、まず第一に全人民を四つの部族の代わりに十の部族に分けた。これは以前より多数の人々が参政権に与り得るために人々を混淆しようと欲したからだった。そこで氏を調べようとする者に対して「部族の区別をせぬように」と言われた。次に在来の四百人の代わりに五百人の評議会を設け、各部族から五十人を出させた。在来は〔部族ごとに〕百人であった。彼が十二の部族に分かたなかったのは前から存したトリッテュス〔部族の三分の一を包含する団体〕に一致して人民を分けるのを避けたためであった。何となれば在来は四部族から十二のトリッテュスがあり、そこで〔もし一二部族に分かてば〕大衆混合の目的を達しなかったであろうから。彼はまた全国土を数区（デモス）からなる三十の部分に分かち、十は中心市とその周囲から成り、十は沿岸から、十は内地から成るようにし、これをトリッテュスと呼び、各部族がすべての三つの地域に与り得るように各部族に三つのトリッテュスを抽籤で帰属せしめた。そして各区に住んでいた人たちをお互いに区民（デモテス）としたがこれは父の名によって呼んで新市民を判別することなく、所属の区によって呼ぶようにするためであった。（アリストテレス 一九八〇、四四―四五頁）

クレイステネスの改革によって、それまでは血縁的な紐帯に基づく有力氏族によって支配されていた都市共同体に、平民の参加が認められるようになる。それは、氏族・部族の血縁単位から地区（デーモス）を基盤とする組織単位への編成替えでもあった。デモクラシーというのは、デーモス＝民衆の支配であると同時に、デーモスという地域単位によって共同体が編成される体制のことを意味していたのである。

(2) 私有財産の形成と「国家」の成立――マルクス、エンゲルス

アレントと同じく、血縁的組織としての氏族の解体をアテナイの民主政ポリス確立の決定的契機と見たのが、マルクスの盟友フリードリヒ・エンゲルス（一八二〇―九五年）である。エンゲルスは『家族・私有財産・国家の起源』（一八八四年）において、アメリカの人類学者ルイス・ヘンリー・モルガン（一八一八―八一年）の『古代社会』（一八七七年）の議論に依拠しながら以下のように論じている。

モルガンが『古代社会』で繰り返し強調している論点の一つは、通常血縁的な組織として、ひとしなみに取り扱われる家族と氏族が、まったく構成原理を異にする社会組織だということである。血縁的な紐帯に基づく氏族というのは、母方であれ、父方であれ、当然のことながら、家族の構成員の一部しか包摂しない。したがって、氏族を単なる家族の拡大延長や複数の家族の集合体として考えることはできない。古代社会において社会組織の基礎となったのは、家族とは組織原理を異にする氏族制度だった。

古代社会における政治共同体は、この氏族を基礎単位として組織されている。モルガンはアメリ

カ・インディアンの氏族組織のうちに、その原型を見出した。彼が調査したイロクォイ族の政治共同体は、部族、胞族という政治的・地域的な編成と、血縁的な氏族という二つの系列の編成原理によって構成されている。[2] すなわち、イロクォイの各部族――モーホーク、オナイダ、オノンダガ、カユーガ、セネカ、タスカローラ――は、それぞれ異なる二つの系列の氏族のグループである胞族（Phratry）によって構成される。例えば、セネカ・イロクォイ族は次の二つの胞族から成っている。

第一胞族：熊、狼、海狸（ビーバー）、海亀
第二胞族：鹿、鷸（しぎ）、蒼鷺、鷹

氏族は共通の祖先としてのトーテムを戴く母系の血縁集団で、もともとは胞族内部の婚姻も禁止されていたことから、氏族は胞族から分化していったものとモルガンは推測している。互いに婚姻規制によって形成された氏族・胞族のグループが、婚姻による息子あるいは娘の交換を通じて結びついたのが部族ということになる。

このような血縁的な組織としての氏族を、一定の地域を包括する政治的共同体としての部族へとまとめ上げるのが酋長制である。イロクォイ族の場合には、氏族は一定数の世襲の酋長と、個人的な能力に基づく一代限りの普通酋長を選出し、部族はこれらの酋長から成る会議によって代表される。モルガンによれば、セネカ族の場合、ニューヨーク州だけでも約三〇〇〇人の構成員に対して八名の世襲酋長と六〇名の普通酋長がいたという。

イロクォイ族全体の部族連合体も、同様の原則で編成される。そこでは、各部族の世襲酋長によって構成される総会議が――部族単位の投票と全員一致の原則に基づいて――公共問題を決定した。さらに、軍事的な必要に応じて二名の最高軍事酋長を任命する。古代ローマが二人の執政官（コンスル）を選出して、一方に権力が集中することを防いだのと同じことをイロクォイ族は行っている（モルガン 一九五八―六一、(上)二〇一頁）。こうした氏族を単位とする部族の自治を、エンゲルスは高く評価している。

そして、その無邪気さと単純さにもかかわらず、なんと驚くべき制度であろう、この氏族制度は！　兵隊も憲兵も警察官もなく、貴族も国王も総督も知事も裁判官もなく、監獄もなく訴訟もなく、それでいて万事が規則正しく行われる。すべての不和や争いは、それに関係するものの全体、つまり氏族か部族かによって、または個々の氏族相互の間で決定される――ただ極端な、まれに用いられる手段として、血の復讐の脅威があるだけである。今日の死刑もまた、これの文明的形態にすぎず、文明のあらゆる長所と短所にとりつかれている。共同の事項は今よりもはるかに多い――家計は一連の家族の共同世帯で共産制的に行われ、土地は部族所有であり、わずかに小園圃だけが世帯に一時的に割り当てられている――にもかかわらず、現代の広汎で複雑な行政機構の一欠片さえ必要とされない。決定は当事者たちがするのである。そして大部分の場合には、数世紀にわたる慣習がすでに万事を規制していた。貧乏人や困窮者はありえない――共産制的世帯と氏族は、老人や病人や戦争不具者に対する義務をわきまえている。万人が平等であり自由である——女もまたそうである。奴隷はまだ存在する余地がなく、他部族の抑圧もまだ原則として存在する余地がない。イロクォイ族は、一六五一年ごろにエリー族と「中立部族」とを征服したとき、彼らに対して同権者として連合体に加入するよう提議した。敗北者は、これを拒否したときに初めて、彼らの領土から追い出された。そして、このような社会がどのような男女を生み出すかは、堕落していないインディアンに接したすべての白人が、この未開人の人格的威厳、率直さ、性格の強さ、勇敢さに驚嘆していることが、これを証明している。（エンゲルス 一九六五、一二七—一二八頁）

エンゲルスにとって、「国家」成立前の氏族の連合体こそ、階級支配と国家が廃絶されたあとに設立されるべき新たな政治体のモデルだった。

しかしながら、氏族の血縁的組織を基盤とする部族の政治的共同体は変容していく。その契機となったのが、私有財産とそれを原動力とする家父長制の形成だった。家共同体における父親＝男性の家父長制支配は、古来からの家族や氏族とは基本的に性格が異なる[3]、というのがモルガンやエンゲルスの理解である。

今や畜群やその他の新しい富とともに、家族の上に一つの革命がやってきた。生業はいつも男性の仕事であったし、生業のための手段は彼によって生産され、彼の財産であった。畜群は新しい生業の手段であり、さしあたりはその馴致が、のちにはその見張りが彼の仕事であった。したがって、家畜は彼のものであり、家畜と交換に得られた商品や奴隷も彼のものであった。今や生業がもたらす剰余はすべて男性の手に帰した。女性もその享受にはあずかったが、その所有にあずかることはなかった。「粗暴」な戦士・猟人は、家庭では女性に次ぐ第二の地位に満足していたが、「より柔和」な牧人は、自分の富をたのんで第一の地位にのし上がり、女性を第二の地位に押しのけた。しかも、彼女は不平を言うわけにはゆかなかった。家族内での分業が男女間の財産分配を規制していた。その分業は以前のままであったが、それにもかかわらず、今や従来の家庭の関係を逆転させた。それはひとえに家族の外部での分業が異なったものになったからである。それまで家庭における女性の支配を保証していた原因、すなわち女性が家事労働に局限されていたというこの同じ原因が、今では家庭での男性の支配を保証した。（同書、二一四頁）

私有財産の形成は、モルガンの言う母権から父権への決定的転換をもたらすことになる。それは「女性の世界史的敗北」だった。私有財産とその相続をめぐる利害関心によって形成された男性優位の家父長制的家族が、氏族という血縁組織とその上に立つ民主政の解体をもたらしたのである。[4] エンゲルスは、ここに「国家」の成立の契機を見ている。

このようにしてわれわれは英雄時代のギリシアの制度のうちに古い氏族組織がまだ生き生きとした力をもっていたのを見るが、しかしまたすでにその崩壊の端緒をも見るのである。すなわち、父権制と子への財産の相続、これによって家族内での富の蓄積が支援されて、家族が氏族に対立する一個の力となったこと。富の差が、世襲の貴族および王位の最初の萌芽を形成することによって、その制度に反作用をおよぼしたこと。〔…〕要するに、富が最高の善として賛美され尊敬されて、古い氏族秩序が富の暴力的な略奪を正当化するために乱用されたこと、これである。だが、一つだけがまだ欠けていた。個々人が新たに獲得した富を、氏族秩序の共産制的伝統から守るばかりでなく、また以前にはあれほど軽視されていた私有財産を神聖視し、この神聖化をあらゆる人間共同体の最高目的だと宣言したばかりでなく、あいついで発展してくる財産獲得の新しい諸形態、したがって不断に加速される富の増殖の新しい諸形態に、全社会的承認の刻印をおした一つの制度が。はじまりつつあった社会の諸階級への分裂を永遠化したばかりでなく、有産階級が無産階級を搾取する権利や、前者の後者に対する支配を永遠化した一つの制度が。

そして、この制度は出現した。国家が発明されたのである。（同書、一四二―一四三頁）

エンゲルスにとって、血縁的な氏族制度に基づく連合体――いわば原始的な民主制――を解体して地域的な支配としての「国家」の本格的成立を推進したものこそ、家父長制的な私有財産の利害だった。古代ギリシア・アテナイの民主政ポリスにおけるデーモスという地域基盤への編成替えは、その本格的な確立を告げるものだったのである。[5]

古代ギリシア・アテナイの民主政において世界史上初めて本格的に登場する政治共同体、地域を基礎単位とする政治体としてのポリスが氏族制的な組織の解体によって成立した、というこの点において、エンゲルスの認識とアレントの認識は、ほぼ一致している。[6] 地域的な政治的共同体としてのポリスの形成の原動力となった家族と私有財産の評価をめぐって、両者は分かれてくることになる。

2　古代における公私の区分（第5節）

(1) 必然性の領域としての「私的なもの」

それでは、古代ギリシアのアテナイで成立する古典的な都市共同体＝ポリスと家共同体＝オイコスという二元的構成——マルクス、エンゲルスによれば、家父長制的な家族と私有財産を基礎として、その上に存立する市民の共同体という構成——において、「公的なもの」と「私的なもの」の区別の基準はいかなるものだったのか。アレントにとって、古代の都市共同体における公私の区別は、何よりも生命維持の必要性・必然性からの自由に関わっていた。

家という領域の決定的な特徴は、欲求や必要に迫られた共同生活の場だということにある。人々はそこで生命そのものに駆り立てられて共同生活を行う——プルタルコスは、古代ローマの家の守護神ペナーテースを「われわれに生命を与え、肉体を養う神」だと述べている。個体の生命を維持し、種として存続していくためには、他者と共同しなければならない。個体の維持が男の任務であり、種の生存が女の任務であることは明白だった。自然が与えたそれぞれの役割、食料を獲得して個体を維持する男の労働と、出産という女の労働は、どちらも生命維持という必要性に服していた。家で営まれる自然な共同関係は必要性から生まれ、そこでは必要性がすべての活動を支配したのである。（p. 30／六〇頁＝51頁）

古代ギリシア・ローマを典型とする都市共同体における家族は、生活のための必要を充足することをその機能としていた。個体の維持と再生産を通して種の存続を図る営み、主に家で行われてきた営みを、アレントは「労働」と定義するのである。

およそ有機的生命体としての人間種族が今のままであるかぎり、種の再生産のための機能、性交から妊娠、出産に始まって、他の動物と比べて長期にわたる育児、自立するまでの保護と扶助、さらには老齢にともなう介護といった一連の営みを誰がどのように担うのかは――まさしく生命の必然性に規定された――永遠の課題だろう。

ただし、今日この局面にも「地球からの飛翔」がさらに進行しつつある。生命過程に人間の技術が介入しつつあるという事態をどのように考えるか、という問題である。人工授精や遺伝子操作によって出産が操作され、あるいは有機的な肉体も器具や機械によって置き換えられる。その機械の素材も今日では無機物とは限らないし、飲食や排泄そのものも別の過程で代替されることになるのかもしれない。

「プロローグ」でアレントも述べていたように、人間がもし生命を人為的に作り出して、出生＝出産そのものを統御することができるようになれば、男女の分業は「人間の条件」から外れるようになるだろう。ただし、個体の維持と出生による種の維持という条件は残り続ける。あるいは、この条件も変更されるようになるのだろうか。[7] そこまで行かなくとも、生命過程を補助するさまざまな用具や機械の開発、とりわけ育児、教育、介助や介護など、人間が「独り立ち」できるまでの補助、そして老いてこの世界から退場する過程や各種の障碍者に対する補助の過程のＡＩ操作による機械化は、すでに進行しつつある。それはいったいわれわれに何をもたらすのか。アレントの「労働」の概念は、そうした問題を考える手がかりを与えてくれているのである。

(2) 必然性からの自由の領域としての政治

私的領域が生命とその再生産のための必然性に支配された領域であるのに対して、ポリスというのは必然性から解放された自由な市民の営みの領域だった。生命の維持という自然的必然性、つまり日々生きていくための必要性が満たされて初めて、市民はポリスという公共の場での自由な営みに携わることが可能になる。必然性の領域としての家と自由の領域としてのポリスとはコインの裏表のような関係にあった。

古代において、家の中で暴力の行使が正当化されたのは、力によって奴隷を支配することが生命の必然性を克服して自由になるための唯一の手段だったからである。人間と人間の間で「暴力」を用いてなされる強制と、自然の必然性への服従とは同じものではない。奴隷は、生命の必要性に全面的に従属し、そのための労働に従事するだけでなく、支配者の必要性を充足するために人為的な暴力に従属する、という二重の意味で不幸な存在だった（p. 31／六一頁＝52〜53頁）。

もとより古代における「家」は、ホッブズやロックなどによる近代の社会契約論が想定するような

「自然状態」ではない。古代人にとって、「ポリス」が設立される以前の状態が一定の人間関係であることは自明だった。今日われわれが「社会関係」と呼んでいる領域は、古代人にとっては「私的」な領域だった。家の内部で家父長が暴力を用いて家族と奴隷を支配する関係は、「政治」とは異質なもの、「政治以前」のものと考えられていたのである（p. 32／六二頁＝53頁）。

その意味で、古代におけるポリスの領域と家の領域の区別の核心は、構成員が自由な関係であるか否かにあった。家の領域が生命の必要性に拘束された労働をめぐる支配・被支配の領域だったのに対して、ポリスはそうした支配から自由な市民が平等な資格で参加する領域だった。古代においては「自由」と「平等」は対立するものではなく、相互に結びついていたのである（pp. 32-33／六二―六三頁＝53～54頁）。

(3) 中世における公私の領域の変容

古代における公私の領域の区分が本格的に解体していくのは、近代になって「社会」という新たな領域が勃興したことによるが、中世ヨーロッパの段階で、すでに一定の変容が始まっていた。家の領域と政治の領域の区別は中世にも存在したが、その意味は変化する。古代において市民の最大の関心事だった公的な場における活動は、宗教的なものに取って代わられる。そこでは教会が半ば公的な場を代表するが、教会とその信者の究極かつ共通の関心は「来世」における救済だった。

他方で、中世ヨーロッパの封建制のもとで営まれていた世俗的な領主支配は、古代の私的領域における家父長制的支配と同様のものになる。救済への関心を通じて人々を結びつけていた教会の管轄領域を除く世俗的支配の領域では、労働、仕事、行為に至るすべての活動が領主の支配する家族的組織の領域に吸収されてしまい、固有の公的領域はまったく欠如していた（p. 33／六四頁＝55頁）。

かくして、中世においては――封建領主の支配において一定の裁判や法が通用していたのを別とすれば――人間の活動すべてが私的領域の内に包摂されて、人間関係がことごとく家族をモデルに作られることになった。このことを顕著に示しているのが、古代の都市と類比される中世都市そのものの内部に、一種の共同家族を模したギルド、同業組合（confréries, compagnons）といった特殊な職業組織が生まれたことである。初期の商業会社（companis）も、その語源が示すように、もともと「同じ一つのパンを食べる者たち」、「同じパンとワインを分かち合う者たち」に由来する。キリスト教的な観点に支配された中世においては、本来の公的領域は退けられて、私的領域における物質的な共同性が公的なものを僭称する。これが、やがて私的・経済的な活動の中から「社会」が現れてくる地盤になったのである[8]（pp. 34-35／六四―六五頁＝56頁）。

(4) マキアヴェッリと古代の徳

中世ヨーロッパのこうした通念に抗して、古代における政治の尊厳を取り戻そうとした唯一の思想家が、ニッコロ・マキアヴェッリ（一四六九―一五二七年）だった。中世の政治思想がポリスと家の間の深淵を知らずに私的領域で保護された生活の延長として君主や領主の世俗的な営みを考えていたのに対して、マキアヴェッリは、低い地位から君主へと昇りつめる「傭兵隊長」のうちに、安穏な私的領域から飛び出す勇気を見た[9]。家を去って新たな冒険に乗り出す勇気こそ、政治に携わる者がもつべき第一の徳であることを、彼は理解していたのである[10]（p. 35／六五―六六頁＝57頁）。

古代ギリシアにおいて「よき生活」とは、生活の必要性を超えて、生命を賭して行われる生き方を意味していた。奴隷の生活が軽蔑されたのも、生命に執着して主人の支配に服していたからにほかならない。おのれの生命を危険にさらす勇気のある者だけが、政治的な共同体の仲間として迎え入れられたのである（p. 36／六六頁＝57頁、p. 36, note 30／一二六―一二七頁＝118頁。Cf. p. 316／五三八頁＝492頁）。

政治的共同体の市民にふさわしい「よき生」は、奴隷や異民族とも共通する生命の必要性に拘束された生活とはまったく異なる質のものである、という点は、プラトンやアリストテレスにも継承されている。のちに改めて問題にするように（第31節）、彼らの政治哲学では、しばしばポリスと家の区別が曖昧にされて、政治を論じる際にも、家の内部の私的生活の経験が引き合いに出される。彼らの議論は、政治生活の重荷から解放されたいという哲学者たちによって支持されることになるが、少なくともプラトンやアリストテレスにとっては、家の内部の生活はあくまでもポリスにおける「よき生」のための前提だった（p. 37／六六―六七頁＝57～59頁）。

3　社会的なるものの勃興（第6節）

(1)社会の勃興と「私的なもの」の意味転換

公私の領域間の区分に基づく古典的な政治の観念を本格的に掘り崩していったのが、「社会」の勃興だった。もともと家の中で営まれていた経済活動が市場交換を通じて組織され始めることによって、公的なものと私的なものの境界が曖昧になるだけでなく、両者の関係そのものが逆転する。「私的なもの（private）」という言葉がもともとは何かを奪われた（deprived）状態を意味していたように、古代において私的な生活とは、公的領域における人間本来の活動を奪われた生活のことだった。ギリシア人は私的な生活を「愚かしい（idiotic）」ものと考えていたし、ローマ人にとって私的な生活は公的な仕事から一時的に逃れるための避難所にすぎなかった——両者の微妙な違いは、後述する家と財産に対する態度の相違と関連している。

しかしながら、今日われわれが「私的なもの」を「プライバシー」と呼ぶ時には、もはや剥奪（deprivation）を意味するものとは考えない。そのように積極的な意味合いを帯びた「私的なもの」に対置されるものこそが「社会」だった。私的な生活領域を侵害するのは、国家や政府だけでなく、社会とその構成員たる大衆である。今日われわれが考える「私的なもの（プライバシー）」は「社会的なもの」の勃興とともに生まれてきたのである（p. 38／六八—六九頁＝59～61頁）。

(2)ルソー——画一化に対する反抗

「社会」に対して護られるべき個人の内奥の領域としての「親密圏（sphere of intimacy）」を追求したのは、ジャン＝ジャック・ルソー（一七一二―七八年）である。ルソーにとって「社会」――上流社会としての「社交界」に代表される――は、本来人間が「自然なまま」の状態でもっていたはずの善良な性質を変容させてしまう存在だった。生まれたばかりの赤子のような無垢な魂をねじ曲げてしまう「社会」に対する告発は、ルソーやその後のロマン主義者たちのモチーフとなった。かくして、一八世紀半ばから一九世紀にかけて、内面の表現としての詩と音楽が開花するとともに、「唯一完全に社会的な芸術形式」としての小説が興隆する。他方では、公共的な性格を帯びていた従来の芸術形式、それまで公共の場の一部を構成していた建築は衰退していく。その背景には「社会」の興隆があった（p. 39／六九―七〇頁＝61～62頁）。

ルソーやロマン主義者たちが反抗したのは、「社会」がもたらす画一主義だった。それまで家を中心に営まれていた経済活動が、さまざまな社会諸集団によって担われ、「社会」の内に吸収されるようになる。「社会」とは、いわば拡大された「家」であり、そこではすべての者に平等にあてはまる生命・生活の必要性を通して画一的な支配が行われる。それまでの家共同体では家父長の一元的支配（one-man rule）が行われていたとすれば、巨大な家計としての社会全体を支配するのは形式合理的な官僚制による「匿名の支配（no-man rule）」である。そこでは、治者も被治者も個人的・人格的な特質を剥奪された形式的な規則を通じて支配が行われる。個人はさまざまな規則に従って「正常化・標準化（normalize）」され、自発的な「行為」は排除される。

かつて一八世紀のルソーが反抗したのは個人に対して押しつけられる上流「社会」の因習だった

が、封建的な身分の残滓や階級が解体されて「大衆」へと融解する今日では、「社会」の画一的支配はすべての人間を包括するようになっている。「大衆社会」に生きているわれわれは、すべての人間が平等であることを自明のこととみなしているが、それは画一的な「社会」の支配が公的領域を呑み込んで、個人の差異や区別が私的な事柄になったことの表現にすぎない（pp. 39-41／七〇—七二頁＝62〜64頁）。

(3) 経済学と行動主義

家共同体の内部で営まれてきた経済活動が市場経済を通じて拡大していくのにともなって、経済現象を対象とする経済学が興隆する。もともと「家」の管理運営の学だった家政学（オイコノミア）が、複数の家を包括する巨大な共同社会の管理運営の学になっていく。近代のはじめに登場する経済学が政治経済学（political economy）あるいは国民経済学（national economy, Volkswirtschaft）という、本来「家（オイコス）」とはまったく対立する「政治」という領域の形容詞がつけられた学問として登場してくるのには、そうした背景があった（pp. 28-29／五八—五九頁＝50頁）。

拡大された家としての「社会」では、人々は生活と生命維持の必要性に突き動かされ、誰もが等しい行動をとる。必然性に支配された画一的な「行動（behavior）」が「行為（action）」に取って代わる。古代の公的空間では、人々は互いに平等な市民として自由に活動し、他者との競い合い、区別や差別化を通じて、おのれの「卓越」を示すことが市民の名誉となったが、今日の「社会」では、そうした活動が生まれてくることはない。そこから予想できない「新たなこと」が生じることも、人がそこで「個性」を発揮することもない。
経済学に始まる社会科学は、そうした画一的な「行動」に焦点を当てた学問だった。社会の勃興とともに人々が画一的な行動様式を示すようになること、予測不能な「行為」ではなく、一定の定型的な行動パターンに従うようになったことで、それまでの人間の学としての倫理学や政治学では副次的な部分だった経済活動が――そうした活動の重要性の拡大とともに――主要な分析対象として浮かび上がることになったのである。

統計学の法則が有効なのは対象が多数である場合か、長期にわたる場合だけであり、そこでは行為や出来事は単なる統計学的な偏差や揺らぎとして処理される。個人の偉業や出来事といったものは日常生活や歴史においては稀にしか起こらない例外的な事例だ、というのが統計学の言い分である。だが、日々繰り返される日常生活ではなく一度きりの例外的な行為こそが、日常的な関係の本当の意味を開示する。歴史の中で一つの時代がもっていた意味を照らし出すのも、数少ない出来事によってである。したがって、多数の対象、長い時期にあてはまる法則を政治や歴史に適用することは、政治や歴史からその中心主題を抹消しようとすることにほかならない。日常的な行動〔behavior〕や自動的な傾向から外れるものは取るに足らないと排除しておきながら、政治に意味あるもの、歴史に重要なものを探し求めても、得られるはずがないのである。（pp. 42-43／七四頁＝66頁）

多数を扱う場合に統計学の法則が完全に有効である以上、人口が増大するごとに、その有効性が増し、それだけ「逸脱」が減少するのは明らかである。「行為」を予測不能な例外的事例として排除し、定型的・一般的な行動パターンに焦点を定める統計学的な方法が有効になるのは、まさしく人々の大多数がそうした行動をとるようになるからにほかならない。「行動主義とその「法則」の有効性が示す不幸な真実は、人々が多くなればなるほど一律に行動して〔behave〕、逸脱〔non-behavior〕を容認しなくなることにある」(p. 43/七五頁＝67頁)。

アダム・スミス(一七二三—九〇年)の「見えざる手」による利益の調和という仮説を生み出した現実的な基盤は、社会における人間行動の画一的性格の進展にあった。社会とその経済領域の自律的な進行の中から「利害の調和」がもたらされて、もはや公的領域を必要としなくなるだろう、と自由主義者たちは考えたのである。マルクスの「共産主義」、国家なき社会という構想は、その延長線上にある。マルクスの言う「人間の社会化」は、すでにこうした国家規模の家政(national household)の現実の内に先取りされていたのである(pp. 43-44/七五—七六頁＝67～68頁)。

(4) 生命過程の公的組織としての「社会」

そうした社会の画一性の行き着く先は、バラバラの個体になった人間の集積としての「大衆(マス)社会」である。そこで力を発揮するのは、誰もが共通にもつ「生命体」としての側面にほかならない。そこに現れるのは、生命過程としての「労働」の公的組織である。

社会が生命過程そのものを公的に組織したものであることの最も明白な証拠は、この社会という新しい領域がそれほど時間の経たないうちに近代のあらゆる共同体を労働者と職業人の社会に転化してしまったという事実に示されているだろう。言い換えれば、それらの社会はみな生命維持に必要な一つの活動である労働を中心に組織されることになったのである（もちろん、労働者の社会が成り立つためには、社会の構成員のすべてが実際に労働者や勤労者になる必要はない。労働者階級が解放されて、労働者が多数者支配によって巨大な潜在的権力を得ることも決定的ではない。すべての構成員が自分たちの行っていることをまず自分とその家族の生活のためだと考えるだけでよい）。社会というのは、ただ生きていくために相互に依存し合っているという事実だけが公的に重要となり、ひたすら生存のための活動が公的な場を与えられる、そのような組織の形態なのである。（p. 46／七八頁＝71頁）

アダム・スミスやマルクスが生産力の発展の基礎を分業に求めたように、古代において私的領域で営まれてきた労働が新たな形で組織されたことが、近代における「社会」の発展の原動力となった。後述するようにマルクスとアレントでは分業の捉え方が異なっているが、いずれにせよ複数の人間の協同関係であるという意味において、労働という営みが公的な性格を帯びることになった、とアレントは言うのである。

かくして、労働の公的組織としての「社会」では、人々は労働を通じて他者とその卓越を競うようになる。[11]そこでは、行為と言論において卓越を競うという本来の「公的領域」は見失われる。

4　公的領域の光の喪失（第7節）

アレントによれば、「公的」という用語は、相互に関連するが完全に同じではない二つの現象、(1)すべての人にとっての「現れ」、(2)われわれにとって共通の「世界」という現象を意味している。

(1)「現れ」の領域

「公的なもの」というのは、誰からも見られ、聞かれる存在である。この万人に開かれた「現れ」こそが、われわれにとってのリアリティを形成する。

そうした「公的なもの」のリアリティに比べれば、個人の内奥の生活、魂の情熱や感覚の喜びなどは、どんなに激しいものであっても、それが外に対して語られ、示されることがなければ、リアリティをもたない。他者に聞かれ、見られることによって初めて、そうした経験はその当人にとっても現実的なものとなる。それを通じて、われわれは自分を取り巻く世界と自分自身のリアリティを確信することができるのである（p. 50／八二—八三頁＝75～76頁）。

内的な感覚と世界のリアリティの関係を端的に示しているのが、苦痛である。われわれが身体の内部で感じる最も激しい感覚は苦痛である——ベンサムの快楽計算も、つまるところは苦痛に帰着する、とアレントは第VI章で述べている——。だが、激しい肉体的苦痛に襲われている時には、われわれはおよそ他者との関係、世界との関係に目を向ける余裕を失っている。それは世界や他者との関係における自分自身を見失っていることでもある。苦痛は、世界と自分のリアリティの対極に立つのである（pp. 50-51／八三頁＝76頁）。

もちろん、万人の視線にさらされない私的領域にこそ存在できるものもある。友情とは異なる「愛」は、公的な光のもとでは消滅するか、変質してしまう。愛は「無世界性（worldlessness）」をその本質とするのであって、何か世界に対する積極的な働きかけ――愛に基づく救済や変革など――が語られるや否や、それは偽りのものとなる（pp. 51-52／八四頁＝77頁）。

今日、「公的なもの」の衰退とともに、「私的なもの」への偏愛が顕著な特徴となってきている。例えば、フランス人は家の中の小さな空間の中で趣味のいい家具や、ちょっとした調度品に囲まれた何気ない日常生活を「ささやかな幸せ（petit bonheur）」と呼ぶ。彼らは急速な工業化の進展――それは絶えず古いものの解体と新たな事物の生産と消費をともなう――によって失われつつある人間的な領域の最後の拠り所をそうした小さな事物のうちに見出して、それを気遣いと思いやりの対象にしている。アレントの見るところ、これはフランス人が公的領域への関心を喪失してしまった結果にほかならない。彼らにとって、関心はもはや民族や国家の「偉大」さではなく、私的な空間における生活のささやかな「魅力」にある。言い換えれば、公的領域は、偉大ではありうるが「魅力」的なものにはならない――もし公的領域で多くの人々を魅惑するものがあるとすれば、むしろそれは危険な徴候である（p. 52／八四―八五頁＝77～78頁）。

(2)「世　界」

第二に、「公的なもの」は、すべてのものに共通する「世界」を意味している。

こうした意味における世界は、地球や自然のような、人間が動く空間や有機的生命の一般的条件とまったく同じではない。むしろ、それは人間が人為的に作り出したもの、人間の手になる制作物や、人間が作り出した世界にともに住む人々の間で生じる事象と関連している。この世界でともに生きることは、ちょうどテーブルがそのまわりに座を占める人々の間にあるように、事物の世界が彼らの間にあることを意味している。人々の間に介在するあらゆるものと同様に、世界は人々を結びつけると同時に隔てているのである。(p. 52／八五頁＝78〜79頁)

人間にとっての「世界」は、自然との循環過程にある「労働」だけでなく、「仕事」によって制作された事物と、それらの事物を拠り所として織りなされる人間相互の「行為」を通じて形成される。例えば、テーブルは人々がそこに集い、語るための場を形成するが、同時に人と人の間にあって、文字どおり身体をぶつけ合うことを阻止している。公的な場としての「世界」というのは、人と人の間の適正な距離を保ちつつ、人々の営みを媒介するものなのである。今日の「大衆」社会がわれわれにとって耐え難く思われるのは、「世界」がそうした介在者としての力を喪失していることによる。われわれは互いに無関係・無関心なまま他者と隣り合わせている——満員電車につめ込まれた通勤客のように（pp. 52-53／八五—八六頁＝79頁)。

(3) キリスト教の「無世界性」

では、共通世界が失われた時に、人間はいったいどうなるのか。ここでアレントが挙げるのが、キリスト教の事例である。

キリスト教徒にとって、今あるこの世界はいずれは滅びるべき存在である。もとより、その「無世界性」は、愛一般のもつそれとは異なっている。「愛」が公的な場で光にさらされると息絶えてしまうのに対して、アウグスティヌスが求めた「隣人愛（charity）」は、人々とのつながりを求める。「隣人愛」は、そうした共同体の基盤になるべきものとされたのである。

ここで言う「隣人愛」は、いわゆる「兄弟愛（brotherhood）」とは区別されなければならない。キリスト教の初期の時代には、信徒の間の結びつきは家族内部の兄弟姉妹のような関係であって、公的な場における関係とは異なるものとされていた。信徒たちは、最後の審判の時までこの地上の世界の苦難を耐え忍ぶために結び合わなければならない。アウグスティヌスは、その原則を「兄弟愛」の延長・拡大にではなく、相手の如何を問わない──その意味において無差別的・無世界的な──隣人愛に求めたのである。[12]

しかしながら、この世界において信徒を結びつける共同体を組織しようとするならば、そこには何ほどか公的な領域が、複数の人間の間にある種の「世界」が形成されてこざるをえない。それゆえにこそ、アウグスティヌスの言う「隣人愛」の原則が徹底されたはずの修道院でも、他者との競い合いや卓越、すなわち他人の目にさらされることによる公的な関係の形成を厳格に禁止する規則が制定されることになったのである。これは、キリスト教徒の集団としての教団が一つの「世界」、現世の世界に対する一種の「対抗世界（counterworld）」になることを防止する試みだった（pp. 53-54／八六―八七頁＝79～81頁）。

既存の「世界」、それまでに存在していた人々の間の公的領域からたとえ完全に切り離されたとしても、人間が人間として生きていこうとするなら、何らかの形で他者との結びつきを求めざるをえない。キリスト教の「無世界的性格」が――世界に対する拒否あるいは無関心という、その根本的な志向にもかかわらず――多くの人々を巻き込んだ一つの「政治的現象」になったのも、ここに理由がある。[13] ローマ帝国が崩壊して、堅固だと思われていたこの世界がいつまでも続くものではないことが示された時に、来たるべき新たな世界における救済を説いて、信徒を組織するキリスト教は多くの人々の心を捉えることになったのである。

(4)「世界」と「不死」への信仰

しかしながら、今日では「世界」への無関心はキリスト教徒のそれとはまったく違った形で現れてきている、とアレントは指摘する。現世に対するキリスト教徒の拒否が来世への信仰と、救済に向けた規律への服従および禁欲として現れるのに対して、今日「世界」への関心の喪失は、むしろ享楽的な物の消費へと向かっている。世界が永遠に続くものではなく、自分もまたそこに一時的にとどまる存在にすぎないなら、せめてこの一瞬の享楽に身を浸そう。その時々にやって来る欲望と快楽は、そうした存在の儚（はかな）さを一時の間ではあれ、忘れさせてくれるだろう。そのとき決定的に欠落しているのは、「世界」の永続という意味における「不死」への信仰である。

公的領域が存在し、人々が集まって互いに関係を結ぶことのできる事物の共同体へと世界を絶えず転化させることができるのは、ひとえにそれが存続するからなのだ。世界が公的な空間を含んでいるとしても、それは一世代のために設立されるわけではないし、今生きている者だけのために計画されたものでもない。

この地上の世界で不死になるという意味での超越がなければ、いかなる政治も、共通世界も、公的領域も、実際には不可能である。（p. 55／八八頁＝82頁）

人々がこの世界において安んじて生きることができるためには、その時々の人々のつながり、それを媒介する「物」の存在だけでは不十分である。人はいずれは死に、この世界から去っていく。物もまた永遠のものではなく、いずれは役割を終えて消滅する定めにある。それにもかかわらず、この世界が新たな人々と物によって引き継がれて存続していくという信頼、かつての古代世界には確かに存在していた「世界」の「不死」に対する信頼が失われたことが、今日「公的領域」が喪失した決定的な原因である。「不死」への関心を何らかの形で復活させないかぎり、本当の意味での「公的領域」の再建はありえない、とアレントは言うのである。

「不死」への関心は、自分を超えた存在への関心という意味では一種の「超越」であるけれども、この世界以外のところに真の「世界」や「永遠の存在」を求めるという意味での「超越」とは異なっている。後者は今ある自分とその世界からの逃避や否定へと導くだろう――その意味では、地上の世界のかりそめの享楽を追い求めるという「超越」の否定と裏返しである。形而上学的な存在や宗教的な救済や解脱を求める「永遠」ではなく、かつて古代世界において確かに存在していた「不死」への関心、言い換えれば「世界」への信頼を何らかの形で取り戻すこと――これがアレントの根底にあるテーマだった。

(5) 近　代――「共通世界」の喪失

近代になって「公的なもの」についての観念が決定的に見失われたことを典型的に示しているのが、古典経済学の創始者とされるアダム・スミスの発言である。スミスは、医者や法律家、詩人や哲学者などが公的な場で受ける賞賛を、金銭的報酬と並ぶ「報酬」と呼んだ。スミスにとっては、公的賞賛や「地位（status）」も、食物が空腹を満たすように個人の虚栄心を満たす「消費」の対象にすぎない。

当然のことながら、こうした立場から見れば、リアリティの有無は公的な場に他人が居合わせるかどうかではなく、その欲求がどれだけ切実かによって決まる。だが、欲求の有無は欲求に駆られた本人にしか分からない。食料の欲求の現実性は生命過程そのものに証明可能な根拠をもっているので、まったく主観的ではあれ、激しい空腹のほうが、「虚栄〔vainglory〕」とホッブズが呼んだ公的な賞賛を求める欲望よりも現実的であることは明らかだ。しかしながら、たとえそうした欲求を共感〔sympathy〕という奇蹟を通して他人と共有できたとしても、まさに欲求というものの空虚な性格が、共通世界のように堅固で耐久性のあるものを打ち立てるのを妨げる。(pp. 56-57／九〇—九一頁＝84～85頁)

空腹その他の直接的な生命欲求の充足であれ、他者の賞賛による「虚栄」の満足であれ、共通世界を打ち立てるものではない。仮にアダム・スミスの言う「共感（sympathy）」によって互いの欲求についての相互了解ができたとしても——それは奇蹟のようなものだとアレントは言うのだが——、それでもなお共通世界の堅固な基礎を提供するものではないのである。

では、貨幣はどうだろうか。貨幣こそ、すべての欲求を満たすための共通の手段なのではないか。その問いに対して、アレントはこう答えている。「公的領域」のリアリティを保証するものは貨幣のような単一の尺度、価値の共通の尺度や公分母ではない、と。

共通世界という条件のもとでリアリティをまず第一に保証するのは、世界を構成するすべての人間が「共通の本質」をもっていることではない。立場の違いとそこから生じる多様な見方にもかかわらず誰もが常に同一の対象に関わっているという事実こそが、リアリティを保証するのである。(pp. 57-58／九二頁＝86頁)

公的領域は、多数の人々の多様な観点から見られ、語られることによって構成される。無数の視線が交錯する中に、共通世界はおのずとその姿を現す。ものの見方（perspective）の違い、見え方の違いは、決して共通の尺度や公分母に還元することはできない。

共通世界はすべての人が共通に集まる場であるが、人々がそこに占める位置はそれぞれ異なっている。二つの物体が同一の場所を占めることができないように、彼らの立場が同じになることはない。誰もが違った場所から見聞きしているという事実があって初めて、他者から見られたり聞かれたりすることは意味をもつ。（p. 57／九一頁＝85～86頁）

共通世界における人々の居場所はそれぞれ一つであり、しかもそれは取り替えることができない。そうした共通世界の中にいる人々にとっての「リアリティ」の保証は、ただ一つ、彼らが関わっているのが同一の対象である、という事実である。それゆえ、見方や解釈の違いはあっても、同一の対象の存在という事実そのものが否定されるなら、世界のリアリティは失われる。[14]したがって、バラバラにされた「大衆」が、誰もが共通する欲求や衝動に駆られたり、あるいはパニックに陥って同一の方向に動き出したりするとき、あたかも一つの家族の構成員のように「行動（behave）」し始めるなら、そこには、ただ一つの見方、単一の遠近法しか存在しない。複数のものの見方、多様な遠近法が存在しないところでは、どんなに人々の数が多くても、そこに「共通世界」は成立しない。大衆社会における個人は、多数の人間に取り囲まれていながら、誰も見ず、また誰からも見られることがないという意味で、完全に「私的」な存在となる。

しかしながら、「共通世界」を構成する多様な遠近法を欠いた大衆社会では、「私的なもの」の意味もまた変容する。

5　私有財産の意味（第8～9節）

(1) 家族、私有財産と都市の法（第8節）

すでに述べたように、「私的なもの」とは、その原語（private）が示すように、何かを「剝奪された（deprived）」状態、すなわち公的領域から排除されている状態を意味していた。他者との関係から切断された私的領域では、他者によって保証されるリアリティが欠落している。しかしながら、今日の事態が深刻なのは、古代には確かにあった私的領域そのものが破壊されている点である。

他者との「客観的」関係を奪われ、それによって保証されるはずのリアリティが喪失するというこの状態は、近代においては孤独の大衆現象という最も極端で最も反人間的な形で現れる。なぜ極端かといえば、大衆社会は公的領域だけでなく私的領域をも破壊するからである。大衆社会は、人間から世界の中の居場所を奪うだけでなく、世界から守られていると感じる避難場所である私的な家庭、世界から排除された者たちにもその埋め合わせとして炉辺のぬくもりと家庭生活の限られたリアリティを与えていた場所を奪ってしまう。炉辺と家族の生活が内密な私的空間として完全に発達することができたのは、ローマ人が並外れた政治的感覚をそなえていたからだった。ローマ人は、ギリシア人と違って、私的なものを公的なもののために決して犠牲にしなかった。この二つの領域は共存という形でしか存在できないことを、彼らはよく理解していたのである。（p. 59／九三—九四頁＝88頁）

古代ローマでは、炉辺を囲んだ家族生活が、私生活を保護する空間として確立していた。それはローマ人が政治的な感覚においても優れていたからだった、と言うのである。ここでアレントが参照しているのは、フュステル・ド・クーランジュ（一八三〇—一八八九年）の『古代都市』（一八六四年）の次のような議論である。

私有権の観念は、元来宗教そのもののうちに根ざしていたのであった。各家族はそれぞれの竈（かまど）と祖先とをもっていたが、それらの神々は家族だけから崇拝され、家族以外のものを守護しなかった。すなわち家族の礼拝の対象である神々は家族の専有物であった。

ところが、古代人はこの神々と土地との間に神秘的な関係を認めていた。まず竈を例にとってみよう。この聖火の祭壇は家族生活の象徴であった。それは祭壇を示す言葉だけみても明らかである。しかも、竈は土の上に築かなければならず、一度据えた場所は決して動かしてはならなかった。家の神は固定した住所を欲したのである。事実としても、聖火の燃えている台石を移すことは困難であるが、宗教的にはその困難はさらに倍加して、やむをえない必要に迫られないかぎり許されることではなかった。それは敵に家宅を奪われたとか、土地が荒れ果てて生活ができなくなったような場合に限られていた。古代人は新たに竈を据えるとき、それが未来永劫に同じ場所を離れないように信じもし念じもしたのであった。神がそこに鎮座したのは、単に一日や一生の短期間ではなく、その家が存続し、生け贄を捧げて聖火を維持するものがあるかぎり、悠久の未来にわたるべきものであった。それゆえ、竈は土地を領有した。竈の座る土地は神の土地であった。（第二編「家族」、第六章「所有権」、Fustel de Coulanges 1956, pp. 61-62／一〇三頁）

古代ローマにおいて、竈は聖なる火の燃える祭壇だった。それぞれの家の竈には祖先とそれを守護する神々が祀られ、家族は竈を中心とする土地を所有して、そこに定住した。かくして、神々の宿る竈の周囲には、囲墻（いしょう）がめぐらされることになった。

> 囲墻は神聖視され、それを乗り越えることは不敬のわざであった。神がそれを監視して厳重に庇護していた。したがって、人はこの神に「垣を守る（ヘルケイオス）」という形容詞を与えた。こうして、宗教によって画定され、宗教によって守られた囲墻は、所有権の最も確実な標識であり、その否定できない象徴であった。（ibid., p. 62／一〇四頁）

竈を中心とする住居と土地を囲う囲墻は、家族生活とその神聖さを保証する所有権の標である。そうした家と土地をもつことが、公的共同体に参加する市民としての資格の前提だったのである。この点は、家族とその私的空間がとりわけ重視されたローマだけでなく、ギリシアにおいても共通する古代都市の特徴だった。アレントは、こう述べている。

都市にとって家の内部の領域は隠されたままで、いささかの公的意義ももたないが、外側に現れる部分は都市にとっても重要な意味をもつ。それは家と家を区別するための境界という形で公的領域の内部に現れるのである。法というのは、もともとはこの境界線のことだった。古代において、法は実際の空間、私的なものと公的なものの間にある一種の無人地帯であり、これが公私双方の領域を保護すると同時に、互いに分け隔てていたのである。(p. 63／九七―九八頁＝92頁)

私有財産は、個人が自由に処分できる資産や富ではなく、私的領域と公的領域を境界づける存在だった。家とその財産――単なる資産や富ではなく、建築物としての家屋とその障壁――は、公的領域と私的領域の境界そのものであって、双方を分け隔てることによって、それぞれの領域を保護する役割を担っていたのである。

(2)「財産」から「富」へ(第9節)

したがって、私有財産が解体されれば、公的領域と私的領域を区別していた境界も取り壊され、人々に「リアリティ」を保証する公的世界だけでなく、家の壁によって保護されていた私的な生活の安らぎも失われることになる。アレントによれば、今日、公私の境界線としての私有財産の意味がなかなか理解されない原因は、「財産（property）」と「富（wealth）」が混同されていることにある。財産の所有が、世界の特定の部分に自分の位置を占めることを意味していたのに対して、個人の富は、社会全体の収入に対する彼の分け前を意味するにすぎない。「社会」の勃興とそれにともなう経済活動の拡大は、人々の関心を「財産」から「富」へと決定的に転換した。人々は「財産」によって護られた私的生活の安らぎよりも、欲望の充足のために「富」の拡大を追求する。

ルソーによる「親密圏」の発見も、財産によって保護されていた私的領域が解体された結果として起こった内面への逃避だった。その背景には、財産の観念そのものの変質がある。ロックが人間の労働に財産の起源を求め、マルクスがそれを「労働力」と名づけたように、財産はもはや世界の中の固定した一部ではなく、人間自身の内部に源泉をもつ富になったのである（p. 70／一〇三頁＝99頁）。

かくして、近代においては、私有財産より財産所有者の私的な活動それ自体が重要視されるようになった。近代の経済理論では、個人の私的な活動による富の蓄積が目的で、既存の財産はむしろ個人の自由な活動とその成果である蓄積の無限拡大を制約するものとみなされる。マルクスが私有財産の廃止の果てに「人間の社会化」を構想したことは、そうした近代の経済発展の延長線上にある。

しかしながら、生産力と富の無限の発展のために私有財産を廃棄することは、公的世界から身を隠す唯一の頼れる場所を人間から奪うことになるだろう。それは単に私生活の安らぎが失われるというだけの問題ではない。

すべてが公開の場で行われる生活は、今日われわれが言うところの浅薄〔shallow〕なものになる。いつでも他人に見られたままの生活は、どこか暗い地底から現れてくるものがもつ深みを失う。主観的な意味ではなく、本当に現実的な意味で深さを失いたくなかったら、隠された場所がなければならない。公的な光から隠しておくべき暗闇を守る唯一有効な方法こそ、私的に所有された隠れ家としての私有財産なのである。(p. 71/一〇五—一〇六頁＝101頁)

人間の生活が本当の意味で深みを帯びたものになるためには、公的な視線から隠された部分がなければならない。光の当たらない暗闇の奥に潜む根のようなものがあって初めて、人間の生活も、そして「世界」のリアリティも本物になる。私有財産は、そうした暗闇を保証する存在だった。私有財産を廃止すれば、私的生活の安らぎが失われるだけでなく、世界の拠って立つ基盤そのものを解体することになるだろう、とアレントは言うのである。

6　公私の区分の意味（第10節）

(1) 見せるべきものと隠すべきもの

ここで重要なのは、アレントにとって公的領域に属するものと私的領域に属するものとの違いが「見せるべきもの」と「隠すべきもの」の違いだということである。

アレントは、こう述べている。労働者と女性が近代になってほとんど同じ時期に解放されたのは、肉体的な生命維持の機能としての労働や出産の過程に主として携わるのが、これらのカテゴリーに属する人々であり、彼らの携わる肉体的機能と物質的関心が、もはや隠すべきものではないとされるようになったからである。人々はためらわずにその物質的欲望を追求するだけでなく、肉体的な機能さえ隠さなくなってきている。そうした今日の状況の中でもなお隠しておくべき「プライバシー」の領域は、厳密に肉体的・生理的な必要に関わっている、と（pp. 72-73／一〇六―一〇七頁＝102～103頁）。

確かに、われわれは今なお排便・排尿など身体からの放出に関する部分、ならびに生殖行為を他人の目から隠しておくべき私的領域に属すると考えている。だが、人間が自分の肉体とその生理学的な機能そのものを自由に操作するようになった時には、あるいは代替的な器官や機械で置き換えるようになった時には、そうした境界もまた変容していくだろう。

(2) 世界における諸活動の位置（第10節）

したがって、公私の領域の区別の基準は、直接に生命維持の肉体的必要に関するものであるか否かではない。公的な光にさらすべきものか、光から遠ざけておくべきか、という基準に照らして、古代においては肉体的な必要に関する事柄は私的領域に属するとされていたのであって、その逆ではない。「見せるべきもの」、「隠すべきもの」という基準に照らしてみると、人間の諸活動はどのように位置づけられることになるのか――第Ⅱ章の最終節で、アレントはこの問題を二つの限界的な事例、ナザレのイエスとソクラテスを手がかりに考察している。

①ナザレのイエスと善行の教え

アレントによれば、救世主キリストとして神格化される前のナザレのイエスの教え、イエスが言葉と行為を通じて示した唯一の「活動」は、善を行うことだった。[16]

> 善が存在しうるのは、誰にも知られないとき、本人でさえ気づかない場合だけである。自分から意識して善行をなす人はもはや善人ではなく、有用な社会の構成員か従順な教会の信徒であるにすぎない。だからこそ「汝の右手のなすことを左手をして知らしむるなかれ」〔『マタイによる福音書』六・三〕とイエスは言うのである。(p. 74／一〇九頁＝105頁)

善行は、行う当の本人もそうとは知らずになされなければならない。意図的に善をなそうとして行われる行為は、本当の意味での善行ではない。なるほど、それは隣人愛の実践や教会信徒の連帯の行為にはなるかもしれないが、多くの場合「偽善」となるだろう。善行は、他人に知られずに、ひっそりと行われなければならない。にもかかわらず、それが善き「行為」であるためには、他人を相手にしなければならない。他者との関係が不可欠であるがゆえに、本質的に公的性格を帯びた「行為」であるにもかかわらず、公的な光を避けなければならない、という逆説的な性質を「善行」は帯びているのである。

②イエスとソクラテス──善行の「孤独」と哲学者の「独居」

「善行」のこうした逆説的な性質は、ソクラテスが教えようとした「知への愛」と似ている、とアレントは述べる。

> 知への愛と善への愛が、つまるところ哲学する活動と善をなす行為に帰着するとすれば、それらは人が賢くありうるとか、善でありうると想定された途端に終わるという、みずからを打ち消してしまう性格をもつという点で共通している。行われている間しか存在しないもの、過ぎ去りゆくものを存続させようとする試みには事欠かないが、そうした試みはいつでも不条理な結果に終わる。例えば、古代後期の哲学者たちは、自分たちが賢明な存在であろうとしたが、〔紀元前六世紀のシケリアの僭主〕ファラリスの、青銅の牛の中で焼かれても自分は幸福だと言い張るという、よく知られた不条理に陥った。「右の頬を打たれたら左の頬も差し出しなさい」というキリスト教の善人であれという教えも、これを文字どおり実生活で行おうとすれば不条理になる点では変わるところがない。(p. 75／一一〇頁＝106頁)

ソクラテスの「知への愛」もイエスの「善への愛」も、他者との関わりにおいて行われるという意味で、確かに「行為」に属している。[17] 行為は、その行為が行われている過程にしか存在しない。「知への愛」であれ、「善への愛」であれ、行為を通じて初めて、その「知恵」や「愛」は示すことができる。行為の過程でしか示すことができないものを永続させて、何か確定し固定された物として「知恵」や「愛」を示そうとするなら、不条理な結果に陥るだろう。その点において、「知への愛」と

「善への愛」は共通しているけれども、両者の間には違いがある、とアレントは言う。

> 哲学者はいつでも自分の思考が自分のそばにいることを頼りにできるが、善き行いに同伴者はいないのである。善行は、行われた途端に忘れられなければならない。記憶ですら、善行の「善」たる性質を破壊してしまうからである。思考なら、記憶されて思想へと結晶することができる。それゆえ、思考は、記憶によって存続しうる他のすべてのものと同様に、書かれた頁や印刷された書物のように手にとることのできる具体的な対象に形を変えて、人間が作り出した事物の一部となる。それに対して、善行はただちに忘れ去られなければならないので、世界の一部になることはできない。それは行われては消え、何の痕跡も残さない。善行は、まさしくこの世のものではないのである。(p. 76／一一一―一一二頁＝107～108頁)

行為が行われる舞台、複数の人間によって構成される「世界」との関わりにおいて、両者の間には決定的な違いがある。哲学者が世間の人々から離れて「独居（solitude）」して行う「思考」は、内なる他者との対話を通じて行われ、その思考は言葉を通じて記憶された「思想」として他者の目に触れることができる。[18] それに対して善行は、他人はおろか自分自身にさえ見られてはならないし、記憶されてもならない。その意味において、善行の人は「孤独（lonely）」である――アレントにおいて「孤独（lonely）」という言葉が全体主義のもとでの個人、単に「孤立（isolation）」しているだけでなく世界から完全に切り離されてしまった個人の特徴を指すものであることが、善行の人が置かれる困難な状況を示している。

独居が哲学者という限られた人間の本物の生活様式になりうるのに対して、より一般的な経験であるはずの孤独は複数性という人間の条件とあまりに矛盾しているので、人がそうした孤独に長期にわたって耐えることなど、とうていできることではない。だからこそ、善行にともなう孤独が人を破滅させてしまわないように、善行を見ていてくれる唯一の証人として神を想定しなければならないのである。（p. 76／一一二頁＝108頁）

善行を行う者は、ふつうの人々の生きているこの「世界」の中で、他人に見られること、他人からその行為を褒め称えられることを避けながら、他者に働きかけなければならない。神の存在を想定しなければとうてい耐えられないような、こうした「孤独」の経験が、善行の人を宗教的人間とするのである。ナザレのイエスが、救済者イエス＝キリストとして神格化され、彼の言行が教義化されていく究極的な理由もここにあった。

③善行の非政治性——マキアヴェッリ

「善行」はふつうの人間が「世界」の中で行う営みとしては不可能であるばかりか、かえって公的領域に対して破壊的な作用を及ぼすことを洞察していたのが、ニッコロ・マキアヴェッリだった。「いかにして善人たらざるべきか」——マキアヴェッリがあえてこれを教示しようとした理由は、善行の破壊的性質を鋭く感じ取っていたからである。彼は、政治に携わる者は悪人にならなければならない、ということを言おうとしたわけではない。犯罪者は当然のことながら他人の目を避ける。理由は違うが、善人も他人の目や耳を避けなければならない。政治的な行いは公的な場でなされなければならない以上、人の目を避けるような営みは政治にふさわしくない。「権力は得るかもしれないが、栄光を得ることができない」ような行いは、すべて悪である。古代のポリスを舞台として、市民が名誉や栄光を求めて競い合ったのと同様に、マキアヴェッリにとって、政治的な行為の試金石は「栄光」であり、善行は悪行と同じく、栄光に輝くことはないからである。

> 公然たる悪は恥知らずで直接に公的世界を破壊するが、善も同じように表舞台に登場して公的役割を担うなら、もはや善とは言えない腐敗した存在であり、行く先々で腐敗をまきちらすことになるだろう。(p. 77／一一三頁＝109頁)

マキアヴェッリがルネサンス当時の教会をイタリアの退廃的な政治勢力として厳しく糾弾したのは、教会とその聖職者の腐敗ゆえではない。彼にとって、腐敗を克服して改革に邁進するような教会は、むしろ危険な存在だった。「新しい修道会」の勢力が増大して、人々に「悪に抵抗するなかれ」と説くなら、結果として公的・世俗的な領域において堕落した邪悪な支配者が跋扈することになる、と彼は考えたのである。そこには「公的世界」とそこでの活動のあり方についての鋭い洞察が含まれている(pp. 77-78／一一三―一一四頁＝109～110頁)。

アレントにとって、問題は「観照」への入口に接する「思考」と、行為の限界点にある「善行」をも含めた人間の営みが今後どのような位置を占めていくことになるか、であった。古代のポリスでは公私の境界によって安定した領分を与えられていたそれらの活動が、近代においてどのように変容していくのか、それは人間の生にとってどのような意味をもつのか――これが第Ⅲ章以降の主題となる。

第Ⅲ章

労　働

自然と人間の物質代謝

1　「労働」と「仕事」（第11節）

(1) 古代における仕事と労働

「労働（labour）」と「仕事（work）」の区別が——それに対応する言葉が古代から存在していたにもかかわらず——これまで十分に認識されてこなかったことには理由があった。

もともと古代ギリシア人は、生活の必要性に拘束される労働を、あとには何の痕跡も残さない労苦、記憶に残るような記念碑も偉大な作品も残さない空しい営みとして嫌悪していた。都市共同体としてのポリスが確立して、市民が政治的な生活に時間と労力を捧げることが要求されるにともなって、そうした傾向はますます顕著になる。以前には家の中で主人のために働く奴隷と家の外の公的領域で活動する職人とは区別されていたが、生活のためになされる一切の労苦が嫌われるようになるとともに、職人仕事も卑しい職業とされて「バナウゾイ（banausoi）」と呼ばれるようになったのである[1]（p. 81／一五一―一五二頁＝135～136頁）。

古代において労働が蔑視されたのは、それが生活のために行われる営みだからである。奴隷の所有は、安価な労働や利潤獲得のためではなく、何よりも生活の必要性とそれにともなう労苦から解放されるための手段だった。人間は生命の必然性と生活の必要性に拘束されている。人は奴隷を支配することによって初めて、必然性の支配から自由になることができる。例えば、戦争に敗れて奴隷となった者は、死への恐怖を克服できずに生命の維持と生活の必要のために主人の支配に屈服した、いわば人間以下の存在である。アリストテレスが奴隷を「労働する動物（animal laborans）」と呼んだのはそのような意味においてであって、奴隷の能力が本来の人間より劣っていると考えていたわけではない。ヒトという動物種に属するにもかかわらず必要性に服従している者を「人間」と呼ぶことを拒否しただけである。事実、古代の奴隷の中には知的な仕事に携わる者も多数存在したし、そうした奴隷が主人によって解放されれば、奴隷としての「本性」も解消されて、「人間」に復帰することになったのである（pp. 83-84／一五三―一五四頁＝137～138頁）。

古代における活動の区別の基準は、もっぱら政治的な観点――ポリスという公的領域に属するか、家という私的領域に属するかにあった。生殺与奪の権限を握られて生命の維持のために主人に隷属する奴隷の労働であれ、生活のためになされる職人の仕事であれ、市民の自由を拘束するすべての活動は、政治的共同体としてのポリスの構成員にはふさわしくない。「労働」と「仕事」の相違が無視されて等しく蔑視されたのも、そこに理由があった。

(2) 近代における転倒――労働の賛美

すでに述べたように、プラトンに始まる西洋政治哲学が観照をすべての活動より上位に置いた結果、政治的な「行為」も「労働」や「仕事」と同じ次元に貶（おとし）められる。キリスト教によって継承された「観照」と「活動」という、この伝統的な対立が転倒――実際には解体であり、その理論的表現がヘーゲルの歴史哲学である――されたあとに前面に躍り出てきたのが「労働」だった。人間の活動能力としての「労働」に注目したのがジョン・ロックからアダム・スミスに至る古典経済学であり、マルクスはそれに体系的な理論を与えたのである。

この点でさらに重要な事実、すでに古典経済学者たちが気づいていて、マルクスが明確な形で見出して提示した事実は、労働という活動が、歴史的環境の如何、私的領域か公的領域かという活動場所の如何を問わず、それ自体として「生産力〔productivity〕」をもっている、という事実だった。この生産力は、その生産物がどんなに不毛で耐久性のないものであっても、変わるところはない。生産力は、労働の生産物がもつ属性ではなく、人間がもっている「力〔power〕」なのである。人間には、自分の肉体の維持と生存のために必要な手段を生産しても消耗して尽きてしまわない力、自分自身の「再生産〔reproduction〕」に必要なもの以上の「剰余〔surplus〕」を生み出すことのできる力量〔strength〕がそなわっている。[2] 労働それ自体ではなく、「労働力」(Arbeits*kraft*)の余剰から労働の生産力を説明する。この労働力という概念の導入こそ、エンゲルスがいみじくも述べたように、マルクスの思想体系の最も独創的で革命的な要素をなしているのである。(p. 88/一五七頁＝141〜142頁)

マルクスの労働価値説によれば、人間が作り出すすべての財貨やサーヴィスの「価値」の源泉は「労働力」にある。市場交換を通じて実現される商品の価格は、その商品に投入された労働力(社会的・平均的な労働時間単位で計られた量)の総計によって規定される。労働者は、みずからの「労働力」を商品として市場において資本家と向き合う。労働者が資本家に売り渡すのは「労働」――労働という活動そのものやその結果――ではなく、潜在的な力能としての「労働力」である。資本家は購入した商品としての「労働力」を使用する。使用された「労働力」によって生み出される価値と、当該労働力の「価値」、つまり労働力の再生産に必要な生活必需品の「価値」との差によって「剰余価値」が「利潤」として発生する。自己の再生産に必要なもの以上のものを生み出すことができる人間の「労働力」こそが剰余価値の生産とそれを通じての発展の原動力をなすというかぎりにおいて、アレントのここでの整理はマルクスの理論の核心を捉えている。ロックに始まりアダム・スミスの古典経済学を経てマルクスによって体系化された労働価値説では、人間のすべての活動は労働とその生産力に還元され、労働と仕事という区別は消滅するのである（pp. 88-89／一五七―一五八頁＝141～143頁）。

(3) 生産的労働と非生産的労働

スミスやマルクスの労働理解の特徴をよく示しているのが、生産的労働と非生産的労働の区別である。彼らにおいては、新たな価値を生み出さない非生産的な労働は「労働」のカテゴリーから排除される。生存のためにのみ労働し、生産のためというよりは消費のために必要とされた召使い、「家内居住者（oiketai あるいは familiares）」は、そうした非生産的労働の担い手とされた。まさに古代世界では主として家共同体の中で営まれてきた生命維持のための活動――アレントの定義によれば、本来の「労働」――が「非生産的」なものとして労働から排除されることになったのである。その意味では、スミスやマルクスが実際に想定していた労働の特徴は、むしろ「仕事」＝「制作」に近いものだったと言うことができる（pp. 86-87／一五六―一五七頁＝140～141頁）。

それに対して、いわゆる熟練労働と未熟練労働の区別は、古典経済学においても、マルクスにおいても、何の役割も果たしていない。そもそも、すべての活動が一定の熟練を必要とすることを前提にすれば、熟練の有無は労働の生産性に比べれば、さほど重要ではない。分業の進展によって作業が細分化されるとともに、一つ一つの作業は必要最小限の熟練しか要求しないものになる。労働者に要求される能力が平均化されて労働市場に持ち込まれるのは個人の技能ではなく一般的な労働能力になる、という事態そのものが、マルクスの「労働力」概念の背景になったのである（pp. 89-90／一五八―一五九頁＝143～144頁）。

(4) 精神労働と肉体労働

いわゆる精神労働と肉体労働の区別について、アレントは次のように述べている。

まず、頭脳の「活動」としての「思考」それ自体は、特定の目的や終着点をもたずに永続するという点で、生命活動の直接的な一環をなす「労働」と類似している。そうした意味における「思考」と、いわゆる「知的な作業」とは区別しなければならない。一定の時点で思考を停止して、それまでの思考の内容を――他者に伝えるために――言葉やその他の物質的な媒体を通じて具体的な形に作り上げる。思考の内容を一つの作品（work）に「物化」するという意味で、知的作業は仕事＝「制作」のカテゴリーに属している。

この知的な作業を古代からの「自由学芸（リベラル・アーツ）」になぞらえる議論がしばしばなされ

るが、古代における活動の区別の基準は公的＝政治的な領域に属するか否かにあった。したがって、そこでの区別の基準は、それが頭脳によって行われるか否かではなく、政治的な徳としての賢慮（プルデンツィア）を必要とするか否かにあった。精神か肉体かを基準に活動が区別されるようになったのは、基本的に近代に入ってからである。

近代になると、知的職業もその「有用性」の証明を求められると同時に、公的な官僚制だけでなく私的な企業においても事務管理の業務の需要と評価が高まってくる。古代の官僚制では、それらの知的サーヴィスはもっぱら奴隷の「書記」によって担われていたが、今日そうした「書記」の業務が知的労働として再び注目されるようになったのである。ただし、そうした業務は、内容から見て、本来の職人や芸術家が――その社会的評価や地位に関わりなく――行ってきた「制作」ではなく、官僚的機構の維持保存に従事するという意味では、アダム・スミスが「召使い」のなすべきことだとした「労働」に属している。アレントにおいてはメンテナンスや補修の作業が「労働」のカテゴリーに入ることについては、のちに述べることになる（pp. 92-93／一六一―一六二頁＝145～146頁）。

2　「世界」と労働、仕事の位置（第12節）

古代と近代のいずれにおいても、「労働」と「仕事」を区別する言葉が存在するにもかかわらず、両者の相違が十分に認識されてこなかった理由について、アレントは次のように述べている。

われわれが本章の最初に指摘した〔労働と仕事の区別をめぐる〕言語と理論の間の奇妙な食い違いは、世界に準拠する〔world-oriented〕「客観的」な言語〔language〕と、人間に準拠する主観的理論との違いに帰着する。前者はわれわれが世界の中で実際に用いている言語であり、後者はわれわれがその世界を理解しようとする時に用いる理論である。「活動的生活〔vita activa〕」が営まれる世界の事物は〔労働とは〕まったく種類の異なる活動によって生み出された、およそ性質の異なるものだということを教えてくれるのは、理論ではなく言語のほうなのである。(p. 94／一六三─一六四頁＝148頁)

「理論」が個人の主観を基準に議論しているのに対して、複数の人間の間で通用する「言葉」は、あくまでも「世界」に依拠し、そこでの経験を表現する。労働の生産性をめぐるこれまでの議論は、生産する労働主体の力量を基準に問題を立てているため、生産されたものが「世界」においていかなる位置を占めているかが問われていない。そうした主観的・主体的な観点からは、さまざまな活動とその産物が現実の世界でどのような役割を果たしているのかが明らかにならない。世界の中で人々が実際に用いている言葉とその使い方こそが、その手がかりになる。そうした観点から見れば、仕事と労働の違いはどのように見えてくるか。

世界という観点から見れば、その継続性と耐久性を保証するのは、仕事の産物であって、労働の産物ではない。永続性と耐久性がなければ、世界はまったく存在できないだろう。耐久性がある事物の世界の中で、初めてわれわれは自分自身の生命を維持するための消費財を手に入れることができる。われわれが肉体的な欲求を充足するために労働によって生産する消費財そのものは、持続性をもたない。消費財が絶えず現れては消えていくのは、それ自体は消費されない事物に取り巻かれた環境世界においてであって、それらの事物を使用することで、われわれはこの世界に慣れ親しんでいくのである。使用される事物は、そのようにして人と人との間、人と事物との間の交わりの習慣を形成することで、世界をわれわれに親しいものにしていく。消費財が人間の生命に対応するとすれば、使用対象物は人間の世界に対応する。(p. 94／一六四頁＝148頁)

自然と人間の物質代謝という大枠の中に置いて見れば、労働の生産物と仕事・制作の生産物との違いは、世界に滞留する期間とその様式にある。「労働」の生産物はただちに「消費」されて自然に戻るのに対して、「仕事」の制作物は「使用」されることで次第に摩耗し、消滅していくとしても、一定の期間、この世界にとどまる。これが決定的な違いであるが、この場合に重要なのは、滞留期間の長短よりは、その消滅の仕方である。そして、この使用物の耐久性が、人間とその「世界」にとっては重要な拠り所となるのである。

人々の間で形成される「世界」には、一定の継続性と耐久性が必要である。それを保証するのは、労働とそこで消費される消費財ではなく、仕事の産物としての物である。物は、生命過程に吸収されてただちに消滅するのでなく、一定の期間、世界にとどまって「使用」される。使用されることを通じて、物は人と人とを媒介するとともに、人が慣れ親しんで生活する環境を作り出す。その意味において、制作物は人間がそこに住んで生活する「世界」の基礎なのである。

さらに、ここでアレントは「行為」と「思考」を、「世界」との関わりにおいて人間が行う「活動」として、次のように位置づけている。

「行為」は、制作物の上に人と人の人間関係の網の目を形成するが、そうした活動の所産そのものは形に残らない。

「思考」は——すでに述べたように、自己の内部の他者とのつながりをもつとはいえ——基本的には外部の世界に直接現れることがない。その意味において、「思考」は「行為」のように見られ聞かれることもなく、「労働」のように消費されることもなく、「仕事」の産物のように使用されることもない、唯一の「活動」である（p. 95／一六四—一六五頁＝149頁）。

「思考」や「行為」は、その内容が言葉によって語られて、記憶され、人々によって想起され、変形されて、詩の言葉、書かれた文字、あるいは絵画や彫刻、その他の文書記録や記念碑という形で、何らかの物質的な媒体に変換されることによって「物」として持続することができる。

アレントにとって、人間が——単なる有機的生命体としてではなく人間として——生きる「世界」とは、これらのさまざまな「活動」によって支えられているのである。言い換えれば、人間の「生」は、自然と人間の物質代謝の過程、自然的な生命の循環過程を前提としながら、そうした循環過程の中で、それに抗しながら作り上げられる。マルクスが自然と人間の物質代謝の循環過程を乗り越える力を「労働」の生産力——自然そのものを作り変えていく人間の能力としての労働——に求めたとすれば、アレントは自然の循環の内にある「労働」とは異なる人間の営みにそれを求めた、と言うことができるだろう。人間とその「世界」が自然の循環過程による浸食に抗して踏みとどまる、そのための基礎を与えることができるのは、「労働」ではなく、「仕事」とその制作物なのである。アレントが「労働」と「仕事」を区別しようとした理由も、ここにあった。

3　人間の生と労働の意味（第13節）

(1) 自然の循環過程と人間の「生」

人間の生とは、自然との永遠の循環に抗して行われる一連の営みである。だが、アレントにとって、この世界に生まれ、そして死んでいく、自然の法則に従って繰り返される循環運動が人間の「生」のすべてではない。

自然にも、命あるすべてのものを巻き込む自然の循環運動の中にも、われわれが考えるような生や死は存在しない。人間の出生と死は、単なる自然の出来事ではなく、唯一無二で取り替えのきかない、二度と繰り返すことのない個体としての個人が登場しては去っていく世界と関わっている。絶え間なく運動する世界ではなく、耐久性をもち、持続する世界があって初めて、人間はそこに現れては消えていくことができる。世界は、個人が現れる以前に存在し、彼がそこを去ったあとにも存続する。人間が生まれ、死んで去っていく世界がなければ、そこにはただ変わることのない永遠の循環しかない。人間は、他の動物と同じく、種としての生を永遠に生きることになるだろう。ニーチェは「永遠回帰」(*ewige Wiederkehr*)をあらゆる存在の最高の原理として肯定したが、そうした結論に到達しない生の哲学は、自分が何を言っているのか分かっていないのである。(pp. 96-97/一六八頁=152頁)

人間一人一人が個体としてもつ性格は、およそすべての事物は他の事物とは違うという単なる相違(otherness)や、同じ種族の生命有機体の個体相互の多様性ではない。人間だけが、個体間の相違をみずから表現し、自分と他人を区別することができる。人間だけが、単に空腹や喉の渇き、愛着や恐怖を伝えるだけでなく、「自分自身」をも表現して他人に伝えることができる。「人間の複数性とは、すべての人間がみな等しく唯一無二〔unique〕の存在であるという意味において、逆接的な複数性なのである」(p. 176/三二二頁=287頁)。誰もが等しく他人とは違っており、同じような人間は一人もいなかったし、これからもいないだろう、という意味において、人間の「生」とその営みは、単なる生物学的な生命活動にとどまらない――「人生」と呼ぶにふさわしい――側面をもっている。[3]「自然と人間の物質代謝」というマルクスの構想も、すべての存在の最高原理としての「永遠回帰」というニーチェの構想も、そうした人間の生の本質を十全に捉えきれていない、とアレントは言うのである。

しかしながら、もし「生」という言葉が世界との関係において、出生から死に至るまでの人生という期間を指して用いられる場合には、まったく異なる意味をもつようになる。その場合、生は始まりと終わり、この世界への登場と退場という二つの決定的な出来事に区切られて、完全に直線的な径路をたどる。もちろん、その運動の原動力は生物学的な生命であり、他の生物と同様に、自然の循環運動にどこまでも従いはするのだが。この人間に特有の生、その登場と退場が世界における出来事となる人間の生の主要な特徴は、物語としてしか語れない出来事に満ち満ちていて、一個の伝記を形作っている、ということである。アリストテレスが「ともあれ一種の実践〔praxis〕である」[4]と述べたのは、生物学的な単なる「生命〔zōē〕」とは区別された「生〔bios〕」だった。（p. 97／一六八―一六九頁＝152～153頁）

およそ有機的な生命体が死へ向かう物理的・化学的法則に抗してその生命を維持する存在であるとすれば、生命そのものが自然の循環運動に逆らう存在だと言うことができるだろう。人間の生の原動力も、出生とともに始まる死への抵抗によって与えられている。しかしながら、人間は自然に抗して行われるさまざまな活動を通して「世界」を作り上げる。人間にとっての「生」の意味は、彼がこの「世界」の中に生まれ、死によって退出するまでの間の活動、それがもたらした出来事にこそある。自然という条件のもとに置かれながら、有機的な生命とは異なる「生」の営みとそのあり方こそが問題とされなければならない。

自然の循環過程が成長や衰退の過程のように見えるのは、人間の世界の中だけのことだ。出生

> や死と同様に、成長や衰退も、厳密に言えば自然の出来事ではない。総体としての自然が永久に繰り返す循環運動は止まることも消耗することもなく、したがってそこには成長も衰退もありえない。人間が作った世界に入り込んだ時にのみ、自然の過程が成長や衰退という性質を帯びて現れるのである。われわれが自然の産物である特定の樹木や犬を、この木だとか、この犬という形で個体として考えるとき、それらはすでに「自然」の環境から切り離され、人間の世界に取り込まれて、成長や衰退を始めている。自然は、人間存在そのもののうちにも肉体的機能の運動を通してその存在を主張するし、人工の世界の中でも過剰な成長や衰退という形で絶えず脅威を与えている。人間の内部の生物学的過程と世界における成長と衰退の過程は、ともに自然の循環運動の一部をなして無限に繰り返すという点で共通している。この過程に対処するための活動は自然の循環に拘束されていて、そこには始まりも終わりもない。**仕事**〔*working*〕は目的となる対象が完成して、物の共通世界に加われば終わりとなる。それに対して、**労働**〔*laboring*〕は常に生命有機体の生物学的過程によって決められた円環の中を動いていて、有機体の死によって初めて、その「労苦と困難」は終わるのである。(pp. 97-98/一六九―一七〇頁=153~154頁)

自然の循環過程の中では、成長や衰退は過程の一部にすぎない。それが成長や衰退として語られるのは、人間がみずからの「世界」における人生を投影するからにほかならない。だが、人間の作り出したこの「世界」もまた、自然の循環の中にある。自然の拘束に抗して行われる営み、有機的生命を維持するための日々の戦いとしての労働も、あるいは人間の住む「世界」の拠り所を作り出すための仕事・制作の産物も、いずれは終わりを迎える運命にある。そのような意味で、人間が作り出した「世界」と、人間のさまざまな活動、労働や仕事も、究極的には、人間を取り巻く自然、人間の自然的存在という条件に大きく制約されている。その中で人間はさまざまな営みを行っているにすぎない。マルクスの労働論の意義は、人間の根本的条件としての「労働」という活動の意義を明らかにしたところにあった。

⑵ 生命過程としての労働と消費

自然の循環過程の中で見れば、労働と消費は人間が「自然との物質代謝」の過程で行う同じ一つの営みとなる。

マルクスが労働を「人間と自然の物質代謝」と定義し、そこでは「自然の素材は形態変化によって人間の欲求に適応し」、「労働はその主体〔subject〕と一体化する」と述べたとき、彼は明らかに「生理学的に語って」おり、労働と消費は生物学的生命の永遠に回帰する循環の二つの段階であることを示したのである。この循環は消費によって維持されていて、消費のための手段を提供するのが労働である。およそ労働が生産するものは、ほとんどそのまま人間の生命過程に組み入れられて消費され、この消費は生命過程を再生して、肉体を維持していくのに必要な新たな「労働力」を生産――というより再生産する。生命過程そのもののもつ緊急性、ロックの言う「生存の必要」という観点から見れば、労働と消費は密接に結びついていて、終わることなく繰

> り返される一つの運動をなしている。「生存の必要」は、労働と消費という二つの過程を支配している。労働が自然の提供する物を「集めて」肉体と「混ぜ合わせて」自然と合体するとき、[5]それは肉体が食料を消費する時に、より直接に行っているのと同じ活動をしているのだ。労働と消費は、ともに物質を捉えて解体し、これを貪り尽くす過程である。労働が素材に対して行う「仕事」とは、物質を最終的に解体するための準備にすぎない。(pp. 98-100/一七〇頁＝154～155頁。傍線は引用者)

労働者は、自然から取り出した素材を加工して作り出した生産物を消費することによってその肉体と精神的活力を維持することで、「労働力」を再生産する。その意味において、「労働」と「消費」は、生命が自然の対象をみずからの内に取り込んで自己を維持する生命活動である。ここでアレントが「労働はその主体〔subject〕と一体化する」という『資本論』英語版の誤訳をそのまま採用している[6]こともあって、あたかも直接に肉体の内に取り込む「生理学的」過程を意味しているように見えるが、これはあくまでも間接的な過程として語られている。マルクス自身も、『資本論』の中で、労働を「生産的な消費」だと論じているところがある。

労働は、その素材的要素を、その対象および手段を消費し、それを食いつくす。したがって、それは消費過程である。この生産的消費が個人的消費から区別されるのは、後者は生産物を生きた個人の生活手段として消耗し、前者は労働の生活手段として、個人の活動しつつある労働力の生活手段として消耗する、ということによる。したがって、個人的消費の生産物は、消費者それ自身であり、生産的消費の結果は、消費者からは区別された生産物である。（第一巻第三篇第五章、マルクス 一九六九―七〇、⑵一九頁）

生産物を直接に消費するのが個人の生命過程に密着した個人的消費であるとすれば、原料や道具・器具などを用いて行われる生産は、いわば自然の事物を間接的に摂取する「生産的な消費」だとマルクスは言うのである。[7] その意味においては、自然との物質代謝の一環としての労働＝消費という点で、アレントとマルクスの見方は重なり合っている。

ここでアレントが言う自然の対象を「貪り尽くす」という労働の性質は、自然に対する破壊を必ずしも意味しない。「労働」と「仕事」の区別というアレントの観点から見れば、労働のそうした過程によって掘り崩されるのは「自然」ではなく「世界」である。自然との関係において見るならば、対象を貪り尽くした末に自然に戻す「労働」よりは、むしろ自然から奪い取った素材を元に事物を打ち立てる「仕事」のほうが破壊的ということになる（p. 100／一七〇―一七一頁＝155頁）。

⑶労働概念の拡張――補修とメンテナンス

マルクスが「生産的な消費」という形で「消費」の概念を拡張しているとすれば、アレントは次のような形で「労働」の概念を拡張している。

労働には、同じく自然の循環運動に拘束されてはいるが、それほど切実に「人間生活の条件」そのものによって要求されていない第二の課題がある。それは、自然の成長と衰退の過程に抗して人間の工作物を守るという、終わりなき戦いのことだ。自然は人間が作り上げた事物の世界に侵入して、その耐久性を脅かし、人間が使用できないようにしてしまう。自然の過程に抗して世界を保護し、維持するという営みは、毎日の雑事を単調に繰り返すという労苦をともなう作業の一つである。（p. 100／一七一頁＝155～156頁）

「仕事」によって制作された事物は、人間が自然に抵抗して「世界」を形成するための拠り所を作り出すが、これを維持するための「終わりなき戦い」は「労働」の範疇に入る、とアレントは言うのである。

そうした「労働」の労苦について、アレントは古代ギリシア神話の逸話――エリスの王アウゲイアスの家畜小屋をヘラクレスが一日で清掃した、という事例を挙げている。もとより、神話の世界では、これはヘラクレスの英雄的行為に数えられているが、その本質はむしろ絶えざる労苦としての労働である。

しかしながら、世界を清潔に保って腐敗を防ぐために人間がその肉体をもって行う日々の戦いには、英雄の偉業と似たところはほとんどない。昨日傷んだところを補修して日々新しくするという作業に必要なのは、忍耐であって、勇気ではないのだ。それが苦痛なのは、危険だからではな

く、情け容赦なく繰り返されるからである。(p. 101／一七一―一七二頁＝156頁)

ここでは、自然と人間の物質代謝の過程の中で、生命有機体を維持するための食糧などを生産する、という本来の労働の部分を越えて、制作によって作られた事物（馬小屋）とそれによって支えられる「世界」を維持するための補修や清掃という営みもまた、自然による風化や摩耗に抗して「世界」を維持するための「終わりなき戦い」としての「労働」のカテゴリーに入れられている。[8]

そうした観点から見れば、アレントの「労働」の概念は「自然と人間の物質代謝」という枠の中での人間の活動をマルクスとは反対の側から拡大している、と言うことができるだろう。そこには、家事労働から始まり、今日「ケア」と言われる営み、さらにはさまざまな制作物、道具や機械を補修し、維持するための「メンテナンス」といった活動が含まれているのである。[9]

アレントにおける「活動」の分類基準は、厳密な意味で自然との循環過程に入るかどうかではなく、その活動の遂行様式に置かれている。マルクスの言う「自然との物質代謝」という永遠の循環過程のもとに人間が置かれていることは、アレントにとって、当然の「人間の条件」だった。アレントは、マルクスの労働概念を生命有機体の維持・再生産に限定して批判しているわけでも、「労働」という営みを低く評価しているわけでもない。問題は、「労働」と「仕事」、そして「行為」という自然と人間の物質代謝過程の中での活動の遂行様式における区別に基づく営みが、古代以来のもともとの領分を越えて拡大あるいは相互に移行することにあった。人間の「活動」というものは、そもそもそうした性格をそなえている。近代に入って急速に進展する諸活動の間の関係の変化、それにともなって生じる活動の拡大や縮小、変容をどのように見るのか――これがアレントが考えようとした問題だった。

4　労働と生産力（第14節）

(1) 生産力の源泉としての労働

それでは、ロックに始まりスミス、マルクスに至る労働価値説の系譜が、「労働」こそ人間の最高の能力、この世界を建設する最高の能力であるとしたのはなぜか。そこには、近代に入ってからの経済の未曽有の発展、富の無限の増大過程の圧倒的な印象があった。

歴史的に見れば、一七世紀以降の政治理論家は、それまで見たことがなかったような富、財産、利得の成長過程に直面した。その絶えざる成長を説明しようとして、彼らの注意は進行する過程そのものに向けられた。かくして、のちに説明するような理由から、過程という観念が、新しい時代とそこで発展した歴史科学と自然科学の鍵となる用語になった。過程というものが終わりをもたないことは明らかだったので、初発からそれは自然過程、とりわけ生命過程そのものをモデルにして理解されていた。「金が金を生む」という近代の最も粗雑な迷信が――「権力が権力を生む」という最も鋭い政治的洞察と同じく――もっともらしく思われるのは、生命が自然の繁殖力をそなえているという隠喩が背景にあるからにほかならない。人間の活動の中で、生命そのものが続くかぎり絶え間なく自動的に進行し、意識的な決定に服さず、人間的に意味のある目的の枠を越えてしまうのは、仕事や行為ではなく、労働だけなのである。(pp. 105-106／一七六―一七七頁＝161～162頁)

近代の経済発展の原動力を労働力に求めて首尾一貫した理論を提示したのは、マルクスだった。マルクスは労働と生殖という二重の生産行為を人類の発展の基礎に据えたのである。唯物史観が確立された時期の著作と言われる『ドイツ・イデオロギー』には、こう書かれている。

ところで生活の生産は、労働における自己の生活の生産も生殖における他人の生活の生産も、そのまますぐに二重の関係として――一方では自然的な、他方では社会的な関係として――あらわれる。ここに社会的というのは、どんな条件のもとにしても、どんな様式によるにしても、またどんな目的のためにしても、いくたりかの個人の協働という意味である。ここから次のことが明らかになる。すなわち、一定の生産様式あるいは産業段階はいつも一定の協働様式あるいは社会的段階と結びついており、この協働様式がそれ自身一つの「生産力（Produktivkraft）」であるということ、そして人間の達しうる生産諸力の量は社会的状態を制約し、したがって「人類の歴史（Geschichte der Menschheit）」はいつも産業および交換の歴史とのつながりにおいて研究され論究されねばならないということである。（マルクス　一九七八、三六―三七頁）

人間は労働によって自己を再生産するだけでなく、生殖を通じて種を再生産する。この生命体としての基盤の上に、人間は一方では自然に働きかけてこれを改変すると同時に、生産を通じて一定の社会関係を作り出す。マルクスにとって、生命体としての人間の自然との関係としての労働は、人間のすべての活動の基礎的条件であり、自然と人間の循環過程という大枠の中での人間活動を包摂するものだった。

(2) 労働と生命過程の「リアリティ」

マルクスのように、生命の再生産の営みとして「労働」を捉えることには、ある種の「リアリティ」があることをアレントも認めている。

生命に特有の祝福をもたらすのは総じて労働であり、仕事にはそのような祝福は決して見出すことができない。何か仕事を完成させたり業績をあげたりした時に訪れる束の間の休息や喜びと、生命の祝福とを混同してはならない。労働における労苦と喜びは、ひとつながりのものとして継起するのであって、それは生存のための手段の生産と消費が連続して繰り返されるのと同じである。ちょうど健康な肉体が機能することそのものが喜びであるように、幸福はそうした過程そのもののうちにある。地上の生命が享受してきた至福を分かりやすく一般化したのが「最大多数の最大幸福」という標語だが、これは人間が労働する際に経験する根本的なリアリティを「理

想」として概念化したものである。(pp. 107-108／一七九頁＝164頁)

生命の再生産の営みとしての労働には、それにともなう喜びがある。自然的な身体の生命過程にいちばん近いところで行われる運動、それにともなう喜びと苦痛の経験こそが、労働を基礎として行われる社会の再生産の過程を一つの生命有機体の運動として捉える見方に「リアリティ」を与えている。「最大多数の最大幸福」を標語とするベンサムの功利主義も生命過程の快楽と苦痛に根拠を有している、と言うのである。

ただし、アレントにとって、快楽を最大化し、苦痛を極小化する、というベンサム的な功利主義の幸福論には根本的な問題があった。

苦痛に満ちた消耗と喜びにあふれる再生という定められた生の循環の外側に永続する幸福など、ありはしない。もしこの生の循環が消耗と再生のバランスを保った軌道を踏み外すなら、生きることに本来ともなっていた幸福は破壊される。例えば、過度の貧困や悲惨による不幸は消耗からの回復をもたらさないし、逆に巨万の富を得て生活の労苦から解放されれば、消耗に代わって倦怠が襲ってくる。ありあまる物を消費し、食い尽くさなければならない、という必然性の重みは、まるで挽(ひ)き臼(うす)のように無気力な人間の肉体を容赦なくすり潰し、虚しいまま死を迎えることになるだろう。(p. 108／一七九―一八〇頁＝165頁)

有機的な生命の営みは、快楽と苦痛の繰り返しである。人間においては、労苦をともなう労働と消費による再生の循環である。確かに、それは人間一人一人にとっても、種としての人類にとっても、永遠に続くかのように思われるだろう。だが、人間の生を基礎づけている生命の循環から逃れようとするならば、生にともなう喜びそのものが失われる。過剰な貧困や苦痛の連続も、過多な富がもたらす倦怠も、快楽と苦痛、労働と消費の循環によって保たれていた生命のバランスを崩してしまうからである。有機的な生命体というのは、いわば自然の必然性に抗して、かろうじて保たれるバランスの上に立っているのである。これは、ベンサムの功利主義に対する批判であるとともに、マルクスの労働論に対するアレントの基本的な立場でもあった。アレントは生命とその再生産というマルクス自身の観点に立ちながら、その限界を見定めようとしていた、と言うことができるだろう。

5　私有財産の源泉としての労働（第15節）

労働の生産力をすべての人間活動の根源に置く立場から見れば、私有財産の源泉も人間の労働に帰着することになる。

ロックは私有財産の根拠を労働に求めたが、彼が問題にしていたのは、正確に言えば「財産（property）」ではなく「占有（appropriation）」だった。すなわち、人は自然状態において神が与えた共有物としての世界から、「身体の労働と手の仕事」によって自分の労働を混合したものを、自分の占有物として取り分ける。共有された世界から一定の部分を排除して、私的なものとして獲得するための能力こそ、「労働」なのである（pp. 110-111／一八二―一八三頁＝168～169頁）。

マルクスの目的はロックのように私有財産や占有を正当化することではなかったが、私有財産と富の源泉を労働に求めるという点では同じ立場をとっている。

富の増殖過程を自然の過程、それ自身の法則に従って意図的な決定や目的を超えて進行する過程として見るという点で、マルクスもロックと共通していた。この過程に完全に呑み込まれる人間の活動があるとすれば、おそらくそれは肉体の「活動」だけだろう。その自然の機能は、たとえ人間が望んでも阻止できないからである。実際、これらの「活動」を阻止しようとすることは、自然を破壊することだ。私有財産制度を堅持する立場をとるにせよ、富の成長にとっての障害とみなすにせよ、およそ近代全体にとって、富の増殖のこの過程を阻止したり統制したりすることは、まさに社会の生命そのものを破壊することに等しかったのである。（pp. 111-112／一八三―一八四頁＝169～170頁）

ロックもマルクスも、私有財産の自然的起源は人間の労働だと見る点で共通していた。両者の違いは、人間の生存にとって不可欠の営みとその発展を阻止するものとして「私有財産」を捉えるか、そうした営みに基づく成果として私有財産を維持するかの違いにすぎない。いずれも労働力という労働者個人の肉体に内属する力に根拠を求めたのである。

近代の発展と社会の興隆によって、およそ人間活動の中で最も私的なものだった労働が公的なものとして認められ、独自の共通領域を確立するようになると、世界の中に私的な場所を確保してくれる財産の存在そのものが富の容赦ない増大に抵抗することができなくなる。それでもなお自分の所有物の私的な性質、「共通のものから」完全に独立した私的領域を維持するには、それを財産としてではなく占有されたものとみなし、肉体の活動の結果、生み出された「産物」として「共通領域から囲い込んだ」ものと解釈するしかない。そうした観点から見れば、肉体というのは、望んでも他人と共有できない唯一の物であるがゆえに、あらゆる財産の核心となるだろう。事実、快楽や苦痛、労働と消費といった身体の境界の内部で起きることほど、他人と共有できないもの、他人に伝達できないものは存在しない。それらは公的領域における他人の目や耳からしっかり守られている。それはまた、奴隷状態であれ、耐え難い苦痛であれ、身体の内部の生命活動のみに集中することほど、人間を世界から根底的に切り離すものは存在しない、ということでもある。いかなる理由からであれ、人間を世界から完全に独立した「私的」な存在、ただ自分自身が生きているということだけを意識している存在にしようとするなら、これらの経験に基づかなければならない。(p. 112/一八四頁=170頁)

他者と共有できない完全に私的な領域に財産の根拠を求めるとすれば、それは自分自身の内部に求めなければならない。そうした意味において、私的なものとは肉体であり、肉体の内部における過程やそれにともなう感覚ほど、他人と共有できないもの、他人の介入を許さないものは存在しないだろう。自分自身の存在、自分が今生きているということを確かめることのできる肉体内部の感覚、その意味において最も私的な感覚、したがって他人に伝えることのできない感覚というのは、究極的には「苦痛」である。苦痛に襲われているとき、人は外界に注意を向ける余裕を失っている。彼は「世界」とそのリアリティから切り離される。欲望の自制によって「世界からの独立」を求めるストア派にせよ、自然な欲求に従って「心の平安」を求めるエピクロス派にせよ、彼らが追求しているのは、結局のところ「苦痛の欠如」だった。もっとも、「苦痛の欠如」を幸福と感じることができるのは、苦痛による感覚の独占ないし麻痺から回復する束の間の、いわば「苦痛からの解放」の時にすぎないのであるが（pp. 112-113／一八五頁＝171頁）、いずれにせよ「苦痛の欠如」あるいは「苦痛からの解放」の経験は、労働における苦痛と快楽の経験に対応する、とアレントは言うのである。

この無世界性の経験、正確には苦痛による世界喪失の経験があてはまる唯一の活動、それが労働である。労働それ自体は能動的な活動であるにもかかわらず、その過程で人間の肉体は自分自身に投げ返される。関心はひたすら生きることのみに集中して、自然との物質代謝に閉じ込められて繰り返される肉体的機能の循環を超越することも、そこから解放されることもない。（p. 115／一八六頁＝172～173頁）

自己の肉体の機能としての労働こそが私有財産の源泉であるなら、財産は公私の区分と世界の基礎としての性格を失うことになるだろう。ロックが私有財産の根拠を労働による占有に求めた時には、共通世界の一部を占有したものであるというかぎりにおいて、財産はまだ世界との関係を保っていた。しかし、経済発展とともに、関心は富の拡大と蓄積に移っていく。産業革命によって本格化するそうした発展を正面から受けとめたのが、マルクスだった。

もし主要な関心が財産ではなく富の成長と蓄積過程そのものに置かれるなら、事情はまったく違ってくる。富の蓄積過程は種の生命過程と同じように無限でありうるが、私的な個人は永遠に生きるわけではない。個人に与えられた時間は無限ではないという不都合な事実が、蓄積過程を妨げ、中断する。限られた生命をもつ個人に代わって、社会全体が一つの生命をそなえた蓄積過程の巨大な主体であると考えて初めて、この過程は個人の寿命と個人の財産という制約から完全に解放され、全速力で進行することができる。人間がもはや自分自身の生存にのみ関心をもつ個人ではなく、「種の一員」として、つまりマルクスの言う「類的存在〔Gattungswesen〕」として活動するようになり、個人の生命の再生産が人類の生命過程に吸収されて初めて、「社会化された人間」の集合的な生命過程は、その「必然性」に従って、生命の増殖と、生命に必要な財の増大という二重の意味における自動的な繁殖過程を推進するようになるのである。(p. 116／一八七―一八八頁＝174頁)

富の蓄積が無限であり、それに基づく社会の進歩もまた無限であるとすれば、その担い手も生命に限りのある個体としての人間ではなく、人類あるいは社会そのものとなる。今や無限の発展過程を推し進めるのは、個体の生命力の発現としての労働ではなく、個体の死を乗り越えて進行する生命過程そのものである。そうした「社会化された人間」による発展の行き着く先は何か。アレントはこう述べている。

しかしながら、どんなに繁殖力が増大し、過程の社会化によって社会や集合的な人類が個人に代わる主体になったとしても、生命そのものが発現する肉体内部の過程を経験するのはあくまでも個人であり、労働という活動もまた、そうした意味において私的な性格のものであり続けるという厳然たる事実、考えようによっては苛酷でさえある事実を取り除くことはできない。財が豊富になって、労働に費やされる時間が短縮されたとしても、それが共通世界の設立をもたらすことはありえない。私有財産を剝奪された「労働する動物」は、それでもなお私的な存在だろう。彼らは公的領域から隠れて自分を保護する場を「奪われた」存在だからである。マルクスは、「社会の生産力」が無制限に発展するようになれば公的領域は「死滅する」だろう、と予言した。この指摘は正しいが、われわれはマルクスとともに喜ぶわけにはいかない。というのも、彼はまた、「社会化された人間」は労働から解放された自由な時間を、今日のわれわれなら「趣味」と呼ぶような厳密な意味で私的な、世界との関わりをまったくもたない活動に費やすことになるだろう、と正当にも予想しているからだ。これは「労働する動物」という彼の人間観から出てくる当然の帰結である。（pp. 117-118／一八九―一九〇頁＝175～176頁）

革命後に解放された「社会の生産力」の無限の発展は、公的領域としての「国家」を「死滅」させるだろう、とマルクスは考えた。厳密に言えば、「死滅」という言葉を用いたのはマルクスではなくエンゲルスであり、革命後のいわゆるプロレタリア独裁や過渡期をどう理解するかがマルクス解釈の上ではしばしば議論になるところだが、社会から自立した存在としての国家を最終的に廃絶する、というのがマルクス自身の構想であったことは間違いない。『フランスにおける内乱』(一八七一年)で、マルクスはこう述べている。

コミューン——それは国家権力が、社会を支配し圧服する力としてではなく、社会自身の生きた力として、社会によって、人民大衆自身によって再吸収されたものであり、この人民大衆は、自分たちを抑圧する組織された強力〔Gewalt〕の代わりに、自分自身の強力を形づくるのである。——それは、人民大衆の抑圧者によって横領され、人民大衆の敵によって人民大衆を抑圧するために行使されてきた社会の人為的な強力(人民大衆に対立させられ、人民大衆に対抗して組織された人民大衆自身の力)の代わりとしての、人民大衆の社会的解放の政治形態である。(第一草稿、マルクス 一九七〇、一四四—一四五頁)

国家とは、人民大衆とその社会が本来有していたはずの共同性が人民大衆から簒奪されたものである。そもそも、国家の権力機構の担い手がすべて支配階級の構成員で成っているわけではない。本質的に少数者である支配階級が多数者としての被支配者大衆を支配するためには、被支配者層から優秀な人材を警察・軍隊・官僚として利用しなければならない。人民大衆出身の彼らが武器や警棒を人民大衆に向ける。階級支配を維持し、人民大衆を抑圧するために行使される権力は、文字どおり人民大衆から簒奪された人民大衆自身の力である。そのような意味において、国家とは社会がもっていた共同性の疎外態である、とマルクスは言うのである。そうであるからこそ、人民大衆が国家という形で自身から疎外されていた国家とその共同性を取り戻すことは、原理的に可能なはずである。パリ・コミューンは、そうした人民自身の権力のあり方を先駆的に示したものだった。

そうした意味における国家の廃止の基礎となるべきものこそ、階級の廃絶のあとに訪れる生産力の飛躍的発展だった。そこでは、社会の構成員を個別の職業に縛りつけている桎梏としての分業そのものが廃止される。初期の『ドイツ・イデオロギー』では、こう述べている。

> 共産主義社会では、各人が一定の専属の活動範囲をもたずに、どんな任意の部門においても修業を積むことができ、社会が全般の生産を規制する。そしてまさにそれゆえにこそ私はまったく気の向くままに、今日はこれをし、明日はあれをし、朝には狩りをし、午後には魚をとり、夕には家畜を飼い、食後には批判をすることができるようになり、しかも猟師や漁夫や牧人または批判家になることはない。（マルクス 一九七八、四四頁）

分業は生産力の発展の基礎であるが、同時にそれは生産手段の私的所有に基づく搾取と階級関係の形成の原動力でもあった。生産手段の社会的所有とそれにともなう階級の廃絶のあとに訪れる生産力の飛躍的発展は、社会の構成員を個別の職業に縛りつけている桎梏から解放する。階級的な搾取から解放された直接生産者たちは、彼らの労働生産力の飛躍的発展の果実を自由に享受するようになる。人々は自分のしたい活動に従事することができるし、しかも特定の活動に拘束されることはなくなるだろう、とマルクスは言うのである。

こうしたマルクスの予想に対して、アレントは次のように反論する。確かに、生産力の拡大は人間のほとんどの活動を「趣味」のようなものに変えてしまうかもしれない。だが、それは人々がこれまで労働力の再生産の過程としての「余暇」の時間に行ってきた活動の延長にすぎない。それは労働からの解放、そして拘束からの解放では決してない。「余暇」が——本来は私的領域でなされる——労働の一環としての「消費」であるとすれば、労働は人間の営みの本質的部分であり続けるだろう、と。

6　労働の労苦からの解放は何をもたらすか（第16節）

(1) 世界のリアリティと生命のリアリティ

すでに述べてきたように、人間は自然に拘束された労働の重荷から逃れようと努めてきた。他の生き物にとって生命活動はその存在の本質そのものだが、人間にはなぜか「不毛な努力を嫌う[10]

(repugnance to futility)」傾向がそなわっている。そうであるがゆえに、自然との循環の中で繰り返される労働の不毛性は、嫌悪の対象になっていた。労働の空虚な労苦から逃れるために、古代人は奴隷制を採用したのである。だが、人間が生物学的な生命体であるかぎり、労働の労苦を完全に取り除くことはできない。

最も基礎的な次元では、生命に必要なものを獲得する「労苦と困難」、そして自分の身体にそれを「合体」する快楽は、生物学的な生命の円環の中に閉じ込められている。この回帰する循環のリズムが、人間の生活の他に類を見ない直線的な運動を条件づけているのである。したがって、労働の苦痛と労苦を完全に取り除いてしまったら、生物学的生命にとって最も自然な快楽が失われるばかりか、人間特有の生活の生き生きとした活力を奪うことになるだろう。苦痛と労苦というのは、生命そのものを損なうことなく除去できる病気の症状のようなものではない。人間はそのような条件のもとに置かれているのであって、苦痛や労苦は生命が必然性に拘束された自分自身の存在を感じさせる様式なのである。死すべき存在としての人間にとって、「神々のような安楽な生活」は生気の失せた生活となるだろう。(p. 120／一九二―一九三頁＝179頁)

もちろん、苦痛と労苦によって感じられるリアリティは、「世界」のリアリティとは本質的に異なる。世界のリアリティが個体の死を超えて永続するものに対する信頼に基づいているとすれば、生命のリアリティは自己の内に「生命の息吹きを感じる際の強烈さ、生命が自己の存在を主張する衝撃の強さ」にもっぱらかかっている。

その衝撃はあまりに強烈で、その力はまったく根源的なものなので、歓喜に沸いたり悲嘆に暮れたりしている時には、それ以外の世界に対するリアリティを遮断してしまうのである。金持ちの生活は活力がなく、自然が与えてくれる「ご馳走」との親密な関係は失われる代わりに、世界の美しいものに対する洗練された感受性を得ることができるということが、しばしば指摘される。事実、この世界の生に対する人間の能力には、生命過程そのものから離れて、これを超越しようとするところがあるが、他方で活力と生命力を維持するためには、進んで生命の労苦と困難を担わなければならないのである。（pp. 120-121／一九三頁＝179～180頁）

生とは、苦痛と快楽の絶えざる循環である。苦痛があるからこそ、快楽も生まれる。そもそも、個体がその生命を維持するという営みそれ自体が死へと向かう必然的な物理法則に対する抵抗だとすれば、そこに苦痛や労苦がともなうのは当然である。そうした自然的な生命過程にともなう苦痛を取り除くなら、生にともなう喜びも、生そのものに対する確証も失われてしまうだろう。生に対するこうしたアレントの考え方には、フリードリヒ・ニーチェ（一八四四―一九〇〇年）のそれが反響している。例えば『悦ばしき知識』（一八八二年）三〇一の「観照的人間の幻想」と題されたアフォリズムには、こう書かれている。

高級な人間の低級な人間と違う点は、彼らが口では言えないほどに多くのことを見もし聞きもし、しかも考えながらに見もし聞きもするということである。――また、これこそは、人間を動物から、そして、高等動物を下等動物から区別する所以のものだ。人間性の頂点へと高く成長してゆく者にとっては、世界はいよいよ豊満なものとなってくる。彼にむかって投じられる興味の釣り針は、いや増しに多くなる。彼の刺戟の量は絶えず増大するし、また同様に、彼の快と不快の品種の数も不断に増大する――高級な人はいよいよ幸福になると同時に不幸になる。[11]（ニーチェ一九九三a、三一六頁）

生において、快楽と苦痛は背中合わせである。喜びとともに苦痛をも深く味わうことによって生を全面的に肯定できる者こそが、それまでの人間の地平を広げることができる、とニーチェは言うのである。

(2) 近　代――労苦からの解放

奴隷制が古代において労働の労苦から――一部の――人間を解放する手段だったのに対して、近代は労働の労苦からの解放を生産力の発展そのものによって実現した。その決定的転機は、労働過程への道具や器具の導入だった。

アレントの分類に従えば、道具や器具は仕事＝制作によって作り出されたものであり、世界の拠り所となる事物として使用されるか、あるいはそうした事物を生産するための手段として使用される。

仕事と制作によって生み出された道具・器具が労働過程に導入されて、人間の労苦は大幅に軽減されるようになってきた。しかしながら、労苦の軽減にはおのずと限界がある。

その上、道具による労働の軽減には根本的な限界がある。台所に一〇〇種類のさまざまな機械を備えつけ、貯蔵庫に半ダースのロボットを配置しても、一人の召使いに及ばない、という単純な事実がそれを証明している。非常に興味深く、また意外に思われるかもしれないが、近代になって道具や機械が信じられないような発展を遂げる数千年前に、そうしたことは予想できた。アリストテレスは、空想を交えながら、半ば皮肉を込めて、今日すでにしばらく前から現実になっている事態を予想していた。そこでは「すべての道具が、ダイダロスの作った立像や「自分から神々の集会に入っていった」と詩人が歌うヘパイストスの三脚台のように、命じられたとおりに動き出して」、「手で動かさずとも、杼(ひ)がひとりでに機(はた)を織り、竪琴を琴爪が奏でるだろう」。そこでアリストテレスはこう続ける。なるほど、そうなれば職人は人間の助手を必要としなくなるだろうが、奴隷なしで家政を営めることにはならない。奴隷というのは、物を作る道具や生産の手段ではなく、生活の道具であって、奴隷のサーヴィスは絶えず消費されてしまうからである、と〔『政治学』一二五三b三〇―一二五四a一八、アリストテレス 一九六一、三八―三九頁〕。物を作る制作過程には限界があり、最終生産物〔finished product〕という目的の達成とともに、道具はその役割を終える。したがって、あらかじめ予見して統制することができる。だが、労働を必要とする生命過程は終わりのない活動であり、それにふさわしい唯一の「道具」は「永久運動装置

〔*perpetuum mobile*〕」、つまりそれが仕える生命有機体と同様に、生きて「活動」する「ものを言う道具〔*instrumentum vocale*〕」でなければならない。「家政の道具はその使用以外の結果をもたらさない」からこそ、それを「道具の使用以上に何かを生み出す仕事の道具や器具」で置き換えることはできないのである。（p. 122／一九五―一九六頁＝182～183頁）

ここで問題なのは、家事全般を遂行できるような道具や機械がないということではない。今日のテクノロジーの進歩を見れば、いずれは人工知能（ＡＩ）をそなえた人間型の万能ロボットが召使いの仕事を完全に遂行できるようになるだろう。だが、仮にそのようなことが実現したとしても、人間個体の生命過程、さらには種としての人間の再生産過程は何ものによっても代替できないのである。

古代においては、そうした生命過程にともなう労苦、したがって労働と消費のさまざまな労苦や煩わしさは、暴力で支配された奴隷に負担させることができた。もちろん、それは労働と生活の労苦の――大部分であるとしても――やはり一部にすぎなかったし、労働の労苦から解放された支配者を必ずしも幸福にしたわけではない。

今日のテクノロジーのさらなる進展は、かつては奴隷が肩代わりしていた労苦を道具や機械によって担わせることを可能にするばかりか、個体の身体によって遂行されてきた生命過程を人工的な器具や機械で補完ないし代替するための技術をも生み出している。人工授精に始まる医療技術の進展は、やがては種の再生産そのものも人為的な過程で代替することを可能にするかもしれない。そうなれば、人間は個体の生命維持のために働く労苦から解放されるだけでなく、種の生命維持のための労苦、もっぱら女性によって負担されてきた出産の労苦――これもアレントによれば「労働」にともなう苦しみと喜びである――からも解放される日が来るかもしれない。その場合には、おそらく古代において奴隷所有者たる支配者が抱えていた問題――労働の労苦なき生活のどこに喜びや幸福を求めるのか、という問題――に、すべての人間が直面することになるだろう。

(3) 労働の分割としての分業と仕事の協業

労働の過程への道具の介入の際に問題となるのは、労働と仕事における人々の組織の仕方の違いである。[12]

仕事の専門化を実質的に導くのは最終生産物そのものであって、その生産のためにはさまざまな技能を集めて組織することが必要であるのに対して、労働の分業はすべての活動が同質のもので、特別な技能を必要としないことを前提としている。そこで行われる個々の活動には目的も終わりもなく、ただ純粋に量的に加算できる労働力の一定量を表すにすぎない。労働の分業は、二人の人間がその労働力を合体させて「まるで一人の人間であるかのように行動」できるという事実に基づいている。分業の際に生じるこの一体感〔one-ness〕は、種の観点から見れば、どの個体も同じで交換可能だ、という意味の統一性に基づいており、協業〔co-operation〕の対極に位置するものである〔…〕。(p. 123／一九七頁＝183～184頁)

仕事＝制作における「協業」がそれぞれの専門的な技術に基づいてなされるのに対して、労働の「分業」は同質的な作業の単純分割に基づいている。[13]「労働」は「仕事」とは異なり、その作業を分割しても労働そのものの性格が変わることはない。

分割された労働過程のどの部分にも、それ自体に固有の目的〔end〕はない。その「自然な」目的は「分割されない」個人の労働過程とまったく同じで、労働者の消費能力を自己維持の手段として再生産するか、あるいは労働力が消耗し尽くされればその労働過程が終わるか、そのいずれかである。だが、これは最終的なものではない。そこで消耗し尽くされるのは個人の生命過程であって集団のそれではないし、労働の分業の下での労働過程の主体になっているのは集団的労働力であって個人の労働力ではないからである。（p. 124／一九七―一九八頁＝184～185頁）

分割された労働作業は――専門に基づく仕事の協業とは異なり――それ自身の目的（終わり）をもたない。これは、設定された目標の達成とともに終わる仕事＝制作の作業との決定的な相違である。だが、分業による生産力の拡大は重大な問題を生み出すことになる。

さらに深刻な問題は、個人の労働力が集団的な労働力に取って代わったとしても、消費は個人の能力に制約されたままだということである。「社会化された人間」における富の蓄積には制約がない。「社会化された人間」は、あらゆる安定した富、「山と積み上げられ」て「死蔵された」

所有物を貨幣に換えて支出し、消費することで、個人の財産のもっていた制約を廃棄し、個人的占有の限界を克服する。われわれの生きている社会はすでに、富とはお金を稼いだり使ったりする力だと見ているが、それは人間が肉体で行っている労働と消費という二重の物質代謝が形を変えたにすぎない。問題は、どのようにしてこの無制限の富の蓄積に個人の消費が釣り合うようにすることができるか、である。(p. 124／一九八頁＝185頁)

「労働」が「消費」と密接不可分に結びついているとすれば、分業による集団化で増大した物の生産は、それに見合うだけの消費を要求するようになるだろう。無制限な富の増大に対する消費のアンバランスをどうしたら解決できるのか。アレントの答えはこうである。

その解決方法はまったく簡単で、すべての使用対象物を消費財のように扱うことである。そこでは、椅子やテーブルも服と同じ速さで消費され、服はまるで食べ物のように即座に用済みになる。さらに言えば、世界の基礎となるはずの事物に対するこうした扱いは、それらが生産される方法に完全に適合している。産業革命は、すべての仕事を労働に置き換えてしまった。その結果、近代世界の事物は、仕事の産物として使用されるのではなく、労働の生産物として当然のごとく消費される。もともと仕事の産物だった道具や器具が労働過程で用いられるのと同様、労働過程に適合した分業の原理が近代的な仕事の過程に持ち込まれて、制作と使用対象物の生産の主要な特徴となる。それまですべての仕事に要求されていた厳格な専門化に取って代わったのは、機械化ではなく、労働の分割だった。仕事の技能は、大量生産のためのモデルの設計と制作に必要とされるにすぎない。その意味では大量生産も道具や機械に依存しているが、仕事人による専門化を労働者による分業に置き換えなければ、実現はまったく不可能になるだろう。（pp. 124-125／一九八―一九九頁＝185～186頁）

すでに述べたように、「仕事」における専門化に基づく「協業」と、「労働」における「分業」とは根本的に異なる。生産過程に「仕事」＝制作の論理に従った「協業」ではなく、労働の「分業」が導入されれば、そこで生み出される生産物も「使用」の対象から「消費」の対象に変わる。産業革命は生産物の生産過程と消費の過程という二重の意味において「仕事」から「労働」への転換だった。かくして、あらゆる物の生産が労働の分業という原理に基づく無限の拡大再生産の過程になるのに対応して、消費もまたその無限の拡大再生産の過程に巻き込まれることになる。

使用対象物も、それが過剰に生産されれば、消費財に転化する。労働過程が無限に続くことができるのは、消費の必要が絶えず反復されるからである。したがって、物の生産を無限に続けるには、生産物が使用対象としての性質を失って、ますます消費の対象になることが必要なのだ。言い換えれば、使用の速度が恐ろしく速いために消費との客観的な違いはなくなり、相対的に持続する使用対象物と現れては消える消費財との区別はもはや意味をもたなくなるのである。（p. 125／二〇〇頁＝187頁）

今日、われわれは世界のあらゆる事物を消費の対象として呑み込む「消費者社会」に生きている。そこでは、あらゆる物が日々の食糧のように食い尽くされて、消尽されていく。世界の拠り所となるべき事物、使用による摩耗に耐えてわれわれの安定した住み家を与えるはずの事物が、消費の対象であるかのように掘り崩されていく。すべては労働と消費という循環過程に呑み込まれていくのである。

自分のまわりの世界の事物をより早く新しいものに取り替える欲求に駆られて、われわれはもはやそれを使用する余裕、事物に固有の耐久性に気を配って維持する余裕を失っている。われわれは家や家具や自動車を、自然との物質代謝の無限の循環にすぐ取り込まないと駄目になってしまう自然の「ご馳走」のように消費しなければならない。われわれは人間の作った事物の世界を自然から守っている隔壁をこじ開けてしまった。われわれの内部で進行する生物学的過程とそれを取り巻く自然の循環は、絶えず人間の世界の安定性を脅かしているが、今やわれわれは自然の過程に身を委ねて、世界を守る隔壁を放棄してしまったように見える。（pp. 125-126／二〇〇頁＝187～188頁）

世界に関わるすべての物の生産が「労働」の営みとなる「労働する動物」の勝利によってもたらされたのは、すべての物を消費財として呑み込む「消費者社会」だったのである。

7　大衆消費社会という不幸（第17節）

「労働する動物」がもたらすものは、消費の無限拡大だけにとどまらない。そこには、より深刻な問題がある、とアレントは見ていた。近代は、それまでもっぱら私的領域で行われていた「労働」という活動を全面的に解放した。その結果、すべての人間の活動が労働と同一視され、人間活動のあらゆる成果は労働を基準に計られることになった。

われわれのやることなすことすべては「生活のため」とみなされる。そう社会が宣告する。それに異議を申し立てるような職業に就く人々の数は、急速に減少した。唯一の例外として社会に認められているのは芸術家で、厳密に言えば、彼らは労働社会に残された唯一の「仕事人」である。すべての真剣な活動を生活のためのレベルに引き下げるという傾向は、今日の労働理論がほとんど口を揃えて労働を遊びの反対と定義していることにも表れている。その結果、真剣に行われる活動は、成果の如何を問わず、すべて労働と呼ばれ、個人の生活にも種の生命過程にも不要な活動は遊びとして一括されてしまう。労働社会の現在の評価を突きつめればどこに行き着くかを、これらの理論は示している。芸術家の「仕事」の余地さえ、そこには残されていない。芸術は遊びに解消されて、世界の中で有していた本来の意味を喪失する。芸術が遊びだというのは、社会の労働生活の中で個人がテニスに興じたり趣味に没頭したりするのと同程度の役割しか果たしていないということである。労働の解放は、労働を「活動的生活」の他の活動と同等の地位ではなく、疑問の余地のない優位に立たせることになった。「生活のため」という観点から見れば、労働に関わらないあらゆる活動は「趣味」になる。（pp. 126-128／二〇一―二〇二頁＝189～190頁）

「労働する動物」の勝利によって、すべての活動は「生活のため」の営みとなる。芸術さえも、趣味や遊びに還元される。人々が余暇の時間に行う趣味やレクリエーションが再び働くための活力の補充――労働力の再生産――だとすれば、これもまた労働と消費の一環ということになるだろう。

マルクスの労働論に対するアレントの批判も、そのような観点に基づいている。マルクスは『資本論』第三巻第七篇第四八章「三位一体の定式」で次のように述べていた。

自由の国は、実際、窮迫と外的合目的性とによって規定された労働がなくなるところで初めて始まる。したがって、それは、事柄の性質上、本来の物質的生産の領域の彼方にある。未開人が、彼の欲望を満たすために、彼の生活を維持しまた再生産するために、自然と闘わねばならないように、文明人もそうせねばならず、しかも、いかなる社会形態においても、可能ないかなる生産様式の下においても、そうせねばならない。文明人が発展するほど、この自然必然性の国は拡大される。諸欲望が拡大されるからである。しかし同時に、諸欲望を満たす生産諸力も拡大される。この領域における自由は、ただ次のことにのみ存しうる。すなわち、社会化された人間、結合された生産者が、この自然との彼らの物質代謝によって盲目的な力によるように支配されることをやめて、これを合理的に規制し、彼らの共同の統制の下に置くこと、これを、最小の力の支出をもって、また彼らの人間性に最もふさわしく最も適当な諸条件の下に、行うこと、これである。しかし、これは依然としてなお必然性の国である。この国の彼方に、自己目的として行為しうる人間の力の発展が、真の自由の国が、といってもかの必然性の国をその基礎としてその上にのみ開花しうる自由の国が、始まる。労働日の短縮は根本条件である。（マルクス 一九六九―七〇、(9)一六―一七頁）

マルクスは、生活の必要性に支配される「必然性の領域」が完全に消滅して、すべての人間が自由に活動できる「自由の国」が到来する、と考えていたわけではない――この点で、アレントはマルクスの議論を誇張しているところがある。[14] 人間が物質的存在として生命の維持と再生産に規定されているかぎり、そのようなことは不可能である。だが、共産主義のもとで――搾取が廃絶されて――生産力が飛躍的に拡大すれば、人間の再生産のために必要な物資・サーヴィスの産出に投入されるべき労働時間は飛躍的に圧縮されることになるだろう。資本主義のもとでは「相対的剰余価値」として資本家の利潤の源泉になっていた部分は、さらに拡大するとともに――必要な共通経費を賄うためのファンドを除いて――すべての人民の自由な活動にまわされることになる。だからこそ、必要労働時間の短縮が、その実現のための第一歩になるのである。

このようなマルクスの構想に対して、アレントはこう述べている。

労働からの解放というこの目標はユートピアのように見えるし、マルクスの教説の中に残された唯一厳密な意味でのユートピア的要素のように見える。マルクス自身の言う「労働からの解放」は必然性からの解放であり、それは究極的には消費からの解放、つまり人間生活の条件である自然との物質代謝からの解放ということになるからである。しかしながら、この一〇年ほどの発展、とりわけオートメーションのさらなる発展によって開かれた可能性を前にすれば、昨日はユートピアだったものが明日には現実になる、というのもまんざら根拠のない話ではない。もしそうなれば、今なお生物学的な循環に拘束された人間生活の最後の「労苦と困難」は消費だけということになるだろう。

だが、仮にこのユートピアが実現したとしても、世界の観点から見た生命のサイクルの不毛さを変えることはできないだろう。生物学的な生命が絶えず繰り返す循環は、労働と消費という二つの段階を必ず通らなければならない。将来この二つの割合が大きく変化して、人間の「労働力」のほとんどが消費に費やされるようになるかもしれない。それにともなって、余暇〔leisure〕をどうするか、という深刻な社会問題が起こってくるだろう。要するに、消費の能力を維持していくには日々それを消耗させなければならないが、そのための機会をどうやって作り出すのか、という問題である。苦痛や努力をともなわない消費は、生物学的な生命の貪欲な性質を変えるどころか、むしろそれを増大させ、苦痛と努力の足枷から完全に「解放された」人類は世界全体を思うままに「消費」し、消費したいと思うあらゆる物を再生産するようになるだろう。(pp. 130-132／二〇四―二〇五頁＝192～193頁)

今日のテクノロジーの進展に基づく生産のオートメーション化は、自然の必然性からの解放というユートピアを一面では実現しつつあるように見える。人間は、完全に自動化された生産機構、ＡＩやその他の情報処理技術を駆使して、財やサーヴィスの需要と供給に関する情報を集約し、これに刻一刻と対処するシステムを作り上げて、「生活のため」、「生命維持のため」に必要なすべてのものを得ることができるようになるかもしれない。生産力の飛躍的発展は、いずれはそれを可能にするだろう。そうなれば、労働の労苦から解放された人間は、獲得した富と時間を自由な活動に振り向けるようになる。かくして真の「自由な国」が到来する、というのがマルクスの予想だった。だが、それは間違っている、というのがアレントの結論である。

マルクスから一〇〇年後の私たちは、この推論が誤っていたのを知っている。「労働する動物」の余暇時間は、消費以外には使用されない。与えられた時間が余れば、彼らの欲望はそれだけ貪欲かつ切実になる。なるほど、欲望が洗練されれば、消費はもはや生活必需品に限定されず、生命維持に直接必要のないものに集中するようになるだろう。だが、それでこの社会の性格が変わるわけではない。いかなる事物も消費の欲望から逃れることはできず、ついには世界のあらゆる事物が消費されて消滅するという危険がそこには孕まれているのである。(p. 133／二〇七頁＝195

頁）

生産力がどんなに拡大し、物質的な富がどれだけ豊かになろうとも、人間はそれを本当に自由な活動に振り向けることはないだろう。増大した富と自由な時間はよりいっそうの欲望を喚起し、生み出された膨大な財やサーヴィスは「労働力」の再生産のために消費される。結局のところ、すべては労働と消費の循環、欲望によって喚起された無限の拡大再生産のサイクルに呑み込まれるようになるだろう。そこでは、世界の拠り所となる事物だけでなく、自然の循環過程という労働の本来のあり方そのものが歪められる。

その結果としてもたらされたのが、今日では婉曲に大衆文化と呼ばれている事態である。そこでは誰もが不幸だと感じている。その根本的な理由は、労働と消費のバランスが崩れていること、それにもかかわらず「労働する動物」が幸福を執拗に求めていることにある。そうした幸福は、消耗と再生、苦痛と苦痛からの解放が完全に均衡を保って、初めて達成できる。われわれの社会に広まる幸福への要求と不幸の蔓延は（これはコインの両面なのだが）、十分に満足できる労働などもはや存在しない労働社会にわれわれが生きていることを如実に示している。およそ「幸福」になろうと欲するのは、そしていずれは死んでいく人間が幸福になりうるなどと考えるのは「労働する動物」だけで、職人や行為の人はそうは考えない。（p. 134／二〇七―二〇八頁＝196頁）

生にともなう快楽と苦痛は表裏一体のものである。苦痛があるからこそ、快楽も生まれる。生とは、苦痛と快楽の絶えざる循環である。自然的な生命過程にともなう苦痛や労苦を取り除くなら、それと同時に生にともなう喜びも、生きているという確証も失われてしまうだろう。自然との循環過程の一環としての労働と消費から労苦と苦痛を完全に除去して、快適な生活を一方的に求めるなら、根源的な生のバランスは失われ、「大衆文化」という名の不幸が蔓延する。

したがって、「労働する動物」の勝利とは、人間が直接的な生命維持、生活のための営みに汲々とすることではない。『過去と未来の間』（一九六一年）で、アレントはこう述べている。

大衆文化は大衆社会が文化対象を掌握したときに姿を現す。大衆文化の危険は、社会の生命過程（それはすべての生命過程と同様、その物質代謝の循環に利用可能なあらゆるものを飽くことなく引き入れる）が文化対象を文字どおり消費し、食い尽くし、破壊してしまうという点にある。もちろん大量販売のことをいいたいわけではない。書物や絵画が複製され安い価格で市場に出回り、莫大な売り上げを得たとしても、それはわれわれが問題としている文化対象の本性に影響を与えるものではない。しかし、この対象そのものが変化をこうむるとき、すなわち、複製や映画化に際し書き換えられたり、短縮されたり、ダイジェストにされたり、キッチュに還元されたりする場合には、文化対象の本性は影響を免れない。〔…〕その帰結は、文化の解体ではなく文化の腐敗である。この腐敗を盛んに助長しているのは、ティン・パン・アレーの作曲家ではなく、ある種の知識人である。かれらの批評はしばしば読者に影響を与えており、情報にも通じているが、かれらが果たしている唯一の機能といえば、『ハムレット』は『マイ・フェア・レディ』と同じくらい娯楽的で、おそらく同じくらい啓発的であるということを大衆に説得するために、文化対象を組織し、拡散し、変化させることでしかない。忘却や無視を切り抜けて幾世紀も生きのびてきた過去の偉大な作者は数多いが、かれらの思想が娯楽版への変形を切り抜けて今後も生き残ってゆけるかどうかは、まだ答えの出ない問題である。（Arendt 1961 (2006), p. 204／二七九―二八〇頁）

芸術作品は人間の手が作り出した制作物であるにもかかわらず、「使用」の対象ではない。この点は第Ⅳ章第23節で論じられることになるが、消費どころか使用の対象でさえない文化財が、今日われわれの社会では、購買欲の対象として売買され、消費されている。複製やキッチュに還元された模造品が消費に拍車をかける。人々は文化的消費財を日々の労働の疲れを癒やすための手段として消費する。生産力の飛躍的拡大によって生じるはずの巨大な時間的剰余は、必要労働の領域を極小化するどころか、労働力の再生産のための、新たに労働するためのリフレッシュに向けられることになるだろう。かくして、労働者に与えられた休息の時間も「余暇（レジャー）」として組織される。大衆社会と大衆文化のもとでは、すべてのものはそうした労働力の再生産のために、日々の労働力のリフレッシュとレクリエーションのために消費されることになるだろう。

だが、大衆文化における消費の空虚さは、それにとどまらない。『革命について』（一九六三年）には、さらに辛辣な指摘がある。

アメリカやその他のところで貧民たちが裕福になったとき、彼らは〔公共の場で他の〕人よりも抜きん出たいという欲求に突き動かされて活動する余裕のある閑散の人〔men of leisure〕にはならず、空虚な時間を持て余す退屈に身を委ねたのである。彼らも周囲からの「敬意と祝福」に対する趣味を次第に覚えていったが、それを得ようとする時にも「商品」としてできるだけ手軽に手に入れることで満足した。つまり、彼らは公共の広い日の光の中でのみ自己主張することのできる卓越への情熱を失っていたのである。〔…〕彼らは卓越が光り輝くことのできる広場に入っていくのではなく、いわば自分の家の「人目を惹く贅沢な消費」を公開して、自分の富〔wealth〕を誇示し、事柄の性質上本来は公開すべきでないものを衆目にさらすことのほうを望んだのである。(Arendt 1963 (1990), p. 70／一〇六頁)

大衆が貧困から抜け出して裕福になった時には、彼らはその富と時間をもてあますようになるだろう。すでに述べたように、「富」は「財産」と違って――投資あるいは消費という形で――使わなければ何の意味ももたない。ありあまる富と時間、それにともなって訪れる空虚と退屈をやり過ごすために、彼らはその富と財力を他人に見せびらかして誇示することに熱中する。

他者との差別化を図ろうとして行われる贅沢な消費を、ソースティン・ヴェブレン（一八五七―一九二九年）は「顕示的消費（conspicuous consumption）」と呼んだ。[15] 成功を収めて巨額の富を獲得した人々は、他者からの「尊敬」――あるいは、その裏返しとしての嫉妬――を喚起するために、その富を消費する。金で買えるありとあらゆるもの、他人の驚嘆を呼ぶものが、彼らの欲望の対象となる。彼らは高価な商品となったさまざまな事物、贅沢な調度や家具、邸宅とそれを飾る芸術品、庭園などを、他者に顕示するために公開する。そこで行われる贅沢な蕩尽そのものが、人々の耳目を集めるために行われるのである。

かくして、本来は公的な光の当たらない家の中で営まれるはずの「消費」、日々の生活と生命の再生産、日々新たに社会に出ていって活動するための休息とリフレッシュの営みが、公衆の目、羨望と好奇の目にさらされることになる。他者の視線を避けるための障壁が破壊された今日、自分の「プライバシー」をどのように守るのか。いや、そもそも公的な光のもとで「現れる」べきものとそうでないものとの区別さえ、われわれには定かではなくなっている。例えば「公人」の資産や私的な営みはどこまで公開すべきなのか、個人の生命個体としての身体的特徴や生物学的属性をめぐる情報は誰に帰属するのか、等々を考えればよい。一方では、私的なことは政治的であるという標語のもとに性的指向(嗜好)その他の他者からの承認を求めつつも、個人情報の保護が求められている。しかも、われわれの身体の内部は医療によって他者の目にさらされているという意味で、身体そのものも公私の境界としては、すでに怪しくなっている。

大衆文化に空虚さがともなうのは、文化的な水準が低いからでも、低俗だからでもない。それらは、いずれも永続せず、絶えず流動し、消滅する。その意味において、「世界」にではなく、広い意味の生命過程に属するものだからである。それらの営みは、生命の再生産にとって、肉体をもつ生物学的存在としての人間を日々再生産するために必要不可欠な活動に属しており、低劣だという理由で排除すべきものでも、また排除できるものでもない。問題は、そうした営みが生産力の拡大とそれにともなう欲望と消費の無限の拡大の連鎖となって、公的なものと私的なものの境界を食い破ってしまっていることにある。アレントの言う「労働する動物」の勝利とは、まさにそうした事態を意味していたのである。

マルクスの「自由の王国」構想の問題は、そうした意味における「労働」にすべての「活動」を還元したこと――制作の能動性も生命力の発現としての労働に包摂されるべきものとしたこと――にあった。拡大された生産と消費の無限の循環にすべてが呑み込まれたとき、人間にはいったい何が残されているだろうか。何か本当に自由な活動の余地が残されているだろうか。生産力の拡大によって自由な時間がありあまるほど与えられたとしたら、人はいったい何をするのか。そこでは、労働と区別された制作は、人間の生にとっていかなる意味をもつのか。そして、近代において仕事の運命は、どのようなものになるのか――これがアレントの問いかけだった。

第Ⅳ章

仕事と制作

1　産業革命における「消費」の無限拡大（第18節）

これまで述べてきたように、アレントにおいて「労働」と「仕事」は、自然を基盤とする世界との関わり、とりわけ世界の耐久性との関わりによって区別される。「消費」と「使用」の区別も、そこに基づいていた。しかしながら、近代に始まる富の無限集積と欲望の拡大は、両者の区別を消滅させ、あらゆる事物を「消費」の対象と化していくことになる。

この点は、産業革命の過程そのもののうちに示されている。産業革命は、まず綿工業における技術革新、織機・紡績機の開発とその自動化（一七三三年：ジョン・ケイによる飛び杼（ひ）、一七六四年頃：ジェニー紡績機、一七六九年：アークライトの水力紡績機、一七八五年：カートライトの力織機の発明）が進行し、さらにこれらの作業機や動力源、原料などを製造するための製鉄、石炭などの生産部門が展開する。マルクスは、産業革命の過程で成立する資本主義体制を生産手段生産部門と消費財生産部門に区分し、両部門における相互補完（生産手段部門の労働者への消費財の供給、ならびに消費財部門への生産手段の供給）関係を再生産の分析の基礎に置いた。生産手段部門の確立による二部門間の再生産軌道の定置を産業資本の確立の指標とする講座派マルクス主義の立場を採るかどうかはともあれ、大衆的消費財部門の発展と市場の深化・拡大を前提とする生産手段部門の自立が本格的な近代資本主義の展開の条件であり、原動力の一つであることは、大方の経済史学やマルクス経済学の認めるところである。

だが、アレントから見れば、産業資本の確立の過程は、すべてのものを「消費財」として呑み込んでいく過程の出発点だった。そもそも、マルクス経済学において「消費財」とされる繊維・衣料も、事物の「消費」と「使用」の区別という観点に従うなら、「使用」のための対象物に入る。

仕事と労働が違うように、物の使用と消費は同じではない。両者は一定の重要な領域で重なり合うように見えるので、この二つの異質なものを世論や有識者が揃って同一視しているのも無理からぬところではある。事実、使用の対象物が消費の主体である生きた有機体と接触すると、そこに消耗過程が生じる、という意味では、使用にも消費の要素が含まれている。使用される事物と肉体との接触が密接であればあるほど、使用と消費は同じに見えてくる。例えば、衣服という使用対象物を考えてみれば、使用というのは緩慢な消費にほかならない、と結論づけたくなるだろう。だが、先に述べた観点からすれば、これは間違っている。物を使用すれば、いずれ解体していくのは不可避ではあるけれども、使用にとって本質的なことではない。それに対して、消費という過程には対象の解体が本質的に含まれているのである。すぐに穴があくような靴であっても、それが単なる消費財でないのは、靴というものが、どんなに慎ましやかであれ、それなりの独立性を保っていて、履くかどうかという持ち主の気分の変化に関わりなく、相当の期間存続できるからである。理由もなく壊されるのでなければ、靴は使用されようと使用されまいと一定の期間、世界にとどまるだろう。(pp. 137-138／二五四―二五五頁＝225～226頁)

われわれが直接に身につける靴や衣服は、肉体の一部を保護しながら、あたかも皮膚の一部のように摩耗していくが、一定の期間独立した「物」としてこの「世界」にとどまる点で、それは確かに使用対象物である。他方で、ヘラクレスの家畜小屋の掃除の例についてアレントが述べたところからすれば、靴の補修や清掃、衣類の洗濯などは、直接に肉体に摂取する過程としての「消費」を含まないとしても、独立した使用対象物の使用を継続するために「繰り返し」行わなければならないというかぎりで、「労働」ということになるだろう。

ここで問題なのは、マルクスとアレントのどちらが正しいか、ではない。両者の「労働」と「消費」の定義の違いそれ自体が、産業革命に始まる経済発展の特質を表現している。マルクスにとって、産業革命とは、道具を使用して自然を能動的に変革するという人間の本質的能力としての労働が、消費財生産とその市場の拡大を基礎としながら、生産手段としての機械の使用とその生産部門の確立を梃子にして全面的に展開される起点だった。アレントは、その同じ産業革命の過程に、本来の生命循環に限定されていたはずの労働と消費の過程が拡大して、すべてのものを消費の対象として呑み込んでいく事態を見たのである。「労働」と「消費」の対象を無限に拡大していくこの過程が人間とその生に何をもたらすのか、これを今度は「仕事」の観点から考察すること――それが第Ⅳ章「仕事」の主題となる。

2　制作過程の変容（第19〜20節）

(1) 仕事・制作――目的・手段の論理（第19節）

マルクスにとって、労働とは、人間が自然との物質代謝の循環の中にありながら、そうした制約を乗り越えて、自然そのものを意識的に変革する能動的な活動だった。

われわれは、労働がもっぱら人間にのみ属する場合の形態における労働を想定する。蜘蛛は織匠のそれに似た作業をなし、蜜蜂はその蠟房の構造によって、多くの人間の建築師を顔色なからしめる。しかし、最悪の建築師でも、もとより最良の蜜蜂にまさるわけは、建築師が蜜房を蠟で築く前に、すでに頭の中にそれを築いているということである。労働過程の終わりには、そのはじめにすでに労働者の表象としてあり、したがってすでに観念的には存在していた結果が出てくるのである。彼は自然的なものの形態変化のみを引き起こすのではない。彼は自然的なもののうちに、同時に彼の目的を実現するのである。彼が知っており、法則として彼の行動の仕方を規定し、彼がその意志を従属させねばならない目的を実現するのである。そして、この従属は決して孤立した行為ではない。労働する諸器官の緊張のほかに、目的に向かって進む意志が、注意力として現れ、労働の全継続期間にわたって必要とされる。しかもそれは、労働がそれ自身の内容とその遂行の仕方とによって、労働者を魅することが少ないほど、したがって労働者が労働を彼自身の肉体的および精神的諸力の活動として享楽することが少ないほど、ますます必要とされるの

である。（『資本論』第一巻第三篇第五章第一節「労働過程」、マルクス 一九六九—七〇、(2)一〇—一一頁）

人間は動物のように本能のまま自然に働きかけるのではなく、まずは明確な目的を設定して、意識的な統御の下にこれを行う。マルクスにとって、目的のための手段＝道具の使用こそが労働の本質だとされるのは、そのためである。アレントから見れば、これは「労働」ではなく「仕事」＝「制作」の特徴だった。単なる感覚や欲望ではなく、精神の中で完成品の明確なイメージを描くことこそが「制作」の前提だからである。

ここでわれわれの注意を惹くのは、あらゆる肉体的な感覚と精神のイメージの間の深淵である。快楽や苦痛、欲望と満足など、およそあらゆる肉体的感覚は、あまりに「私的」なものなので、声に出すことも、外部の世界に表現することもできない。そうした内的感覚は、物として具体化することができないのである。それに対して、精神の抱くイメージは、たやすく、かつ自然に物として具体化できる。心の中でベッドの「イデア」を思い浮かべなければ、ベッドを作ることは思いつかないし、反対に本物のベッドを見たことがなければ、ベッドというものを想像することもできないのである。（p. 141／二五八—二五九頁＝230〜231頁）

自然に対して能動的に働きかけるためには、あらかじめ一定のイメージをもっていなければならない。人が精神の中で抱くイメージは、制作に先行すると同時に、制作が終わったあとにも残る。こうした「制作」と「イメージ」の関係こそ、プラトンの「イデア」論の源泉だった。[1]あらゆる事物には、原型となる「イデア」が存在するはずである。そうした原型や基準がなければ事物は生まれなかったし、現実の事物が滅びても原型たる「イデア」は永遠に残り続けるだろう――そうプラトンは考えたのである。対象に対して目的をもって働きかけるというマルクスの労働観は、プラトンのイデア論のうちに含まれていた制作の論理を継承している。この点でも、マルクスはプラトンに始まる西洋政治哲学の終着点に位置していたのである。

だが、近代における科学とテクノロジーの進展、産業革命とそれにともなう製造部門の機械化は、制作のもつ目的・手段の論理を乗り越えて進行する。この過程をどう捉えるかで、マルクスとアレントは分かれてくる。

(2) 機械制大工業とその可能性――マルクス

まずはマルクスの見方を見ることにしよう。マルクスは『資本論』第一巻第四篇第一三章「機械装置と大工業」第一節「機械装置の発達」で、この問題を論じている。人間がみずからの手で動かす「道具」の使用にとどまらず、動物や水力、風力などの自然力を動力として利用する時に「機械」は成立する。本格的な機械体系は、(1)蒸気機関、熱機関、電磁気機関のようにみずから動力を生み出すか、水力、風力のように外部の自然力から原動力を受け取る動力機、(2)その動力を伝導する動軸やベルト、歯車など各種の運動装置から成る配力機構、(3)直接に原料を加工する道具機、作業機の組み合わせから成っている。

しかるに、本来の機械体系が個々の独立の機械に代わって初めて現れるのは、種類を異にするが互いに補足し合う一連鎖をなした道具機によって行われる一系列の相関連する種々の段階過程を、労働対象が通過する場合である。ここでは、工場手工業（マニュファクチュア）に特有な分業による協業が再現するのであるが、しかし今では、部分作業機の組み合わせとしてである。種々の部分労働者、例えば羊毛工場手工業（マニュファクチュア）においては、打毛工、梳毛工、剪毛工、紡毛工等々の特殊の道具は、今や特殊化された作業機の道具に転化し、その各々が、結合道具機構の体系における特別の一機能のための特別の一器官をなす。機械体系が初めて導入される諸部門において、これに生産過程の分割と、したがって、その組織との自然発生的な基礎を提供するものは、概して工場手工業（マニュファクチュア）そのものである。しかし、ただちに本質的な区別が現れる。工場手工業（マニュファクチュア）にあっては、労働者は、個々別々にであれ、組をなしてであれ、それぞれの特別の部分過程を、彼らの手工道具をもって遂行せねばならない。労働者が過程に同化させられるにしても、また過程も、あらかじめ労働者に適応させられているのである。この主観的な分業原理は、機械による生産に対しては行われなくなる。ここでは総過程が、客観的に、それ自体として考察され、それを構成する諸段階に分解され、そして、各部分過程を遂行し、種々の部分過程を結合するという問題は、力学、化学等の技術的応用によって解決されるのである。（マルクス 一九六九―七〇、⑵三三八―三三九頁）

機械制大工業の歴史的生成過程において、機械の導入ははじめから一挙に行われるわけではない。その前提には、さまざまな種類の道具を使用する半ば職人的な労働者の集積としてのマニュファクチュアにおける分業と協業の展開がある。機械そのものではなく、作業の分割に基づく分業こそが生産力の発展の推進力である、というのがスミスからマルクスに至る分業論とそれに基づく労働価値説だった。生産過程の分業と協業の進展を基礎として、動力機、配力機構と作業機を結ぶ機械体系が次第に導入されていく。その結果、人間とその制作物たる機械との関係の逆転が起こる。

> 工場手工業（マニュファクチュア）や手工業では、労働者が道具を利用し、工場では労働者が機械に奉仕する。かしこでは、彼から労働手段の運動が起こり、ここでは、彼が労働手段の運動に従わねばならない。
>
> 工場手工業（マニュファクチュア）では、労働者は生きた機構の肢体をなしている。工場では、死んだ機構が彼らから独立に存在し、彼らは生きた付属物として、この機構に合体される。(同書、四〇七頁)

マニュファクチュアにおいては道具を使用する労働者の主体性がまだ残されていたのに対して、機械制大工業においては労働者が機械の付属物になる。かくして、人間は機械体系による作業分割の論理に完全に組み込まれる。

しかしながら、そうした社会的生産過程の発展の中から、新たな変革とその担い手が形成される、というのが――ヘーゲルの弁証法を受け継いだ――マルクスの論理である。

以前のすべての生産様式の技術的基礎は本質的に保守的だったのであるが、近代工業の技術的基礎は革命的である。機械装置や化学的手続きやその他の方法をもって、近代工業は絶えず生産の技術的基礎とともに労働者の機能と労働過程の社会的結合を変革する。またかくして絶えず社会内の分業を変革し、絶えず大量の資本と大量の労働者とを、一生産部門から他の生産部門に投げ出す。したがって大工業の性質は、労働の転換、機能の流動、労働者の全面的可動性を必至のものとする。〔…〕しかし、今や労働の転換が圧制的な自然法則としてのみ、また至る所で障害にぶつかりながら、自然法則の盲目的な破壊作用をもってのみ実現されるものとすれば、大工業は、その破局そのものを通じて、労働の転換と、したがって労働者の能うかぎりの多面性とを、一般的社会的生産法則として承認し、その正常な実現に諸事情を適合させることを、生死の問題とする。大工業は、種々に変化する資本の搾取欲のために予備として保有され利用しうる窮乏した労働者人口という奇怪事に、変化する労働諸要求に応じうる人間の絶対的利用可能性を置き換えることを、すなわち、一つの社会的細部機能の担い手たるにすぎない部分個人に、種々の社会的機能を交互転換的活動様式とする全体的に発達した個人を置き換えることを、一つの生死の問題とする。大工業の基礎の上に自然発生的に発達してこの変革過程の一要因をなすものは、工学や農学の学校であり、他の一要因は、技術学や種々の生産用具の実際的取扱いに関する若干の教育を労働者の子供に授ける「職業学校」である。かろうじて資本からもぎ取った最初の譲歩としての工場立法は、初等教育を工場的労働と結合するにすぎないものであるとすれば、労働者階級による不可避的な政権獲得が、理論的・実際的に、工学教育のためにも、その労働者学校における地位を獲得するであろうということには、まったく疑う余地はない。同様にまた、生産の資本主義的形態と、それに相応する労働者の経済的諸関係とが、このような変革の醗酵素にも、旧来の分業の廃棄というその目的にも、正反対に矛盾するものであるということも疑う余地はない。しかしながら、一つの歴史的生産形態の諸矛盾の発展は、その解体と新形成との唯一の歴史的進路である。“Ne sutor ultra crepidam!”〔靴匠よ、汝の靴型を守れ！〕。この手工業的叡智の極点は、時計師ワットが蒸気機関を、理髪師アークライトが経糸織機を、宝石細工職人フルトンが汽船を発明した瞬間から、恐るべき愚昧となったのである。（同書、五〇六―五〇八頁）

分業の進展、作業の細分化と労働者の絶えざる配置転換は、労働者の能力の全面的発展の可能性を生み出す。「職業学校」で実現しつつある労働者階級の子弟に対する工業生産の技術学や各種生産用具の取り扱いに関する教育は――労働者階級の政治権力奪取の暁には――本格的な工学教育の導入の基礎となるだろう、とマルクスは言うのである。

(3) 機械制大工業とアレント①――労働とリズム（第20節 その一）

機械制大工業の発展によって生じるこの過程を、アレントは目的と手段というカテゴリーによって統御されていた制作の論理が次第に変容していく過程として見ている。

目的と手段の明確な区別の消失というこの事態を人間行動の側面から見ると、そこではもはや特定の最終生産物のために道具が自由に使用されるのではなく、労働者の肉体と装置がリズミカルに一体となっている。労働そのものがそうした統一を生み出していく推進力だと言うことができるだろう。仕事とは異なり、労働が最大の成果をあげるには、労働者の動作が機械のリズムと適合していなければならないし、多くの労働者が一緒に作業するには、みんなの動きがリズミカルに調整されている必要がある。そのような運動の中では、道具は手段としての性格を失い、人間と装置との区別も、人間と目的との区別も消失する。労働の過程、そして労働の仕方で遂行されるようになった仕事の過程を支配しているのは、人間の目的意識的な努力でも、その対象としての生産物でもなく、生産の過程そのものの運動であり、それが労働者に課すリズムなのである。(pp. 145-146／二六三頁＝235～236頁)

マルクスも述べていたように、機械が導入されると、生産過程はもはや個々の労働者が統御できるようなものではなくなる。労働者は、みずからの手に道具や器具を合わせるのではなく、機械の自動的な作動に従わなければならない。一定の目的のために道具を手段として用いて行われる制作過程は変容し始め、労働者は集団として機械の要求する反復作業に適応することを要求される。そこでは、機械の作動のリズムが集団労働のリズムとなる。

重要なのは、労働過程のリズムほど容易に、しかも自然な形で機械化できるものはない、ということだ。この労働過程のリズムは、同じように自動的に反復される生命過程のリズム、そして自

然と人間の物質代謝のリズムに対応する。(p. 146／二六三頁＝236頁)

目的意識的な制作の論理に従う「仕事」が自然のリズムをもたないのに対して、「労働」には自然の循環過程に根をもつリズムがある。ここに「労働」が機械化される一つの要因がある。アレントも参照しているカール・ビューヒャー（一八四七—一九三〇年）の労働歌研究『労働とリズム』（一八九六年）は、次のように述べている。[2]

労働の単調なことこそ、人間にとって彼がその身体運動のテンポをみずから決め、任意に停止させることができるかぎり、最大の善事なのである。何となれば、独りこの単調性のみが、精神を自由にし、かつ空想に余地を与えることによって、自足的な作用をもっている労働の律動的＝自動的形成を許しているのであるからである。かくしてのみ、労働の際に詩や音楽が生まれえたのである。しかし、リズミカルな労働はそれ自身精神のない労働なのではない。ただそのために必要な沈思が動作の開始の時点に移され、その後の反復は注がれた油が機械の動きに作用するように作用するだけのことである。すり減らすような作用をもっているのはただ、数列を加えたり、文章を書きつけたりする労働のごとく、律動的に形成されず、新しい操作が始められるたびにわれわれの想像力の、同種ではないが新しい行動を必要とする労働だけである。(Bücher 1896 (1924), S. 443／四六九—四七〇頁)

もとより機械によって労働者が強制されるリズムと、本来の労働にともなう自然なリズムとは、その性質が異なっている。機械による反復労働をいささか素朴に賛美するビューヒャーのような議論に対して、アレントはこう釘を刺している。

労働者たちが反復労働を好むのは、それが機械的で、注意を集中する必要がなく、作業中に別のことを考えられるからである（ベルリンの労働者たちは「心の中では身を引く〔geistig wegtreten〕」ことができる、とはっきり述べている。ティーリケとペンツリン『技術時代の人間と労働——合理化の問題』〔Tübingen: J. C. B. Mohr, 1954〕三五頁以下を参照。彼らがマックス・プランク研究所で行った調査によれば、労働者の九〇パーセントが単調な作業を好む）。こうした説明が注目されるのは、初期のキリスト教が肉体労働〔manual labor〕の利点として推奨したところと一致するからである。肉体労働は、それほど意識を集中することを要求しないので、他の職種や専門と比べて観照の妨げにならない、というのである。（p. 146, note 8／三〇三—三〇四頁＝277〜278頁）

機械的な反復作業が労働者に好まれるのは、作業に意識を集中することを強制されないからである。そこには、中世の修道院で精神の集中と観照のために労働が推奨されていたことと似た事情がある、とアレントは言うのである。[3] もっとも、機械制大工業における反復作業がはたしてそのような「精神的余裕」を労働者に与えるものであるかどうかは、アレントが高く評価しているシモーヌ・ヴェイユ（一九〇九—四三年）の『工場日記』の記述などを見ても、いささか疑問の付されるところである。[4]

(4)機械制大工業とアレント②——オートメーションと再設計（第20節　その二）

アレントにとって、目的と手段という制作過程の変容、労働者の機械のリズムへの従属といった一連の事態をもたらしたのは、機械、すなわち自動化された制作装置の導入だった。単なる道具や器具のように、人間の手の延長ではなく、動力源をそなえてみずから動くことのできる「機械」の使用こそが、そうした転換をもたらしたのである。

もちろん、マルクスもマニュファクチュアから機械制大工業への発展を機械、すなわち動力装置をそなえた製造装置の導入のうちに見出している。しかしながら、マルクスにとっては、「機械」も人間の意識的な生産活動としての労働のうちに取り込まれるべき「手段」だった。「自由の国」における意識的な生産の統御の構想は、あくまでも労働が目的意識的な作業——アレントの言う「制作」——であることに基づいている。

それに対して、アレントの視点は、機械というものが単なる道具の延長ではなく、動力をそなえた自動的な作動装置であることに置かれている。アレントが産業革命の過程の中でも、とりわけ動力源としての蒸気機関と燃料としての石炭生産の確保を重視しているのは、その証である。アレントにとって、近代のテクノロジーの意味は「道具や用具を機械〔machinery〕で置き換える」ことにあった（p. 147／二六五頁＝238頁）。

機械制大工業におけるそうした発展の意味が明らかになるのは、完全に自動化された生産体制としてのオートメーションの段階である。ここでアレントが参照しているのは、ジョン・ディーボルト（一九二六―二〇〇五年）の『オートメーション』（一九五二年）に見られる次のような議論である。ディーボルトによれば、生産の自動化において肝要なのは、生産工程のすべてにわたる再考と再設計（redesign）である。単に現行の製造過程をコンピュータによって自動制御するだけでは、真に自動的な生産は実現できない。そのためには、生産工程と機械はもとより、生産物そのものの再設計が必要となる。[5]

例えば、ラベル貼りの機械の上で自動的に位置を決めるための小さな突起を酒瓶につける、といった小さな変更が機械の円滑な作動に大いに寄与する。そうした微細な変更が消費者の購買意欲を削ぐことはないが、最終生産物の性能を改善するわけでもない。もっぱら機械の運用と生産工程の円滑化のためになされる製品の再設計の典型的な事例が、ラジオなどのプリント回路である。それまで部品ごとに電線のハンダづけで行われていた作業が、絶縁体に平板型の伝導体を取りつけるプリント回路に取って代わられる。つまり、複雑な配線のための手作業を自動化するのではなく、製造物そのものを再設計することで、自動化は推進されるのである（Diebold 1952 (1983), pp. 38-45／三七―四四頁）。

> そのような設備の設計にあたって最も重要なただ一つの条件は、それを最終機能〔end functions〕の面から考えることである。避けなければならない最大の落とし穴は、設計の目的が機械運転者〔operator〕あるいは労働者〔laborer〕の手の動きを再現することだと考えることである。（ibid., p. 67／六六頁）

機械や装置は、生産目標たる最終生産物（end product）ではなく、生産工程で必要とされる機能（end function）を目標にして設計され、円滑な機能の遂行という観点から絶えず再設計される。ここでは、目的＝手段という「制作」の論理から、過程そのものの運行へと重心が決定的に移行しているのである。

さらにディーボルトは、オートメーションにともなって「補修」労働が重要になることを指摘している。

組立工場〔assembly line〕の労働者を設計技師にせよなどと言うつもりはない。人間の力を最も必要とする仕事は、半熟練、高度の熟練を必要とする補修整備〔skilled maintenance and repair〕の仕事である。そのような仕事は、かなり高水準のものであっても、そのほとんどは組立工場で単純なくり返しの作業をしている人でも能力的にできる範囲のものである。もちろんしかるべき訓練と、そうした仕事への動機づけを与えなければならない。補修整備の仕事は工学や設計とはちがった能力が必要である。高度の理論的な理解はそれほど重要ではないが、仕事に対するほんとうの関心、良い仕事をしようという意欲と、創意工夫が必要である。オートメーションはまったく予想もしなかった奇妙な形で、自尊心ある職人〔self-respecting craftsman〕の人間的、心理的価値を再認識させることになるかもしれない。電気や機械の修理、道具の整備、一般的な機械の修繕はかつての刀鍛冶や家具職人と同じようなやりがいと喜び、満足を与えることが

できる。（ibid., pp. 163-164／一五九頁）

自動化された生産工程において労働者は機械の作動に適応しなければならないのに対して、機械や設備の整備や補修の作業には、それなりの熟練と技能――もちろん設計・再設計のための理論や専門的知識とは異なるが――を必要とするし、それに従事するためには意欲と創意が求められる。その意味において、かつて職人が得ていたような仕事への満足と動機づけを労働者に与えることができる。

補修整備の仕事は機械のペースに合わせてなされるものではない。この仕事は機械の上で行われるが、組立ラインや半自動的な製造機械によってペースが与えられる仕事とは心理的にまったく違っている。そのうえ、補修整備の仕事が人に与えるやりがいの程度を過小評価してはならない。一緒に補修整備の仕事をした経験のある者なら誰でも認めるように、彼らはみずから相当の自尊心をもち、仲間からも尊敬されているのである。（ibid., pp. 163-164／一五九―一六〇頁）

生産過程とそこでの機械の円滑な作動を維持するための整備や補修といった仕事は、今後ますます重要になるだろうし、オートメーションの進展にともなって「労働者の質的水準を引き上げる〔upgrading〕という問題は機械的なスキルの獲得に限られず、人間を全体として発展させるというプロセスとなる」だろうと言うのである。

オートメーションの進展にともなって生じる第二の問題は、アレントも指摘していた「余暇

(leisure)」の重要性である。

仕事に依存せずに人生に意味を与えるような文化をわれわれは発展させることができるだろうか？　生産力がますます増大して物質的な必要性がすでに満たされて、生産に費やす努力が少なくて済むようになるにつれて、余暇の問題と、人生における余暇の役割についての問題が焦眉の課題になってくる。(ibid., p. 165／一六〇―一六一頁)

生産工程は、最終生産物（end product）を目的とする手段の観点からではなく、生産過程の迅速かつ円滑な進行という観点から絶えず再構築される。そこでは、機械やその編成ばかりでなく、「最終生産物」そのものが「再設計」される。絶えざる再設計・再考の連続的過程を通じて進行する生産システムの自動化の下で、個々の労働者とその作業は他の機械の部品と同じく生産過程に適応させられ、必要に応じて代替される。そうした状況の中で新たに生まれつつある「補修」労働と「余暇」にこそ、一定の熟練に基づく「仕事」と意味ある人間的な営みの可能性がある、とディーボルトは言うのである。

(5) 目的・手段から過程へ（第20節 その三）

しかしながら、アレントから見れば、ディーボルトが期待した機械・装置のメンテナンスやケアの作業と、労働時間外に行われる「余暇」は、本来の「労働」と「消費」に本質的につきまとう営みにほかならなかった。オートメーションによる生産工程を円滑に進行させるためには、絶えず機械や設備を点検し、故障した場合には部品の交換や補修などが行われなければならない。これは、アキレウスの「馬小屋の清掃」と同様、執拗に繰り返されるという意味において「労働」そのものに該当する。[6] そして、明日の仕事のために行われるレジャーは、まさに労働の再生産（リフレッシュメント）のための「消費」でしかない。

ディーボルトが注目した補修整備の作業の本質が「仕事」ではなく「労働」だったことに示されているように、機械制大工業におけるオートメーションの進行は、人間の生きている世界全体を巨大な「自然との物質代謝」の過程――労働と消費によって再生産される「労働する動物」たちの「消費者社会」――へと変容させつつある。そこでは、すべての営みがあたかも自然の自生的・自動的な「過程」を模倣するかのようにして進行する。

自然の力を人間の世界の中に導入したことで打ち砕かれたのは、明確な目的をもっているという世界の性質、道具や器具はそれが作り出す対象を目的として設計されているという事実そのものだった。人間が手を貸さずとも生成するのが自然過程の特徴であり、「作られる」のではなく、おのずから成るのが自然の事物なのである（これが「自然〔nature〕」という言葉の真の意味である。その語源は、生まれるという意味のラテン語 nasci か、さらには成長するとか、おのずから現れるという意味のギリシア語 phyein に由来する physis まで遡ることができる）。人間がその手で作り出したものは、完成まで一歩一歩手順を踏まなければならず、したがって制作の過程と制作物は完全に区別されるが、自然の事物はその生成過程とほとんど一体で、切り離すことはできない。樹木の種子は、そのうちに樹木を含んでいて、ある意味ではすでに樹木であるが、樹木の成長過程が停止すれば、それはもはや樹木ではなくなる。このような過程を、明確に意識された始まりと終わりをもつ人間の目的に照らしてみれば、それは自動的な作用のように見えてくるだろう。ひとりでに動くもの、われわれの願望や意図が介入できないすべてのものを、われわれは自動的〔automatic〕と呼ぶ。(pp. 150-151／二六七―二六八頁＝240～241頁)

人間の作為なくして生成し、進行する、というのがギリシア語やラテン語の「自然」の原義だとすれば、今まさに進行している生産過程の自動化は、人間の意図を超え、目的とそのための手段の制作の論理を超える自律的な過程という意味で、すでに「自然」そのものである。近代科学とテクノロジーに基づく生産は、人間が自然に抗して作り上げたはずの物とその上に立つ「世界」を人工的な「自然」に変容させてしまったのである。

3　功利主義批判（第21節）

(1)「有用性」と「意味」

こうした自然の過程に抗することのできる拠り所は、いったいどこにあるのか。第Ⅳ章「仕事」の後半第21～23節は、この問題をめぐる考察にあてられている。

すべてのものが、あたかも自然の過程、人間が統御できない過程として進行し、しかも人間の予想をはるかに超えた無限の拡大過程として現れる。こうした事態は「工作人」[7]の論理では捉えることができない。ここでアレントの議論の焦点となっているのが、「有用性（usefulness）」ないし「効用（utility）」と「有意味性（meaningfulness）」との区別である。「有用性」が「何かのために（in order to）」、つまり何か別のある目的のための手段という観点から測られるのに対して、「それ自身のために（for the sake of）」、それ自体として目指されるべきものが「意味」である[8]（p. 154／二七二頁＝245～246頁）。

目的・手段の論理に従う工作人の世界で目標とされるのは「有用性」である。「効用」を基準に物事を判断すべしとする「功利主義」は、その哲学的表現だった。しかしながら、「有用性」は何らかの目的が設定されて初めて判断することができる。達成された目的がさらに別の目的のための手段になる、という無限の連鎖の中では「意味」は見失われる。

> そもそも目的は、いったんそれが達成されれば目的であることをやめ、手段の選択を導いて正当化する能力、手段を組織して生み出す能力を失うからである。達成された目的は、「工作人」が新たな目的を達成するために自由に選択する手段の一つとして、巨大な武器庫に貯蔵される。それに対して、意味は永続的でなければならない。それが達成されるかどうかに関わりなく、仮に人がそれを見つけ出せずに見失ったとしても、意味の性質は何ら損なわれることはない。（pp.

154-155／二七三—二七四頁＝247頁）

「意味」とは、目的や効用のような人間の関心や意向には左右されずに存続し、人の営みに目的や評価の指針を与えてくれるようなものである。のちにアレントは「真理と政治」という論文で、人間の営みに関わらずに存続するものを「真理」と呼ぶことになる。

> 政治の領域は、人間が意のままに変えることのできない事柄によって制限されている。そして、われわれが自由に行為し変えることのできるこの政治の領域が損なわれずに、その自律性を保持し約束を果たすことができるのは、もっぱら政治自身の境界を尊重することによる。概念的には、われわれが変えることのできぬものを真理と呼ぶことができる。比喩的には、真理はわれわれが立つ大地であり、われわれの上に広がる天空である。（Arendt 1961 (2006), p. 259／三六〇頁）

政治の領域を超えたところにあって政治の自律性を支えるもの、われわれがその営みによって変えることができず、むしろわれわれの生そのものの基盤となるもの——それが「真理」である。そのような意味で「永続するもの」の存在を重視する点で、アレントの関心は確かにプラトンのそれと重なり合っている。

近代の功利主義が行き着いたのは、そうした「意味」への問いではなかった。

厳密な意味で功利主義的な哲学が抱え込んでいる無意味性のディレンマから脱出するただ一つの方法は、客観的な使用物の世界に背を向けて、使用する主体のうちに逃げ込むことである。徹底した人間中心の世界では、使用者である人間そのものが究極目的となって、目的・手段の無限連鎖に終止符を打つことができる。人間中心主義のこの世界において初めて、効用それ自体は意味という尊厳を得ることができるのである。（p. 155／二七四頁＝247〜248頁）

工作人が単なる有用性を越えて「意味」ある目的を見出す唯一の方法は、客観的な事物とその有用性から離れて、自己の内面にその有用性の基準を求めることである。ベンサムの「功利主義」はその名称にもかかわらず「効用」ではなく内面的な「快楽と苦痛」を基準としていることは第Ⅵ章で論じられることになるが、そうした主観への内向は真に「意味」の問題を解決することにはならない、とアレントは言うのである。

(2) カントと人間の自己目的化

そうした問題を典型的に示しているのが、カントの哲学である。もちろん、カントの定言命法は、功利主義的な目的・手段の論理の定式ではない。むしろ、そうした手段化を拒否する論理である。カントはこう述べていた。

人間および一般にすべての理性的存在者は、目的自体として存在し、誰かの意志の任意な使用のための手段としてのみ存在するのでなく、自己自身に対する行為においても、また他のすべての理性的存在者に対する行為においても、常に同時に目的として見られねばならない。（カント 一九七九、二七三頁）

どんな人間も他者にとって何らかの目的や利害のための手段ではなく、すべての人間は等しく目的それ自体として扱わなければならない。カントの意図は、目的・手段の論理が用いられるべき領域を限定して、人間が相互に目的自体として行為し合うような自由な道徳的行為の領域を確保することにあった。人間の自由な行為の領域であるべき政治の領域に目的・手段の論理の侵入を許すなら、それは致命的な結果をもたらすだろう。このことはすでにロックも認めていて、何人も他人の肉体を所有したり、その肉体の力を利用したりしてはならない、と主張していた。カントは、これを徹底して、一般的な道徳的格律として定式化したのである（pp. 155-156／二七四―二七五頁＝248頁）。

しかしながら、それにもかかわらず、カントの思考にも功利主義的思考の痕跡がなお残っている。もしカントの主張するように、人間が自分自身を何ものにも従属しない「最高の目的」、「目的それ自体」だとするなら、自然と世界は単なる手段の地位に貶められて、その独立した尊厳は奪われてしまう。今や人間は自然とこの世界を意のままに改変して、自己の定めた目的のための手段にすることになるだろう（p. 156／二七五―二七六頁＝249頁）。

そうしたアレントの観点から見れば、マルクスの「自由の王国」も人間中心主義の延長線上にある。先に紹介した『資本論』第三巻「三位一体の定式」で、マルクスはこう述べていた。

この国〔自然必然性の支配する領域：引用者注〕の彼方に、自己目的として行為しうる人間の力の発展が、真の自由の国が、といってもかの必然性の国をその基礎としてその上にのみ開花しうる自由の国が、始まる。（マルクス 一九六九―七〇、(9)一七頁）

(3) プラトンのプロタゴラス批判

ここで人間中心主義を克服する手がかりとしてアレントが持ち出すのが、プラトンによるプロタゴラス批判である。

ギリシア人は一貫した功利主義のあからさまな卑俗さを軽蔑していたが、それに劣らず、世界と自然の価値剝奪とそこに隠された人間中心主義を恐れていたことは明らかである――人間は最高の存在であり、他のすべては人間生活の差し迫った必要に従属する、などというのは、アリストテレスに言わせれば「馬鹿げた」意見である。「工作人」のうちに人間の最高の能力を見ることがどんな結果をもたらすのかをギリシア人がよく承知していたことは、プロタゴラスの一見明白な主張「人間はすべての使用物〔chrēmata〕の尺度である。存在するものの尺度であり、存在しないものの尺度である」に対するプラトンの有名な反論によく示されている（なお、付言しておけば、プロタゴラスは「使用物の尺度」と言ったのであって、伝承や標準的な翻訳のように「万物の尺度である」と言ったのではない）。すなわち、人間がすべての使用物の尺度であるとすれば、その人間とは物を手段として使用する者のことであり、言葉を語り、行為する者としての人間、考える者としての人間、世界に関わる者としての人間ではない、ということをプラトンはただちに見抜いたのである。(pp. 157-158／二七七―二七八頁＝251～252頁)

ギリシア人にとって、すべてを人間の間尺で計ろうとするのが間違いであるのは自明のことだった。絶えず循環しながら永続する自然と不老不死の神々との間にあって、死すべき存在としての人間がなすべきことは、みずからの偉業と名誉を通じて「不死」なるものを獲得すること、少なくとも不死へと近づくことである。古代ギリシア人から見れば、すべてを人間を基準に考える人間中心主義は、世界と自然を人間に従属させるという驕(おご)ったふるまい、恐るべき傲慢（ヒュブリス）にほかならない。「不死」から「永遠」に向かい、活動と永遠の真理の観照の関係を転倒したプラトン、そしてアリストテレスにあっても、人間を最高の存在とするような馬鹿げた考えは、もとより問題にならなかった。プラトンやアリストテレスも、目的と手段の制作の論理のうちに内在する人間中心主義の危険をはっきりと認識していたのである。

古代ギリシアにおいて人間中心主義を代表していたのは、「人間は万物の尺度である」と主張したプロタゴラスだった。すべての事物を「使用」の対象として、その価値を有用性や効用で計るとすれば、有用性の判定者たる人間が世界とそのすべての事物を「有用性」の観点から「手段」として支配することになる。その意味において、プロタゴラスはカントの先駆者という位置を占めている。プラトンは、プロタゴラスの論理のうちに潜む人間中心主義を察知して、これに批判を加えたのである。

晩年の対話篇『法律』で、プラトンはアテナイからの友人にこう語らせている。

さて、われわれ人間にとっては、万物の尺度は、何にもまして神であり、その方が、人々の言うように、誰か人間が尺度であるとするよりも、はるかに妥当なことなのである。したがって、そうした尺度となる存在（神）に愛されんとする者は、みずからもまた力の限りをつくし、そうした神に似たものとならなくてはならない。そこで、この理（ことわり）に従えば、われわれ人間のうちでも節度をわきまえた者は、神に似るがゆえに神に愛されるが、他方、節度をわきまえぬ者は、神に似ず神と不和になる。不正の者もまた同様。他の悪徳についてもまた、そのようにして同じ理に従う。（七一六D、プラトン 一九九三、(上)二五七頁）

人間にとって物事を推し量る尺度があるとすれば、それは神であって、決して人間自身ではない。だからこそ、われわれは神に愛されるように節度を弁（わきま）えなければならない、とプラトンは言うのである。

4　工作人と交換市場（第22節）

(1)工作人の共同体——協業と分業

アレントにとって、目的と手段の観点に立つ制作の論理のうちに、すべての物を人間にとっての有用性で計る人間中心主義の観点が潜んでいるとしても、その場合の人間は、単一の個人ではなく、複数の人間でなければならない。「工作人」が制作によって作り出した物を、その有用性によって互いに評価する場が「交換市場」である。

アレントは、第22節「交換市場」の冒頭で、マルクスが『資本論』第一巻第四篇第一一章「協業」に付した註記について、こう述べている。

マルクスは――その優れた歴史感覚を証明する多くの傍白の一つで――人間は道具の作り手であるというベンジャミン・フランクリンの定義は、人間は政治的動物であるという定義が古代に特徴的だったように、「ヤンキー気質」、つまり近代に特徴的だ、と述べたことがある。この指摘に含まれている本当の意味は、ちょうど古代が「工作人」を排除しようとしたように、近代は政治的人間、すなわち活動し、言葉を発する人間を、その公的領域から排除しようとしている、という点にある。（p. 159／二七九頁＝253頁）

アメリカ独立革命の指導者だったベンジャミン・フランクリン（一七〇六―九〇年）は、人間を「道具を作る動物」と定義したが、これは近代人の特徴を典型的に示している。古代人にとって人間の本質は政治にあった――政治に関わることのできない者は人間以下の存在とみなされた――のに対して、近代人にとって人間とは何よりも道具を作り、それを用いて物を生み出す存在である。「工作人」のうちに近代人の特徴を見たところにマルクスの卓抜な歴史感覚が示されている、とアレントは言うのである。

もとより、マルクスにとって「道具を作る動物」は、集団をなして作業する労働者である。先の注が付された『資本論』の本文には、こう書かれている。

> 多数の力が融合して一つの総力になることから生ずる新たな力能は別としても、たいていの生産的労働にあっては、たんなる社会的接触が競争心と活力（animal spirits）の独自の鼓舞を生み出し、それらが個々人の個別的作業能力を高めて、一緒に集まった一二人の人間は、一四四時間の同時的一労働日に、各自一二時間ずつ労働する一二人の個々別々の労働者よりも、あるいは一二日間継続して労働する一人の労働者よりも、はるかにより大きい総生産物を供給する。このことは、人間は本来、アリストテレスが考えるように、政治的動物ではないにしても、とにかく社会的動物であるということから生ずるのである。[9]（マルクス 一九六九—七〇、(2)二五六頁）

マルクスにおいて、生産力の発展の基礎が分業——アダム・スミスが例に挙げたピン工場のような労働の細分化に基づく分業——にあることは、よく知られている。ここで注意しなければならないのは、アレントとマルクスでは「分業」と「協業」の意味が異なっていることである。

マルクスは、労働の細分化と専門化に基づいて行われる「分業」に対して、多数の労働者が同時に作業することを「協業」と定義している。

同一の生産過程において、または相異なってはいるが関連のある諸生産過程において、計画的に相並び、相協力して労働する多数者の労働の形態を、協業という。（同書、二五四頁）

労働の分割による役割・機能の分担以前に、労働者が一つの工場で集合的に作業することそれ自体が、彼らの競争心や活力（いみじくもマルクスは「アニマル・スピリット」と呼んでいる）を鼓舞することによって生産性を増大させる、というのである。

それに対して、アレントは第Ⅲ章第16節で、労働者が集団として行う共同作業のほうを「分業」と定義し、専門化に基づく共同作業に「協業（co-operation）」の語を用いていた。すでに紹介したところだが、今一度引いておこう。

仕事の専門化を実質的に導くのは最終生産物そのものであって、その生産のためにはさまざまな技能を集めて組織することが必要であるのに対して、労働の分業はすべての活動が同質のもので、特別な技能を必要としないことを前提としている。そこで行われる個々の活動には目的も終わりもなく、ただ純粋に量的に加算できる労働力の一定量を表すにすぎない。労働の分業は、二人の人間がその労働力を合体させて「まるで一人の人間であるかのように行動」できるという事実に基づいている。分業の際に生じるこの一体感は、種の観点から見れば、どの個体も同じで交換可能だ、という意味の統一性に基づいており、協業〔co-operation〕の対極に位置するものであ

る〔…〕」。(p. 123／一九七頁＝183〜184頁)

マルクスとアレントは、正反対の「分業」と「協業」の概念を用いて、機械制大工業の形成過程という同一の歴史過程を見ているのである。マルクスが労働の分割によって機械の導入に基づく本格的な生産力の拡大の前提条件を作り出したと見ていた「工場制手工業(マニュファクチュア)」を、アレントは古代や中世に存在していた「工作人」の共同体の系譜に位置づけて、次のように論じている。すなわち、古代の都市には、政治的な市民の共同体とは別に、職人たちの共同体が存在していた。彼らは、家の需要充足のために働く家内奴隷とも、政治的な集会場であるアゴラに集まる市民とも異なって、人々に制作物を提供するために働いていた。中世都市の商工地区に引き継がれることになる、こうした職人たちの共同体の特徴は、制作の場としての私的な作業場と、生産物の交換の場としての市場との区別にあった。

重要なのは、世界の建設者であり、物の生産者である「工作人」が他人との適切な関係を見出すのは自分の生産物を交換する時だけだ、ということである。生産物そのものの生産は、いつでも一人で行われるからである。近代初期に社会の構成員の至高の権利として要求されるプライバシーが実際に保証していたのは、この孤立〔isolation〕だった。一人でいなければ、どんな作品も生み出すことはできない。(pp. 160-161／二八一頁＝255頁)

アダム・スミスやマルクスが生産力の発展の起点を同一の職場における共同作業に求めているように、職人の作業場にも、ある種の共同体（company）が確かに存在していた。しかしながら、彼らがその本領を発揮する仕事場での作業は、本質的に「共同作業」には向いていない。

仕事にとって、共同作業〔チームワーク〕ほど疎遠で破壊的なものはない。チームワークというのは、実際には分業の一変種にすぎず、「作業を単純な構成要素に解体すること」を前提としている。共同作業のチームでは、多数の生産主体が分業の原理に従って、全体を構成する部品のように一体になっているので、メンバーの自立は生産そのものに致命的な影響をもたらす。（pp. 161-162／二八二頁＝256頁）

同一の作業場で複数の労働者が単純作業を分担する「分業」では、複数の人間が一体をなして一つの作業をする。作業チームの構成員が職人のように一人でその技術を発揮しようとすれば、生産を阻害することになるだろう。「分業」は、専門的な技術に基づく「協業」とは正反対の性格のものなのである。そこでは、個々人の技能よりも、全体の円滑な進行が重視される。

労働と消費に依拠する社会において支配的なこの同一性は、画一性〔conformity〕という形で現象するが、これは共同労働という身体経験と密接に結びついている。共同労働においては、労働の生物学的リズムが労働者の集団を団結させ、各人はもはや個人ではなく、みんなが一体になっているかのように感じるようになる。確かにそれは、足並みを揃えた行進が一人一人の兵士の歩く負担を軽減するように、労働の苦労や困難を和らげる。したがって、「労働する動物」にとって、「労働の意味と価値はまったく社会的条件に依存する」というのは、そのとおりだ。それは「厳密な意味での職業的な態度」に関わりなく、労働と消費の過程が円滑かつ容易に機能するかどうかにかかっている。(p. 214／三七三―三七四頁＝341～342頁)

労働者集団がもっている共同性は、労働という営みがもつ同一性、生物学的な必然性に基づく共通の性格に基づいている。なるほど、労働過程における集団的作業は、同じ作業のリズムに服するという――いわば自然の循環に根ざした――喜びをともなっている。しかしながら、そこには多様な人々がそれぞれの特性に基づいて役割を分担し、みずからの技能を発揮するという「仕事」＝「制作」の要素も、人間の複数性に基づく「行為」の要素も欠けている。労働者は本質的に同一の個体の集合として働き、各自の個性やアイデンティティは捨て去られる。

(2)「工作人」の公的領域としての交換市場

集団をなして作業する「労働する動物」には、言論や「行為」の能力が欠如しているのに対して、「工作人」としての職人は、世界の基礎となるべき物を生産し、みずからが生み出した「作品(work)」を他者に提供するかぎりにおいて、「交換市場」という形の公的領域を形成する。職人の本来の仕事は対外的に閉ざされた仕事場の「私的」な空間で遂行されるが、みずからの作品を市場という公的な場に展示することで、その技の卓越を競うようになる。これが「顕示的生産（conspicuous production）」である。しかしながら、近代に入って「社会」が勃興してくるとともに、職人の「光輝な孤立」は「社会」の侵入によって掘り崩される。職人が「作品」の制作において発揮する技や卓越といった観念それ自体が見失われて、「顕示的生産」そのものが虚栄に満ちた「顕示的消費」に取って代わられる（pp. 160-162／二八〇—二八二頁＝254〜257頁）。アレントによれば、そうした変化の原因は、すでに交換市場のうちに存在していた。

確かに、交換市場に登場する人々は、もはや制作者自身ではなかった。マルクスが繰り返し指摘したように、そこで出会うのは人格をそなえた一個の人間ではなく、商品の所有者、交換価値の所有者にすぎない。生産物の交換が主要な公的活動となるこの社会では、すべての人間は互いに「貨幣または商品の所有者」となるので、労働者もまた財産所有者、つまり「自分の労働力の所有者」となる。人間が単なる商品へと堕落する、というマルクスの有名な自己疎外が始まるのは、ここからである。この堕落は、マニュファクチュア段階の社会における労働の特徴をよく示している。そこでは、人間は人格としてではなく、生産者として、その生産物の質によって評価される。これが労働社会となると、人間は生産物によってではなく、労働過程で果たす機能によって評価されるようになる。「工作人」の目から見れば、労働力とは、使用対象であれ、交換対象であれ、より高次の目的を生産するための手段にすぎないが、労働社会では労働に機械と同じ高い価値が与えられる。なるほど、この点では労働社会のほうが「人間的」に見えるかもしれないが、それは人間労働の価格が上昇して他の材料や物質よりも高く評価されただけのことである。事実、それは何かより「価値がある」ものが登場する前兆にすぎない。その「価値あるもの」とは、機械のより円滑な機能にほかならない。その巨大な過程の力は、すべてのものをまず標準化し、次にその価値を剝奪して消費財にしてしまうだろう。(pp. 162-163/二八二―二八三頁＝257～258頁)

スミスやマルクスが機械制大工業の展開の前提として考えていたマニュファクチュアにおいては、制作者とその作品が交換市場で技の卓越を競い合った。アダム・スミスはそうした「交換への性向」を分業に基づく生産力の発展の原動力と考えたが、そこでは人はすでに制作者としての資格においてではなく、商品の所有者として現れている。人がもっぱら市場に向けて物を生産し始めるとき、生産物の質を通じて技を競い合う「顕示的生産」から、ヴェブレンの言う「顕示的消費」のための市場までは、あと一歩である。すべての生産物が人間の欲望を満たす消費のための手段として評価されるなら、生産者もまた生産過程における労働力の担い手としてのみ評価されるようになる。機械の導入によって自動化された生産過程への労働者の包摂は、そのような意味での「労働社会」を実現するのである。生産物に投入された労働力によって「価値」が定まる、というマルクスの労働価値説の世界は、その端的な表現だった。

(3)「価値」という難問

しかしながら、アレントにとって、労働と消費における機能や、仕事と制作における技や卓越は「価値」の源泉ではない。

なぜなら、すべての物が「価値」をもつのは、それが労働の産物か仕事の産物か、消費財か使用の対象か、肉体の生命維持に必要か、生活の便宜や精神生活に必要かに関わりなく、あらゆる物が交換される交換市場においてだけだからである。価値というのは、物が商品として現れる公的領域で与えられる評価にほかならない。ある対象に価値を与えるのは、労働でも、仕事でも、資本でも、利潤でも、原材料でもなく、公的領域なのだ。公的領域に登場して初めて、物は評価され、需要を見出すか、そうでなければ無視される。私的領域にある間は物は価値をもたないが、公的領域に現れるや否や、ひとりでに価値がそなわっている。価値というのは、そのような独特な特質なのである。(pp. 163-164／二八四―二八五頁＝259～260頁)

「価値」は、物や行為や観念のように特定の「活動」の産物ではなく、そうした活動の産物が公的領域としての市場で交換されることによって初めて生まれる。「価値（value, Wert)」というのは、語義からして、他のものとの関係において測定された結果なのである。

「価値」のそうした性質は、マルクス自身も認めていた。『資本論』第一巻第一篇第一章のいわゆる価値形態論で、マルクスはまず二種類の商品が交換されるという単純な価値形態から議論を始めている。

20ヤールのリンネル＝1着の上着

例えば、リンネル（亜麻布）20ヤールと上着1着が交換されるとする。その場合、リンネルの価値は、交換対象とされた上着とその数量によって表現される。上着はリンネル布地の「価値」を表現する媒体（等価物）であり、亜麻布の「価値」は一着の上着との関係によって相対的にしか表現されない。したがって、単一の商品がはじめからそれ自体のうちに「価値」をもっているわけではない。上着と交換されることで初めて、亜麻布の「価値」は実現される。二つの商品の交換という単純な価値形態から、他の多くの商品を一つの商品が表現する一般的価値形態、さらにそうした等価物の機能を一商品としての金が担う貨幣形態を論じたあと、マルクスはこう述べている。

労働生産物はその交換の内部において初めて、その感覚的に違った使用対象性から分離された、社会的に等一なる価値対象性を得るのである。労働生産物の有用物と価値物とへのこのような分裂は、交換がすでに充分な広さと重要さを得、それによって有用物が交換のために生産され、したがって事物の価値性格が、すでにその生産そのもののうちで考察されるようになるまでは、まだ実際に存在を目だたせるようにはならない。〔…〕toto coelo〔まったく〕違った労働が等しくなるということは、それが現実に不等一であることから抽象される場合にのみ、それらの労働が、人間労働力の支出として、抽象的に人間的な労働としてもっている共通な性格に約元されることによってのみ、ありうるのである。私的生産者の脳髄は、彼らの私的労働のこの二重な社会的性格を、ただ実際の交易の上で、生産物交換の中で現れる形態で、反映するのである。〔…〕
したがって、人間がその労働生産物を相互に価値として関係させるのは、これらの事物が、彼らにとって同種的な人間的労働の、単に物的な外被であると考えられるからではない。逆である。彼らはその各種の生産物を、相互に交換において価値として等しいと置くことによって、その違った労働を、相互に人間労働として等しいと置くのである。彼らはこのことを知らない。しかし、彼らはこれをなすのである。（『資本論』第一巻第一篇第一章「商品」、マルクス 一九六九―七〇、⑴一三三―一三四頁）

生産者たちが商品を交換するのは、それを生産するために彼らが投入した労働が抽象的な人間労働として共通のものであるからではない。逆である。彼らは互いの生産物を交換することによって、異なる使用対象物を相互に「有用」と認め、それによって両者のうちに共通の価値性格を設定する。言い換えれば、「価値」も「有用性」も、交換という行為の結果として事後的に現れるのである。

商品としての「労働力」の「価値」もまた同様である。労働者が具体的な物やサーヴィスに投入した労働も、交換を通じて初めて、その時々の社会関係の総体の中における有用労働としての「価値」を獲得する。すべての生産物の価値の共通の源泉としての「社会的平均的な」労働が、ここに成立する。

いかなる生産者も、工業者も農業者も、孤立したものとして見れば、価値または商品を生産するものではない。彼の生産物は、ただ特定の社会的関連においてのみ、価値となり商品となる。第一に、その生産物が社会的労働の表示として現れ、したがって彼自身の労働時間が社会的労働時間一般の部分として現れるかぎりにおいて、その生産物は価値となり、商品となる。第二に、彼の労働のこの社会的性格は、その生産物の貨幣性格において、また価格によって規定されたその一般的交換可能性において、彼の生産物に刻印された社会的性格として現れる。[11]（『資本論』第三巻第六篇「超過利潤の地代への転化」、第三七章「緒論」、同書、(8)四六頁）

階級的搾取が廃絶されたあとに、直接生産者が互いに自由に関係を取り結ぶ「自由な生産者の連合」では、「社会的関連」の中における労働ならびにその生産物の「価値」は、資本主義の商品世界のような倒錯した関係——あたかも商品という物が人間とその労働を規定するという「物神性」を帯びた関係——ではなくなるだろう、とマルクスは考えたのである。

しかしながら、価値の成立を社会的関係のうちに求めるマルクスの議論も、アレントにとっては「価値」という難問を解決するものではなかった。確かに、社会関係の総体においてこそ労働は価値の源泉として現れる、というマルクスの見方は、富の無限集積とそれにともなう労働と消費の無限拡大の特質、過程そのものとしての性質を的確に捉えていた。問題は、自然と人間の物質代謝の「過程」としての「労働」にすべての人間の活動を帰着させたとしても、それによって「価値」の難問を解決することはできない、ということである。

すべての物の価値喪失、物に内在する値打ち〔worth〕が失われるという事態が大いに嘆かれているが、これはすべての物が価値〔value〕または商品に転化するとともに始まる。その瞬間から、すべての物は、それと交換に獲得される他の物との関係においてのみ存在するようになるからである。事物が他の事物との関係においてしか存在しないというこの普遍的な相対性、何ものも需要と供給という絶えず変動する評価から独立した「客観的」な価値をもたないという内在的な値打ちの喪失は、価値という概念そのものに含まれているのだ。(pp. 165-166／二八六―二八七頁＝261～262頁)

そもそも「価値」という観念それ自体のうちに他との比較や測定という観念が含まれており、相対的な性格をはじめから帯びている。その意味では、「価値」という語そのもののうちに「価値喪失」の契機は潜んでいる。そもそも「価値」や「値打ち」という語を用いてしか、われわれは失われた何か――そもそも他と比較すべきでない何か――を表現できないところに、問題の深刻さが現れている。[12]特定の目的のための手段としての「有用性」や「効用」であれ、そうした効用を超えた人間それ自体を目的とすべきだとするカントの場合であれ、人間と人間にとっての効用を尺度にしてすべての事物を計ろうとするや否や、世界と事物が本来もっていたはずの何かは見失われる。「人間は万物の尺度である」としたプロタゴラスに対するプラトンの批判も、ここにあった。

人間は万物の尺度である、というプロタゴラスの主張のうちにプラトンが見たのは、そうした基準や普遍的規則の喪失だった。制作者としての人間と物の使用を最高の尺度とするなら、世界を樹立するために不可欠な拠り所が失われることを、プラトンはすでに見抜いていたのである。職人の世界と制作の経験から生まれた道具の使用という原理と交換市場の相対的性格が密接に関連していることが、ここには示されている。事実、制作における道具の使用から交換市場の相対性へは、一直線に道が通じているのである。「万物の尺度は神」であって人間ではない、とプラトンは反論した。もし近代が想定するように、この世界とそこに含まれるいっさいのものを生み出す制作の活動を支配するだけでなく、完成した世界そのものを支配するのが有用性の名を借りた道具や手段の使用という原理だとすれば、プラトンの反論は道徳家ぶった説教として虚しく響くことになるだろう。(pp. 166-167/二八七―二八八頁=262〜263頁)

5 世界の永続性と芸術(第23節)

人間とこの世界が存立し、継続していくためには、効用という目的・手段の論理を超えた何か絶対的なものがなければならないという点で、アレントはプラトンに同意していたのである。

(1) 芸術の源泉としての「思考」

しかしながら、世界の永続性の拠り所は、プラトンのような形而上の領域にはない。アレントがその手がかりを求めるのは、芸術である。

その際立った永続性ゆえに、芸術作品は、およそ具体的な形をとった事物の中で、最も世界としての性格をもっている。芸術作品は生きているものの使用の対象ではないから、その永続性が自然の過程で腐食されることはない。椅子の目的は座って初めて実現されるが、芸術作品を同じように使用するなら、その本来の目的を実現するどころか、作品そのものを破壊することになる。あらゆる事物は単に存在するために永続性を必要とするが、芸術作品の永続性はそれよりも高次のものなのである。長い年月を経て初めて、そのような永続性は獲得される。およそ人間が作り出した事物、死すべき存在としての人間が住んだり使用したりする人工の事物は絶対的に持続することはありえないが、芸術作品の永続性には人工の事物の安定性が表現されているのである。芸術ほど、事物の世界の耐久性を純粋かつ明瞭に現すものはない。そこには、この事物の世界が死すべきものである人間の不死の住み家であることが、目に見える形で示されている。(pp. 167-168／二八八―二八九頁＝264頁)

芸術作品は、通常の制作物のような使用の対象ではない。したがって、使用による摩耗は、それ自体としては生じない。使用すれば、かえって芸術作品としての価値は失われるだろう。生活の必要や欲求から遠く離れた芸術作品は、その無用性ゆえに、最も持続性をもつ人間の「作品」である。だが、芸術作品の持続性は、使用による摩耗が起きないという理由にあるのではない。芸術作品が持続する秘密は、その源泉のうちにある。

芸術作品の直接の源泉は、人間の思考能力である。これは人間の「取引し、交易する傾向」が交換対象物の源泉であり、人間の使用能力が使用物の源泉であることに対応している。これらの人間の能力は、感覚〔feelings〕、欲求〔wants〕、要求〔needs〕といった動物種としての人間の属性とは異なる。これらの属性が右に挙げた人間の諸能力と結びついて、その内容になることはあるが、それ自体としては、他の動物種の属性と同様に、人間が住み家として作り出す世界とは関わりをもたない。それらの属性が動物種としての人間にとっての生活環境を作り出したとしても、それはいわば蜘蛛の巣や蚕の糸のように自分の身体の中から放出したものであって、人間が作り出した世界ではない。交換という能力がむきだしの欲望〔desire〕に形を与え、使用がやみくもな要求に形を与えるように、思考は感情と結びついて、明確な声にならない憂鬱といった感情に形を与える。それらは事物に変換され、物となって世界の中に入ることができるようになる。(p. 168／二八九―二九〇頁＝265頁)

芸術作品の源泉は、人間の「思考」である。「思考」こそが、人間のさまざまな感覚や欲求に形を与え、さまざまな事物を作り出す。個体としての人間が外部の世界から刺激を受けて、みずからの内部に生まれる感覚や欲求は――おそらくは――人間以外の動物の内部にも生じるだろう。その意味において、感覚や欲求それ自体は「動物種としての人間」のもつ特性にすぎない。そうした感覚や欲求が思考と結びついて、言葉や他の媒体によって表現されて初めて、それは人間の「世界」の一部を構成する「物」になることができるのである。

もとより、そうした「物化」は思考だけで完結するわけではない。思考の作業を「物」として定着させるものこそ、「制作」にほかならない。

芸術作品は思考の産物だが、だからといって、それが物でないということにはならない。使用するだけで家や家具を生産したり制作したりしたことにはならないのと同じように、思考の過程それ自体は、書物や絵画や彫像や譜面のような具体的な形あるものを何も生み出さないし、作り出さない。もちろん、ものを書き、イメージを描き、形象を作り、作曲することで行われる物化には、思考が先行している。しかし、その思考をリアリティとして思考から物を制作するのは仕事人の技能であり、それは人間の手という原始的な道具によって他の耐久性のある工作物を作るのと同じである。(pp. 168-169／二九〇―二九一頁=265～266頁)

芸術作品は、触知できる物、紙とインク、カンバスと絵具、あるいは彫像や映像のための素材、音声などの上に定着した思考である。一人の人間の感情や情動、それが喚起する思考は、具体的な物の上に言葉、映像、音声として定着させなければ、ただちに――それを感じた当人にとっても――消滅する。触知可能な物に定着した思考は、その物が摩耗や破壊によって消滅しないかぎりは、その物のうちに、いわば凍結して残り続ける。それを解凍するのは、物の上に表現された作品に感動する人間の思考である。かくして、触知可能な物に定着した思考は——それを理解しようとする人間、そこに表現された感情や思考に触発されて思考する人間がいるかぎり——時間や世代を超えて再生し続けることができる。芸術とは、いわば具体的な物のうちに眠っている「精神」なのである。[13]

死んだ文字の中で生き延びている「生きた精神」を仮死状態から救い出すためには、死んだ文字と、それを復活させようとする生命が接触しなければならない。ただし、この復活した精神も、あらゆる生きものと同じく、再び死んでいく定めにある。(p. 169/二九一頁＝266頁)

人間はみずからの思考の産物を耐久的な芸術作品として作り出すことができる、というアレントの「制作」概念には、道具を用いて自然を自己のイメージに合わせて作り変える、というマルクスの「労働」概念の重要な部分が継承されている。マルクスは「自然との物質代謝」としての「労働」のうちに、本来の労働とは異質な「仕事」の概念——個体の死を超えて持続するものを作り出す芸術的創作のそれを含む——を包摂している、とアレントは考えたのである。

(2)思考と認識

第四の「活動」である「思考」は、本書の主題からは外されているが、ここでアレントは芸術の源泉としての「思考」の特質について、「認識」と対比させながら、次のように述べている。

思考と認識は同じものではない。思考は芸術作品の源泉だが、すべての偉大な哲学には思考が変形も変容もされずに、そのまま表現されている。[14] それに対して、われわれが知識を獲得したり貯蔵したりする認識過程の主要な表現が、科学である。認識は、常に明確な目的を追求する。その目的が実践的なものか、「単なる好奇心」からのものかを問わず、設定された目的が達成されれば、認識過程は終わる。思考は、それとは反対に、終わりもなければ、外から与えられた目的もない。それどころか、何か具体的な成果や答えをもたらすことはないのである。（p. 170／二九二頁＝268頁）

認識には事実の確認や因果関係の解明といった特定の具体的な目的があって――そのための観察器具や分析手段を用いて――その目的が達成されれば、認識過程は終了する。その意味において、認識は制作と類似している。認識を通じて知識を獲得し、これを蓄積していくのが「科学」であるのに対して、「思考」はそれとは性質が異なる。思考は、特定の目的のために行われて、目的が達成されれば終わるものではない。何か成果を生み出すものでも、成果を目的としてなされるものでもない。アレントにとって、「思考」という営みは、同じ頭脳の活動であっても、「科学」とは異なる営みなのである。[15]

思考という活動は、生命そのものと同じくらい情け容赦なく繰り返されるものであって、思考に何か意味があるかという問いは、生命に意味があるかと問うのと同じく、答えることのできない謎である。思考過程は人間存在の全体にあまりに密着して浸透しており、その始まりと終わりは、人の生命そのものの始まりと終わりに一致する。(p. 171/二九三頁=268頁)

「認識」が「制作」に近いとすれば、「思考」は「労働」と同じく「生命」そのものの営みに近いところに位置する活動ということになるだろう。

(3) 力量としての「推理力」

アレントは、さらに「認識」と「思考」を「論理的な推論の力」と区別している。

さらに言えば、思考も認識も、論理的な推論の力とは区別しなければならない。論理的推理力は、公理や自明な命題から演繹したり、特殊な現象を一般的法則の下に包摂したりといった操作や、首尾一貫した結論を導き出す手法のうちに現れる。そうした能力が発揮される場面でわれわれが実際に見ているのは、一種の頭脳力[16]であり、これに類似のものを挙げるとすれば、動物としての人間が自然との物質代謝において発揮する労働力ということになる。頭脳力によって推進される精神過程を、われわれはふつう知性〔intelligence〕と呼んでいるが、知性は肉体的な力量〔strength〕が器具によって測定できるのと同じように、知能テストによって測定できる。(p. 171

／二九四頁＝269頁）

論理的推理力は、肉体的な能力と同じく、個人の身体の一部としての頭脳の力である。[17] 通常われわれが「知性」と呼んでいる頭脳の能力、推理力は、個人に内属し、個人の資質によって左右される。そのような個人の力量としての知能は、知能テストなどの手段によって測定することが可能である。おそらく将来は個人の身体的・生理的な能力と同様に、何らかの装置で測定されるようになるだろう。その意味における「知性」は、自然法則の支配下にある。

> 知性の法則としての論理の法則は、他の自然法則と同じように見出すことができる。その理由は、この法則が究極的には人間の頭脳の構造に根ざし、正常で健康な人間なら、他の肉体的機能が服しているのと同じ強制力を有していて、頭脳はそれに従わざるをえないからである。誰もが2＋2は4になることを認めざるをえないのは、人間の頭脳の構造に根ざしている。（p. 171／二九四頁＝270頁）

知性そのものが他の自然法則と同様に認識と測定の対象になるとすれば、それは人間の力量を補助し、代替する機械装置によって効率化することができるはずである。論理的な推論と演算の速度を飛躍的に高速化する電子計算機は、まさにそうした人間の推論能力としての「知性」を代替するものだった。電子計算機によって代替できないものこそが、「思考」であり、思考に基づく芸術や本来の学問なのである。

⑷ 思考と制作の位置

だが、「思考」も、その産物を永続させ、人から人へと渡していくためには、事物とそれを加工する制作が必要である。次章で論じられる「行為」も含めて、そうした永続のための手がかりや足がかりを生み出して残すこと——そこに人間の諸活動における「制作」の位置と役割がある。

「労働する動物」としての人間の労働を和らげ、その労苦を取り除くのが「工作人」であり、死すべき存在としての人間に地上の住み家を建てるのも「工作人」であるとすれば、行為し、語る人間に必要なのは、最も優れた「工作人」である芸術家、詩人、歴史編纂者、記念碑建設者、作家の協力である。彼らがいなければ、人々が行為し、語る物語は残り続けることはできないからである。世界が常に人間の住み家にふさわしいものであるためには、人間が作り出したこの世界が、生命の必要からすればまったく無用であるばかりか、世界そのものと世界の中のあらゆる事物を作り出す多様な制作の活動とは完全に異質な活動である言論と行為のための場でもなければならない。（pp. 173-174／二九七頁＝273頁）

「行為」もまた、その成果をあとに伝えるためには、それを言葉あるいは絵画や彫像、あるいは映像などの「物」を媒体として表現されなければならない。複数の人間の間で営まれる「行為」の世界では、どんなに優れた人間の偉業でも、どんなに立派な言葉でも、その行為の瞬間が過ぎれば、跡形もなく消えてしまう。彼らの「行為」は、具体的な形のある物のうちに記録されなければ、後世に残ることはない。彼らの行為やその結果、それを目撃した者たちの驚嘆や慨嘆を素材にして芸術家、詩人、あるいは物語の編纂者や作家が作り上げる芸術作品こそが、彼らの「行為」をいわば「不死」のものにするのである。芸術作品が永続するのは、そこに込められた「思考」や「意味」によってであって、作品のもつ「有用性」や「効用」によってでは決してない。アレントは、本章の最後にプラトンのプロタゴラス批判に立ち戻って、こう述べている。

われわれは、ここでプロタゴラスとプラトンの立場のいずれかを選択する必要はないし、万物の尺度が人間であるか神であるかを決める必要もない。少なくとも確実に言えるのは、その尺度は生物学的生命と労働の強制的な必要でもなければ、制作と使用の功利主義的な手段としての適合性でもない、ということである。(p. 174／二九七—二九八頁＝273頁)

すでに述べたように、プラトンのプロタゴラス批判は、人間とその世界を本当に持続させていくものの源泉をめぐっていた。プロタゴラスのような人間中心主義にプラトンが対置する神も、その答えにはなりえない。いずれにせよ、それは決して目的・手段の論理、すなわち人間とその欲求ではないし、マルクスが最後に行き着いたような労働の必然性でもない、とアレントは言うのである。

かくして、われわれはもう一つの活動である「行為」に向かうことになる。

第Ⅴ章

行　為

1　第二の「出生」（第24〜25節）

「行為」は通常、ギリシアのポリスのような「公共空間」における言論と行為として理解されている。だが、アレントにとって、行為というのは、そうした場そのものを変容させるようなダイナミズムを秘めた活動である。

言論と行為によって、われわれは人間の世界に参入する。この参入は第二の誕生のようなものであり、そこでわれわれは、自分たちがそれぞれ独自の顔つきや体つきをした生身の肉体をもってこの世に生まれたというありのままの事実を確認し、わが身に引き受けるのである。この参入は、労働のように必要に迫られたものでも、仕事のように有用性に駆り立てられたものでもない。参入を促すものがあるとすれば、それは他人の存在であり、彼らと仲間になろうとすることが刺激になることはある。しかしながら、彼らの存在が世界への参入をもたらしたわけではない。その衝動はわれわれがこの世界に生まれ落ちたその初発の時点ですでに生じているのであり、われわれは自分自身の創意によって何か新しいことを始めることで、世界に応答するのである。（pp. 176-177／三二三―三二四頁＝288頁）

出生は、それまでの世界を一変させる。新たなものが生を享けて参入した世界は、もはや以前のままではありえない。自然的な生命の循環過程において、すでに出生は新たな条件の形成をともなっているが、人間の場合にはとりわけあてはまる。[1] 人間は、みずからが生まれ落ちた自然に対して能動的に働きかけることによって、それを変容させる——その意味において「人間の条件」は、それ自体として可変的である。新たなことを始めるという人間の特質がとりわけ発揮されるのは、複数の人間によって形成される「世界」においてである。行為による世界への参入というのは、自然な生命の出生に匹敵する「第二の誕生」だというのである。[2]

もとより、新たなことを始める個体は、すべてをはじめから作り変えるわけではない。第一の出生がそうだったように、第二の出生においても、その個体はすでに存在する世界に「参入」する。そこに「世界」が存在しなければ、「参入」もまたありえない。

人間事象の領域というのは、厳密に言えば網の目のように張りめぐらされた人間関係のネットワークであって、人間がともに生きているところなら、どこにでも存在する。言論によって「何者であるか」を開示すること、行為によって新たなことを始めること、これらはすでに存在している網の目の中で行われ、結果はただちにこの網の目に現れる。(pp. 183-184／三三三頁＝298頁)

したがって、この人間関係の網の目の中では、いかなる行為もその行為者の制作物、作品ではありえない。

誰もが言論と行為によって世界に参入することで自分の人生を始めるが、自分自身の生涯の物語の著者や制作者になることはできない。言い換えれば、行為や言論の結果として生まれた物語は行為する当人が何者であるかを開示するが、行為をなした本人は物語の著者や制作者ではない。なるほど、その物語は誰かによって始められ、始めた本人は subject という言葉の二重の意味、すなわちその物語の主体であり、主題となる存在、行為すると同時に行為の影響をこうむる存在ではあるけれども、その物語を語る作者になることはできないのである。(p. 184/二三四頁＝299頁)

一人一人の行為の意味は「物語」としてしか語ることができない。その人生を生きたのは、確かにその本人の意志と決断と、そして努力によるものだろう。だが、その物語を当人がみずから語ることはできない。およそ「行為」とその結果が不確実で予測できないという「予測不能性」は、行為というものが否応なくもつ「物語」としての性格に原因がある。

問題は、単に特定の行為〔act〕の論理的帰結を予測することではない。そうだとすれば、電子計算機が将来を予測できることになるだろう。行為の予測不能性は、行為の結果としての物語そのものから生じてくる。行為している今という瞬間が流れ去り、過去になって初めて、物語は始まり、物語として成立する。行為の結果もたらされる物語の性格や内容がどのようなものであれ、演じられたのが私的な生活においてか公的生活においてか、行為する人間が多数であるか少数であるかに関わりなく、その行為の意味が完全に明らかになるのは、それが終わってからである。(pp. 191-192／三四三―三四四頁＝309～310頁)

人々の間で行われる「行為」は、それに関わる一人一人の「行為」の織りなす連鎖であり、その過程そのものには始まりも終わり(目的)もない。もとより、新たに参入する者にとっては、参入する初発の時点で、あるいは一念発起して何か「新しいこと」を始めた時点で、彼の「物語」が始まることになるだろう。だが、それが当初の意図どおりに運ぶことはまずないし、彼の行為がどのような結果をもたらしたか、その全貌は、彼の一連の行為が終結したあと、彼が行為の舞台から退いて、人生を終えたあとになって初めて明らかになるのである。

行為者はみずからの行為の結果を制御できないという「行為」の特質にプラトンは疑念をもち、出来事の舞台の背後に物語の作者を想定した。これは、歴史が人間の行為が織りなす出来事の連鎖であるにもかかわらず、人間はその作者ではない、という難問を解こうとする試みの先駆となった。のちにキリスト教などで用いられる「摂理」やアダム・スミスの「見えざる手」、ヘーゲルの「世界精神」、そしてマルクス主義の「階級利害」といった観念も、プラトンの解決の延長線上にある(p. 185／三三五頁＝300頁)。

演劇という芸術が政治と密接に関わるのも、行為のこうした特質に根拠があった。人々が行った行為や言論やその結果は、演劇という形で模倣され、一つの芸術作品によって物化されて初めて、その完全な意味を伝えることができる。しかしながら、書かれた作品としての劇は、物語の筋書きとその意味を示すことはできるとしても、物語の「主人公」が「何者であるか」を明らかにすることはできない。行為と言論の舞台に登場した人々がどのような人物だったのかは、実際の劇の舞台で役者がそれを模倣して演じることによってしか伝えることができない。そうした意味において、演劇はすぐれて政治的な芸術であり、人間の行為を十全に表現しうる唯一の芸術形式なのである（pp. 187-188／三三八―三三九頁＝303～304頁）。

2　行為と人間事象の脆さ（第26節）

行為のこうした性格のために、人間事象は特有の脆弱さをもつことになる。人間関係の網の目の中で行われる行為は、一つ一つの行為が新たな過程の原因となり、それが引き起こす反応（reaction）は、さらに新たな行為（action）となって影響を広げていく。人間の間で行われる行為は、閉じられた円環の内にとどまることはできない。行為の無限の連鎖（chain reaction）をそのまま放置すれば、政治共同体そのものを危うくしかねない。だからこそ、プラトンに始まる政治哲学は、過程としての性格をもつ「行為」に代えて、確固として持続するものを作り出す「制作」によって、これに対処しようとしたのである。そこでは、政治共同体の基礎を作り出す立法が重視される。公的空間の「創設」が「行為」とは異質な「制作」の論理で理解されるようになるのも、ここに根拠がある。しかしながら、「制作」による解決には限界がある、というのがアレントの見方だった。

行為には、その具体的な内容が何であれ、絶えず新たな関係を生み出していくことで、あらゆる制限を突破し、あらゆる境界を乗り越えていくという性質がそなわっている。人間事象の領域には制限や境界があるが、新たな世代がそこに参入する際に必ずともなう衝撃に耐えられるような確かな枠組みではない。人間の制度や法の脆弱性、人間がともに生きることに関わるすべての事柄の脆さは、この出生という人間の条件から生じている。それは人間の本性の脆さや弱さとはまったく関係がない。（pp. 190-191／三四二―三四三頁＝308～309頁）

人間の行為によって形成されるいっさいの人間事象のもつ脆さの原因は、絶えず新たな人間の参入によってそれまでの制限や境界を打ち破るという「無制約性」にある。そうした「無制約性」は、人間世界が新たな世代の参入の繰り返しによって継続していかなければならないという――究極的には自然的な条件に由来する――「出生」の条件に根拠をもつ、というのである。そのかぎりにおいて、およそ人間世界とそこに形成される諸関係、諸事象は根源的な脆弱性を内包していることになるだろう。

3 ギリシア人の解決としてのポリスと「権力」概念（第27〜28節）

人間世界とその事象の脆さ、行為のもたらす結果の「無制約性」と行為の「予測不能性」に対して、古代ギリシア人たちは、プラトン、アリストテレスの政治哲学が成立する前に、独自の解決法を編み出していた。それが「哲学以前の解決」としてのポリスの創設である。ホメロスの時代からすでにギリシア人たちは「言葉と行為の共有」に基づく「政治」の営みを行っていたが、そうした「政治」の経験、人々の行為が織りなす「物語」を「不死」のものにしようとして設立されたのが、ポリスだった。ポリスは、ギリシアの市民に、本来なら家を飛び出して生命を賭さなければ獲得できない卓越と名声の舞台を与えるとともに、そうした名声が語り継がれ、記憶される場を提供したのである。[3] ギリシア人たちにとってポリスとは、都市共同体のための城壁や法律ではなく、行為の過程で生まれる人間関係の網の目、あるいは行為の場としての「公的空間」そのものであり、そこで行われる言論や行為を伝える記憶装置だった。そこにこそ、プラトン、アリストテレスが立法という「制作」の論理で解決しようとして果たせなかった「創設」という問題を解くカギがある、とアレントは見たのである。そうした「公共空間」を生み出し、また維持していく力とは何か——ここに独特な「権力」概念が提示される。

権力とは、公的空間、すなわち行為し、語る人々が現れることができるような潜在的な空間を存在させ、持続させることのできる力である。権力を表すギリシア語の同義語である dynamis、ラテン語の potentia や、ラテン語から派生したさまざまな近代語、さらにドイツ語の Macht（これも〔作るを意味する〕machen ではなく、〔可能性を意味する〕mögen や möglich から来ている）に至るまで、すべてその「潜在的〔potential〕」な性質を示している。われわれが権力と言うのは、いつでも潜在的な能力のことであって、強制力〔force〕や力量〔strength〕のように一定不変で測定可能な確かな実体をもつ力ではない。（p. 200／三五五―三五六頁＝322頁）

権力というのは、人々がともに存在するところに生まれる潜在的な力である。権力は、個人のもつ能力としての力量（strength）のようにその個人に帰属するものではないし、何らかの手段を用いて行使する強制力（force）のように任意にその手段を持ち歩いたり独占したりすることもできない。[4]「権力は公的領域と現れの空間を維持する。そのような意味で、権力は人間が作り出した工作物を生き生きと保つための血液である」（p. 204／三六一頁＝328頁）。

行為と言論によって形成された現れの空間は、生きた行為が行われ、生きた言葉が語られるその瞬間が過ぎ去れば、消滅してしまうだろう。権力とは、そのように脆い公的空間を維持していくための力なのである。公的な空間としてのポリスを支える「権力」に対する信頼は、最盛期アテナイには確かに存在していた。トゥキュディデス（前四六〇頃―前四〇〇年頃）の『戦史』が伝えるペリクレスの演説を引き合いに出しながら、アレントはこう述べている。[5]

トゥキュディデスの伝える戦没者追悼演説におけるペリクレスの発言は、人間はいわば一つの身ぶりで偉大さを演じ、そして同時にそれを救い出して保存することができる、というギリシア人の崇高な信念を示している点で、おそらく唯一無二のものである。公的な場でなされる演技そのものが権力〔デュナミス〕を生み出すのであって、そのリアリティを維持するために「工作人」がそれを物に変換する必要はない。ペリクレスの演説は、アテナイ人が心の奥底に抱いていた信念と確かに対応し、それをはっきりと表現したのである。(p. 205/三六二頁=329頁)

権力とは、公的な場におけるふるまいそのものを通じて生まれる力である。人間の偉大さを生み出し、伝えていく力としての「デュナミス」に対する信頼を、最盛期アテナイのギリシア人たちは共有していた。そうした信頼は、短命なものではあったが、アリストテレスの哲学に引き継がれている。

生きた行為と語られる言葉こそ人間がなしうる最大のことだ、というギリシア人の主張を、アリストテレスはエネルゲイア(「現実に活動している状態〔actuality〕」)として概念化した。エネルゲイアとは、何の目的も追求せず(ateleis)、何の作品も残さず(no *par' autas erga*)、遂行することそのものに意味があるような活動である。活動をしている今こそ、その完全な意味は実現されている、という経験から、「それ自体が目的」であるという逆説的な観念は生まれてきた。行為や言論の場合には、目的(telos)は追求される対象にではなく、活動そのものにある。したがって、それはエンテレケイア〔完全に実現された状態〕なのだ。作品は活動のあとに、活動が消滅したあとに初めて出てくるものではなく、活動の過程そのもののうちに埋め込まれている。この活動の遂行の状態が、エネルゲイアである。アリストテレスの政治哲学は、政治にとって決定的に重要なことは何かということに、まだ気づいていていた。政治にとって問題なのは ergon tou anthrōpou（人間としての「人間の働き」[6]）であり、この「働き〔work〕」とは「よく生きること（eu zēn）」だとアリストテレスは定義した。それが生み出す「作品〔work〕」は仕事の産物のような対象化された事物ではなく、「現実態[7]〔actuality〕」という形でしか存在しないことを、この定義によって示そうとしたのである。人間に特有のこの業績は、完全に目的と手段のカテゴリーの外にある。この「人間の作品」は、目的〔end〕ではない。というのも、それを達成するための手段である徳── virtues や aretai と言われる──も、人が任意に発揮したりしなかったりする性質のものではなく、それ自体が「現実に活動している状態〔actualities〕」だからである。(pp. 206-207／三六四─三六五頁＝331頁)

ペロポンネソス戦争以降に衰退していくアテナイに代わって覇権を握るマケドニア王国の王子アレクサンドロスの教師となったアリストテレスにも、ポリスにおける言論と行為についての観念が確かに残っていた。アリストテレスは、『形而上学』第九巻で「エネルゲイア」についてこう論じていた。潜在的な可能性を秘めた力としての「デュナミス」が現実に活動している状態が「エネルゲイア」であり、そこに内在する目的が完全に実現された時に「エンテレケイア」となる。これらの概念によってアリストテレスは現れの場としての公共空間における行為の特質を概念化したのだ、とアレントは言うのである。公共空間を支え、そこでみずからを実現する潜在的な力はアリストテレスの言う「デュナミス」であり、言論と行為を通じた活動が「エネルゲイア」、そこに表現される作品が「エンテレケイア」である。アリストテレスにおいて「エネルゲイア」と「エンテレケイア」は密接に結びついていた。[8] したがって、「行為」は「制作」のように何か他の目的のために行われるのではなく、行為それ自体のために行われる。その結果生み出される「作品」は、まさに言論と行為という「演技」（パフォーマンス）そのものである。「権力」とは、まさにそうした過程を実現する潜在的な力だった。[9]

4　ヘーゲルからマルクスへ――「潜勢力」概念の継承と断絶

このように、アレントはアリストテレスの「デュナミス」と「エネルゲイア」、「エンテレケイア」の概念を――その背後にあったギリシアの政治の経験に立ち戻りながら――「権力」とそれによって形成される「世界」の「現実性」という形で読み替えたのであるが、アリストテレスのこれらの概念は、すでにヘーゲルの「精神」の内に継承されていた。精神の自己実現の過程として世界史を描く『歴史哲学講義』の序論で、ヘーゲルはこう述べている。

発展の原理はそれとは違っていて、内的な方向性が前提として元から存在し、それが表に現れるという形をとります。この形式的な方向性を決定するのが、世界史を活動の舞台とし、そこを自分の本領とし、自己実現の場とする精神にほかならない。精神は、外からやって来る偶然の戯れに引きまわされるようなものではなく、みずから絶対的に方向を決定し、偶然に引きまわされるどころか、偶然を利用し支配するものです。ちなみに、自然の有機物にも発展がある。有機物は、ただじっとしていて他からの変化を受けるようなものではなく、内部にある不変の原理（最初は胚種という形で存在する単純な本質）から出発して、さまざまな組織や器官へと分かれ、他の事物とも関係して持続的な変化の過程を生き、再び元に戻って、有機物の原理とその形態を保存する。つまり、有機物は自己を生産し、潜在的な可能性を形に表します。精神も、同様に、みずから形を作っていくものであり、潜在的なものを顕在化させるものです。（ヘーゲル　一九九四、（上）九八―九九頁）

「精神」の発展の原動力は、みずからの内にある潜在的なものを顕在化させる力である。この潜在的能力、いまだ現実化してはいないが、発展の過程で自己を実現する能力は、アリストテレスのデュナミスに相当する。

ただ、注意しておきたいのは、精神は無限の可能性から出発しますが、可能性はあくまで可能性にすぎず、絶対の内容はいまだ潜在的な目的ないし目標にとどまることです。目的ないし目標が達成されるのは結末を待たねばならず、そこで初めて目的ないし目標は現実のものとなります。とすると、現実の歩みは不完全なものから完全なものへの前進と見えるが、前者は不完全なものとしてたんに抽象的に捉えられてはならず、同時に、その反対物たる完全なものを萌芽ないし衝動として含むものと考えられねばならない。反省の立場に立って言えば、少なくとも可能性が現実に生じるべきものを示唆しているとは言えるので、それはアリストテレスのいう可能態（デュナミス）（力、能力）のごときものです。不完全なものが内部に完全なものを含むのは矛盾であって、その矛盾は、現に存在する矛盾であるとともに、破棄され解体される矛盾でなければならない。矛盾は、精神生活の内部では、自然や感覚や自己疎外の外皮を突き破り、意識の光へ、自己自身へ至ろうとする、精神生活の内面的衝動ないし鼓動として存在します。[10]（同書、一〇一―一〇二頁）

ヘーゲルのこの「精神」のダイナミズムを「生産力」という形で読み替えたのが、マルクスだった。その意味において、アレントの「権力」概念は、ヘーゲルからマルクスに至る歴史の原動力としての「精神」＝「生産力」の概念を、アリストテレスのデュナミス＝エネルゲイアに遡る形で批判的に継承することで、行為そのものが生み出す力としての「権力」へと組み替えたものということになるだろう。[11]

問題は、このアリストテレスの「力（デュナミス）」の概念の核心部分をマルクスが切り捨てているところにあった。マルクスは『資本論』で、アリストテレスの『政治学』に註釈をつけながら引用している。

アリストテレス。「というのは主人――資本家――がそのものとしての実を示すのは、奴隷の獲得──労働を買う力を与える資本所有──においてではなく、奴隷の利用──労働者の使用、今日では生産過程における賃金労働者の使用──においてであるからである」。「しかし、この学問には偉大なところや高貴なところは何もない。すなわち、奴隷がなすことを知らねばならないところは、主人が命令することを知らねばならないところである。主人たちが自身でそのために労苦する必要のないところでは、監督者（エピトロポス）がこの名誉を引受け、主人自身は国務に従事し、または哲学する」。（第三巻第五篇第二三章、マルクス 一九六九─七〇、(7)八四頁）

マルクスによれば、資本家による賃労働者の使用過程は、アリストテレスが論じた奴隷に対する主人の監督と類比できる。監督と指揮の労働は、人々が協同して生産活動を行う際の社会的労働の一部として、個々の個人に課される労働と不可分に結びついている。もとより、階級支配の上に立つ生産様式においては、そうした指揮監督を最終的に統括するのは支配階級であるが、彼らはそうした指揮監督の「労働」を被支配者たる直接生産者の一部に委ねて、みずからは統治やその他の文化活動に専念する。資本主義的生産様式においても、事業経営が大規模に行われるようになれば、指揮・監督の機能は熟練労働の形態をとって労働者に委ねられることになる。

資本主義的生産そのものによって、指揮の労働は、まったく資本所有から分離されて、街頭を走りまわるに至らしめられた。したがって、この指揮労働が資本家によって行われることは無用となった。音楽指揮者がオーケストラの楽器の所有者である必要は少しもないし、他の楽士たちの「賃金」に何らかの関わりをもつことが、指揮者としての彼の機能に属するわけでもない。協同組合工場は、資本家が生産の機能者としては余計になったことを証明しているが、それは、資本家自身が最高の成熟に達したとき、大土地所有者を余計なものとして見出すのと同様である。資本家の労働が、単に資本主義的な生産過程としての生産過程から生ずるのでなく、したがって、資本とともにおのずから消滅するのでないかぎり、それが他人の労働を搾取するという機能に局限されるのでないかぎり、したがってそれが社会的労働としての労働の形態から一つの共同の結果に達するための多数人の結合と協業とから生ずるかぎり、かかるものとしての資本家の労働が資本から独立のものであることは、この社会的労働形態そのものが、資本主義的外皮を破るや否や、資本から独立であるのとまったく同様である。（同書、八七―八八頁）

社会的生産における管理・監督・指揮の機能それ自体は、資本から独立したものであり、またそのようなものとして――資本制生産の下では熟練労働の一形態として――遂行されてきている。ということは、資本制が廃棄され、搾取が廃絶されたあとにも、人々が結合して――生命の再生産のための――生産を行うかぎり、そうした指揮と監督の作業は残り続けるだろう、とマルクスは言うのである。

だが、これはアレントから見れば、アリストテレス以来の「支配」、目的・手段の範疇の下での作業ということになる。社会的生産過程における「協同」が自然と人間の物質代謝の過程における「労働」――そこで行われるアレントの意味における「分業」――の一形態であり続けるかぎり、それはやはり、ある種の単一支配の様式でなされるほかない。そうした自然に対する「支配」の上に立つ「主人」としての自由人の共同体の領域で初めて「自由の王国」は実現される、とマルクスもまた認めていたのである。そうであるとすれば、単一支配の社会的生産過程の発展の中からは、どこまでいっても「自由人の共同体」の出現は展望できないのではないか――これがマルクスに対するアレントの批判だった。

人間の共同性の中から生み出される「潜勢力」としての「権力」、その「実現態（リアリティ）」としての「公共空間」というアレントの構想は、本来であればアリストテレスのエネルゲイアからヘーゲルの「現実性（Wirklichkeit）」を経て、マルクスが「生産力」概念のうちに継承するはずだったものを再定立する試みだった。すでに序章で述べたように、現実の歴史過程そのもののうちに真理の開示を見る、というヘーゲル的な立場――プラトンによる真理と現象、観照と活動の二元論の枠組みの解体――をマルクスが真に継承し、徹底していったとすれば、それは「行為」を通じての真理の開示へと行き着くはずだったからである。

5　行為の代替としての制作（第31節）

アリストテレスからヘーゲルに至る潜勢力の系譜をマルクスが引き継がず、結局は「支配」のカテゴリーでコミュニズムにおける「物の管理」を構想したところに、マルクスのうちになお残存する西洋政治哲学の拘束を見ることができる。

アレントによれば、結果の予測不能性、過程の不可逆性、過程を作るものの匿名性という行為の三重の欠陥に対してさまざまな解決の試みがなされてきたが、いずれの試みも行為の代替物として制作を持ち出し、「世界」の拠り所としての「物」を作り出す営みを直接に政治の場に持ち込もうとする点で共通していた。プラトンの「哲人政治」も、政治と行為の不安定さに対して確固とした秩序を文字どおり「制作する」試みだった。[12]

行為の不安定さを克服するプラトンの試みは、理論の上では「行為」から「支配」への転換として位置づけることができる。アレントは、こう述べている。

行為から支配への逃避を理論的に最も簡明かつ基本的な形で表現しているのが、プラトンの対話篇『ポリティコス（政治家）』である。ここでプラトンは、ギリシア語で「始める」と「達成する」を意味するアルケイン〔archein〕とプラッテイン〔prattein〕を完全に切り離して、二つの別々の行為の様式としている。もともとギリシア人の理解では、両者は相互に結びついていた。プラトンが言おうとしたのは、新たなことを始める者は、その完全な主人でなければならず、その遂行のために他人の手を借りる必要はない、ということだった。行為の領域において完全な主人となるためには、他人が自分の動機と目的をもって自発的に加わるのではなく、ただ与えられた命令を実行するだけでなければならない。他方で、みずからの創意で事を始めた者は、行為そのものに関与してはならない。始めること（アルケイン）と行為すること（プラッテイン）はまったく別の活動となり、事を始めた者は（「アルケイン」の二重の意味での）支配者（archōn）となる。彼は「まったく行為する（プラッテイン）必要はなく、実行できる人間を支配する（アルケイン）のである」。こうした状態において政治にとって肝要なのは、「いかに時宜にかなって最も重要なことを始め、支配するかを知ること」になる。行為それ自体は完全に排除されて、単に「命令されたことを執行すること」になった。（pp. 222-223／三八三―三八四頁＝351～352頁）

何を始めるべきか、何をなすべきかを知ることと、与えられた命令を実行することをプラトンは画然と区別した。かくして、アルケインの語義のうちに含まれていた「何かを始める」という政治活動＝行為の契機は脱落して、アルケインは主人と奴隷の間のような非政治的な「支配」へと変容することになる。プラトンの哲学は、まさにそうした支配・被支配の関係をモデルにして、目標を設定する「思考」＝哲学と、それを執行する「行為」とを対置したのである。[13] その意味では、行為を制作で置き換えようとする際にプラトンが依拠した経験は、制作そのものというより、家共同体における支配の経験だった。

プラトン自身が思考と活動を分割する線と、支配する者と支配される者を隔てる溝とをただちに同一視したことから見て、この区別が家政の経験に依拠していることは明白である。家の主人が何をなすべきかを知らなければ、何も知らない奴隷に実行すべき命令を与えなければ、およそ家政というものは成り立たない。事実、ここでは、なすべきことを知っている者はみずから行う必要はないし、実行する者は考えたり知っていたりする必要はない。プラトンが当時広く知られていた家政運営の格言をポリスの管理に適用したとき、それがポリスという政治の場を革命的に転換する提案であることを、彼ははっきりと自覚していた〔…〕。ギリシア人の理解によれば、支配する者と支配される者、命令する者と服従する者の関係は主人と奴隷の関係に等しいものであり、そこには行為の可能性はまったく存在しない。したがって、よく管理された家政における主人と奴隷の関係から公的領域における行動〔behavior〕の規則を引き出そうとしたとき、プラトンが人間事象のあらゆる領域から行為の働く余地をなくそうとしていたことは明らかである。（pp. 223-224／三八四―三八五頁＝352～353頁）

プラトンが行為の代替物を制作に求めながら、最後には家における主人の支配に求めたとすれば、「自由の領域」への飛翔を求めながら、結局は「必然性の領域」における物の管理・支配に行き着いたマルクスは、プラトンの延長線上にある、と言うことができるだろう。「労働する動物」の勝利は、プラトンに始まる西洋政治哲学の終着点でもあった。

6　人間関係を修復する「奇蹟」としての「許し」（第33節 その一）

それでは、行為が本質的にもっているダイナミズム、人間事象の「世界」をも破壊しかねないような無際限性、予測不能性に対して、われわれはいったいどのように対処したらよいのだろうか。ここでアレントが注目するのは、ナザレのイエスが身をもって示した「許し」という人間の能力である。

救世主キリストとして神格化される前のイエス、一人のユダヤ教徒だった実在の人間イエスがどのような人物だったのかは、よく分かっていない。彼が実際に何をしたのか、何を教えたのかを、われわれは聖書のテキストを通して推測するしかない。だが、そこから浮かび上がってくるイエスの姿は、神がこの世に遣わした救い主キリストとその教えとして教義化された内容とは異なっている。例えば、福音書の次のような記述をアレントは挙げている。

もしも、あなたがたが、人々のあやまちを許すならば、あなたがたの天の父も、あなたがたを許してくださるであろう。だが、もし人を許さないならば、あなたがたの父も、あなたがたのあやまちを許してくださらないであろう。(『マタイによる福音書』六・一四—一五。新共同訳)

イエスがここで述べているのは、神のみが許すことができる、ということではない。もし本当に神に許されたいと望むのなら、まず他人の過ちを許しなさい。人はお互いに許し合うことができる。神ならぬわれわれ人間が犯した過ちを許し合うことは、われわれがともに生きていくために必要なことであり、人間にはそうした「許し」の力がそなわっている、というのがイエスの教えの核心だった。おそらく、彼はそれを人々の前で実行してみせたからこそ、その行動と教えは長く人々の記憶に残り、教義化されていった、とアレントは言うのである(pp. 239-240／四〇五—四〇六頁＝375～376頁)。

その意味において、ナザレのイエスが実際に説いた「許し」は、のちのキリスト教の「罪とその許し」という教義とは正反対の教えだった。オーソドックスなキリスト教から見れば、最初の人間アダムが神の命令に背いて以来、すべての人間はその罪を背負っている。したがって、人間の罪を本当に許すことができるのは、万物の創造主たる神ただ一人である。神は慈悲深くも人間の罪をお許しになった。みずからの一人息子イエスをこの世に遣わして、アダム以来人間が犯してきた数々の罪、そしてその後の人間が犯すであろうすべての罪を十字架上の死によって贖わせたのである。十字架に架けられたイエスがその後に復活したこと——ここに人類の贖罪とその可能性は示されている。イエスの復活を信じる者は、天に召されたイエスがキリストとして再臨する時に、みずからも復活するであろう——これが十字架上のイエスの死とその後の復活という挿話に込められた意味である。

アダムの反逆以来、われわれ人間はみな罪人である。だから、他人のしたことは、もしかしたらあなたも犯したかもしれない、罪人は明日のあなたかもしれない。だから、許し合おう。そうすれば、最後の審判で神も許してくださるだろう——こうした教えは、確かに美しく響き、人の心を打つ。神のみが本当の意味で許すことができる。だから、神に許しを請うて祈らなければならない。

だが、これは裏を返せば、あなたがこうむった不正は神があなたに代わって復讐する、ということを意味している。復讐は断念せよ、許せというのは、来たるべき最後の審判で神が代わりに復讐してくれるからである。現実の世界で強者に太刀打ちできない弱者が、来世での復讐を神に託す。今、傲りたかぶる強者、富める者たちは、最後の審判で永遠の罰を受けるだろう。キリスト教の背後には、弱者のルサンチマン、復讐への欲望が潜んでいる。そこからは健全な人間の関係は出てこない。むしろ、お互いの関係に悪意の毒を注ぎ込むことになるだろう――これがルサンチマン論と言われるニーチェの議論だが、アレントは確かにこれを継承している。[14]

もちろん、イエスの「許し」は極悪な犯罪、意図的な悪には適用されない。そうでなければ、イエスが次のように述べる必要はなかっただろう、とアレントは言う。

イエスは弟子たちに言われた、「罪の誘惑が来ることは避けられない。しかし、それを来たらせる者は、わざわいである。これらの小さい者の一人を罪に誘惑するよりは、むしろ、挽き臼を首にかけて海に投げ込まれた方がましである。もしあなたの兄弟が罪を犯すなら、彼をいさめなさい。そして悔い改めたら、許してやりなさい。もしあなたに対して一日に七度罪を犯し、そして七度「悔い改めます」と言ってあなたのところへ帰ってくれば、許してやるがよい」。(『ルカによる福音書』一七・一―四)

人々を誘惑して罪に陥れるような者は、挽き臼を首にかけて海に放り込まれるべきである。しかしながら、そのようにして罰さなければならないような極悪な犯罪はごく稀である。人はそうそう意図して罪を犯せるものではない。極悪な者でないかぎり、そしてともに生きていくことができないような罪でないかぎり、人は許してやるべきである。たとえ相手が過ちを七回繰り返しても、もう一度やり直すと言ってきたなら、許してやりなさい――ここでのイエスの意図は、明らかに関係を修復するための「許し」のほうにある。その意味において、イエスが説いた「許し」は、のちのキリスト教の正統教義が説くような「罪」の観念に基づくそれ、いわば「復讐」の代替物としてのそれとは対極に位置している。

こうした観点から見れば、許しは復讐とは正反対のものである。復讐は、ある行為〔action〕によってなされた過ちに対する反作用〔re-acting〕だが、それでは最初の過ちがもたらす結果に終止符を打つことはできず、すべての者が過程に拘束されて、反作用の連鎖の進行を許してしまうことになる。復讐は過ちに対して自然に出てくる自動的な反応であり、しかも行為の過程は不可逆なので、あらかじめ予想がつき、計算することもできるのに対して、許しは決して予見することができない。それは、行為に対する反作用としてなされるものでありながら、予想もできない方法でなされるという意味で、まさに行為というものの本来の性質を保っている。言い換えれば、許しというのは、単なる反作用〔re-act〕ではなく、予想もできなかった新たな形で、しかもそれを誘発した行為に制約されずになされる唯一の応答〔reaction〕なのである。だからこそ、許す側も許される側も、ともに過ちの結果から解放される。イエスの許しの教えには、加害者も被害者も容赦なく巻き込んでいく復讐の連鎖、それ自体では決して終わることのない、この自動的な過程からの解放という意味での自由が含まれていたのだ。（pp. 240-241／四〇六―四〇七頁＝376～377頁）

「復讐」がいわば条件反射的な「反動」であり、その行動は予測することが可能であるのに対して、

「許し」は起こってしまった結果を踏まえながら、まったく新しい関係を当事者の間に形成する。それまでの出来事の経緯からは予想もできなかったことを始めるという「行為」の最たるものが「許し」である。したがって、「許し」がどのような形で実現されるか、あらかじめその内容を決めておくことはできない。どのような条件なら許せるのか、どのような形で許すべきなのか、一般的な条項やマニュアルで内容を定めることができないところに、「許し」の特徴がある。ふつうなら「復讐」しか考えられないような事態を前にして、「復讐」から自由に、新たな関係を作り上げるというのは、それ自体ある種の「奇蹟」だと言ってもいいだろう。ナザレのイエスはそうした「奇蹟」を実行した人物だった、とアレントは言うのである。

そうした観点から見れば、一定の形で行われる「処罰」も、復讐の連鎖を断ち切り、人々を過去の過ちから解放して、再出発のための区切りとなる、という意味で「許し」と近いものがある。

復讐のように許しの対極に位置するのではなく、許しの代替物となりうるのが、処罰である。許しと処罰は、際限なく続きかねない過程に介入して終止符を打つ、という点で共通している。人間事象の領域を構成する非常に重要な要素の一つは、人が処罰することができないものは許すこともできないし、許すことのできないものは処罰することもできない、ということである。カント以来「根源悪〔radical evil〕」と呼ばれている犯罪の本当の特徴は、ここにある。そうした犯罪が公的な舞台に噴出するという、めったにない事態に直面したにもかかわらず、その本質をわれわれはほとんど理解していない。われわれに分かっているのはただ、そのような犯罪は処罰することも許すこともできないということ、したがってそれは人間事象の領域を越えた、人間の力の及ばないところにあるということだけである。そうした犯罪が出現した時には、人間事象の領域も、人間の力そのものも破壊される。行為そのものが人間からあらゆる力を奪ってしまうような場面では、われわれはナザレのイエスと同様に、こう言うしかないのだ。「石臼を首にかけて海に投げ込んだほうが、彼のためだろう」と。（p. 241／四〇七―四〇八頁＝377～378頁）

行為が他者の行為との相互関係の中で行われる以上、そこには予測できない事態、思いもかけない過ちの危険が絶えず存在している。そう意図せずとも道を踏み外すこと、他人の利益や権利を侵害してしまうことは、行為というものの性質上、避けることができない。一定の条件のもとで行われる「処罰」は、「許し」と同様に、過ちを犯した者も、それによって被害をこうむった者も、起こってしまった過ちの重みから解放して、新たな関係を取り結んでいく出発点になる。

重要なのは、ここで問題とされている「許し」や「処罰」が、人と人との間で行われる「きわめて人格的な」行為だということである。

許しとそれが確立する関係は常にきわめて人格的なものであり（ただし、必ずしも個人的あるいは私的なものであるわけではない）、なされたこと〔*what*〕を人が許すのは、それをなした人のため、そしてその人がどのような人物〔who〕であるかによるのである。それはイエスも明白に認めていたことだった。「この女は多く愛したから、その多くの罪は許されているのである。少しだけしか許されなかった者は、少しだけしか愛さない」〔『ルカによる福音書』七・四七〕。愛だけが許す力をもっていると広く信じられているのは、そのためである。（pp. 241-242／四〇八頁＝378頁）

愛は、相手が「なしたこと（what）」、相手の業績や失敗、そこに示された特質や欠点には関心を払わず、ただひたすら相手の「人物」のみを問題にする。相手がどのような人物であるか、開示されたその「人柄」ゆえに、われわれは彼を許すことができるのである。ナザレのイエスが教えた「許し」とその根底にある「愛」とは、そのようなものだった。[15]

もとより、キリスト教に引き継がれるそうした「愛」は、この世界に関わるものいっさいに対する徹底した無関心という点で、「無世界的」な性質を帯びている。その意味において、「愛」は本質的に「非政治的」であり、時として「反政治的」な力を発揮するものであるが、より広い人間事象でそうした「愛」に対応するのが、アリストテレスの言う「政治的友愛」である。特定の業績や資質からは独立したその人の「人となり」ゆえに払われる敬意や、ゆるやかな「友情」が失われていることこそ、今日——本来は人格の開示の場だったはずの——「公的世界」の非人格化が進行してきている証拠だ、とアレントは言うのである（pp. 242-243／四〇九頁＝379～380頁）。

そうした観点から見れば、「許す」ことも「処罰」することもできないような悪が存在する、とここでアレントが述べている理由も理解できるだろう。犯してしまった過ちを決して認めようとしない者、被害をこうむった相手に向き合おうとしない者は、相手を人格をもった人間として見ていないし、つまるところ自分が「何者であるか」を明らかにしていない。およそ人間を人間として成り立たしめている関係を破壊して、その修復を拒否するような者に対しては、「許し」も「処罰」も意味をもたない。許しも処罰も、互いに自分が「どのような人物であるか」を明らかにすることによって、初めて成り立つものだからである。われわれは「全体主義」という形で「許すことも処罰することもできない犯罪」に直面した（アーレント 一九七四、二六六頁参照）。カントが「根源悪」と呼んでいるような犯罪は、通常の刑罰によって処罰できるようなものではない。それこそイエスが述べたように「石臼を首にかけて海に投げ込む」しかない、とアレントは言うのである。

「石臼を首にかけて海に投げ込む」という喩えは、先に引用した『ルカによる福音書』だけでなく、『マタイによる福音書』一八・六、『マルコによる福音書』九・四二と、『ヨハネによる福音書』を除くすべての福音書に出てきており、イエス自身がそのような発言をしていたか、教団の内部でこの喩えがしばしば用いられていたことを推測させる。『マタイによる福音書』では、次のように述べられている。

しかし、わたしを信じるこれらの小さな者の一人をつまずかせる者は、大きな石臼を首に懸けられて、深い海に沈められる方がましである。世は人をつまずかせるから不幸だ。つまずきは避けられない。だが、つまずきをもたらす者は不幸である。もし片方の手か足があなたをつまずかせるなら、それを切って捨ててしまいなさい。両手両足がそろったまま永遠の火に投げ込まれるよりは、片手片足になっても命にあずかる方がよい。もし片方の目があなたをつまずかせるなら、えぐり出して捨ててしまいなさい。両方の目がそろったまま火の地獄に投げ込まれるよりは、一つの目になっても命にあずかる方がよい。（一八・六―九。新共同訳）

人々を躓かせるような本当の悪人は、「石臼を首にかけて海に投げ込んだほうがよい」とイエスが述べたように、人間関係の修復を困難にするような性質の悪、単に意図せざる過ちに加担するだけでなく、相手と自分の心に毒を盛り、関係そのものを破壊する者、「許し」や「処罰」によって再出発することそのものを拒否したり、嘲笑したりするような者は、そのコミュニティから、ひいては人間的な「世界」から排除されなければならない。ナチスのユダヤ人殲滅の際の移送計画の責任者として戦後イスラエル当局に捕えられたアドルフ・アイヒマンについて、アレントが極刑を支持したことも、そうした点から理解されるべきだろう（アーレント 二〇一七、三八二―三八四頁参照）。「全体主義」による徹底的な破壊、およそ人間関係そのものを成り立たなくさせるような破壊のあとで、われわれはいかにして人間と人間の間の関係を取り結んでいったらいいのか――人間のなしうる行為の限界とも言うべきナザレのイエスの「許し」に着目するアレントには、そうした問題意識があった。

7　行為の「予測不能性」に対する救済としての「約束」（第34節）

「行為」がもたらす結果に対して人間関係を修復するのが「許し」だとすれば、行為が本来的にもつ「予測不能性」に対する救済としてアレントが挙げるのが「約束」である。

行為の予測不能性は、第一に自分が明日どうなるかなど誰も保証できないこと、第二に行為の能力をもつ人間の相互関係の中では誰も自分の行為の結果を予測できないことに基づいている。約束は、行為のこの予測不能性を、少なくとも部分的に解消することができる。

約束は、人間事象のこの二重の暗闇を統御する。それによって約束は、自己に対する支配〔domination〕と他人に対する支配〔rule〕に基づいて行われる統御に取って代わることができる唯一の代替物となる。それは主権の不在という条件のもとでの自由とぴったり一致する。契約や条約に基づくあらゆる政治体に特有の利点と、その裏返しの危険とは、それが支配や主権に依拠した政治体とは違って、人間事象の予測不能性と人間の信頼できない性質には手を触れず、いわばそれを媒体として利用して、そこに予測可能な小島を確保して信頼できる道標を立てることにある。（p. 244／四一一頁＝381～382頁）

「許し」と同様に、「約束」もまた人間の間の相互行為であるところに、その核心がある。誰も自分自身の確実性を保証することなどできはしない。そうであるからこそ、他者との間に交わした約束は、自分の不確実性に対する保証になりうるというのである。「約束」というのは、もともと自由であるがゆえの不確実性を本質とする「行為」の網の目の中で、相対的に確実性を担保する手段なのである。

すでに述べたように、権力は人々が集まって「ともに行為する」時に生まれるが、人々が別れた瞬間に、権力は消滅する。人々を一つに結びつけておく力〔force〕は、彼らが集まる出現の空間や、その空間を維持する権力〔power〕とは別の力、相互の約束や契約が生み出す力である。君主のような個人の人格であれ、国民という集合的な実体であれ、他から切り離された単一の実体として想定された主権などというのは虚像だが、人々が約束によって生み出す結合には一定のリアリティがある。未来の予測不能性をある程度まで克服して独立をもたらすところに、主権は存在するのだ。もちろん、その程度には限界があるが、それは人が約束を交わし、約束を守ることができる能力に限界があるからにほかならない。(pp. 244-245／四一二頁＝382頁)

約束が生み出す力は、人々が具体的な形で集合することで生まれる「出現」の空間としての「公共空間」そのものではないし、「公共空間」を支え、維持する「権力」とも区別される。約束は、人々を相互の同意に基づく目的のために――その目的のためだけに――結びつける。通常「主権」と言われているものの実質は、この約束がもたらす力である、とアレントは言うのである。[16]

こうした「約束」の能力を人間の特質として重視していたのが、ニーチェだった。アレントが原注

（83）で参照指示している『道徳の系譜』第二論文で、ニーチェはこう述べている。

真実に約束することのできるこの自由となった人間、この自由なる意志の支配者、この主権者、――この者が、かかる存在たることによって自分が、約束もできず自己自身を保証することもできないすべての者に比して、いかに優越しているかを、いかに多大の信頼・多大の恐怖・多大の畏敬を自分が呼び起こすか――彼はこれら三つのものすべての対象となるに「値する」――を知らないでいるはずがあろうか？　同時にこの自己に対する支配とともに、いかにまた環境に対する支配も、自然および一切の意志短小にして信頼しがたい被造物どもに対する支配も、必然的にわが手に委ねられているかを、知らないでいるはずがあろうか？　「自由なる」人間、長大な毀たれない意志の所有者は、この所有物のうちにまた自己の価値尺度をもっている。彼は自己を基点にして他者を眺めやりながら、尊敬したり軽蔑したりする。彼は必然的に、自己と同等な者らを、強者や信頼できる者ら（約束することのできる者たち）を尊敬する、――要するに主権者のごとくに重々しく、稀に、ゆったりとして約束する者、容易には他を信頼せず、ひとたび信頼したとなればこれを賞揚する者、おのれの一言を災厄に抗してすら、「運命に抗して」すらも守り抜くほど十分に自分が強いことを知るがゆえに、頼むに足るだけの言質を他に与える者、こうしたすべての者を尊敬するのである――。（ニーチェ 一九九三b、四二六―四二七頁）

約束をすることのできる人間こそ、真におのれの責任を自覚した「主権者」である、というニーチェの議論の核心を引き受けながら、それをニーチェとは異なる形で――明らかにニーチェの主権者はプラトン以来の「制作」の論理の延長線上にある――再構成すること、西洋政治哲学の終着点としてのニーチェとの関係で言えば、これが『人間の条件』においてアレントが取り組んだ課題だった。そのような意味において「約束」は、人々の間の関係――それによって形成される「世界」――に一定の持続性、「耐久性」を与える。かくして、この章は次のような言葉で締めくくられている。

人間事象の領域としての世界は、そのままにしておけば「自然に」崩壊していく。この世界を救うという奇蹟は、究極的には人間の出生という事実〔the fact of natality〕に基づいている。行為という人間の能力も、存在論的には出生に基づいているのである。言い換えれば、新たに人が生まれ、新たなことを始める、人間は出生とともに行為の能力を授かっている、ということ自体が奇蹟なのだ。奇蹟を起こすことができるというこの能力を本当に経験して初めて、人間事象の世界に信仰と希望が与えられる。信仰と希望という人間の存在の本質的な二つの特徴を、古代ギリシア人はまったく無視してしまった。信仰を保つというのは奇特だが取るに足らない美徳であり、希望などパンドラの箱に残された幻想で人を惑わすものにすぎない、と彼らは考えたのである。世界に対するこの信仰と希望をほんの数語で、おそらく最も簡潔かつ荘厳に描いたものこそが、福音書だった。その「よき報せ」には、こう書かれている。「私たちの間に子供が生まれた」[17]。（p. 247／四一五頁＝385～386頁）

人間の作り出したこの「世界」は、自然の循環過程の果てしない繰り返しの中では、しょせんは一過性のものにすぎない。それは、そのまま放っておけば、自然の過程に従って消滅していく運命にある。個体の生命は死へと、種もまた同様に生成・発展からいずれは衰退へと向かっていく。そもそも、有機体の生命そのものが死に向かう必然的法則に逆らって一時的に存在するにすぎないとすれば、人間の「生(life, Leben)」もまた自然の必然性に抗する束の間の存在ということになるだろう。人間がそうした自然の流れに逆らって「制作」によって生み出した工作物もまた、「使用」によって摩耗し、いつかは崩壊していく定めにある。アレントにとっては、そうした自然の循環と必然性の拘束から真の意味で抜け出すことができる能力こそ、「行為」の能力――その限界としての「約束」と「許し」という能力――だった。

絶えず新たなものを生み出す「行為」は、その無制約性と不確実性、総じてその「自由」ゆえに、かえって自然に抗する特有の「耐久性」を有している。ヘーゲルとマルクスは、自然に対して意識的に働きかける能力、すなわち「制作」のうちに人間の特質を見た。その意味において、彼らは自然に抗して継続するもののうちに永遠なるもの、存在の本質を求めたプラトン以来の西洋哲学の延長線上に立っている。だが、自然の循環の中で、それに抗して持ちこたえるものを生み出す能力がもし人間にそなわっているとすれば、そうした能力の核心は「労働」でも「制作」でもなく、むしろ人間事象の最たるものとしての「行為」にこそある、とアレントは言うのである。

右の引用の末尾でアレントが述べているように、自然の必然的過程に抗して奇蹟を生み出すという人間の能力もまた、究極的には人間の「出生」という事態、文字どおり生物学的存在として種を再生産していかなければならないという条件のもとで与えられた能力のうちに淵源をもっている。その意味において、自然と人間の物質代謝を通じての再生産というマルクスの問題設定も、ここには継承されている、と言うことができるだろう。

そして、この「出生」という人間の根源的な能力を認識していた点に、ナザレのイエスの世界史的意義があった。アレントが『革命について』の末尾で引用しているソポクレスが述べているように、ギリシア人にとっては「この世に生まれないことが、すべてにましてよいこと」だった（『コロノスのオイディプス』）。だが、新たな始まりがあってこそ、希望と信仰、信頼も生まれる。人間が出生という条件のもとで作り出したこの「世界」に対する希望と信頼もまた、「出生」と向き合うことによって生まれる。おそらく、これがナザレのイエスから神格化されたイエス・キリストへ、そして近代へと継承されるキリスト教の最大の精神的遺産だ、とアレントは見たのである。

8　自然過程への「行為」の介入（第33節 その二）

ただし、「約束」と「許し」という人間の「行為」の能力に依拠したこの救済は、自然との直接的な関係には適用できない。「許し」について論じた第33節で、アレントは次のように述べていた。

行為の過程が本来もっている巨大な力と弾力性に対する救済策としての許しや約束は、人間の複数性という条件のもとで初めて効力を発揮するので、人間事象の領域以外のところで行為の能力を用いるのは非常に危険である。現代の自然科学とテクノロジーは、単に自然の過程を観察したり、材料を取り出したり、模倣したりするだけでなく、自然の過程の中に入り込んで行為を始めているように見える。すなわち、今日の人間は自然の領域にも行為の予測不能性と不可逆性を持ち込んでいるが、そこには一度なされてしまったことに対する救済策はないのである。[18]（p. 238／四〇三―四〇四頁＝373～374頁）

人間の行為とそこから生まれる「権力（power）」が、人間自身を含めた自然に対して向けられる時には、修復不可能な破壊をもたらす危険が孕まれている。何か新しいことを始めるという能力、もともとは他の人間との関係における「行為」の能力に源泉をもつ能力が、自然に対して向けられたとき、それによって生じる予測不能な結果は、人間関係におけるような「許し」によっては、もはや修復することはできない――もちろん、通常の「罪」と責任の観念に基づいて「謝罪」や「賠償」を要求しても、起きてしまった結果を元に戻すことができないのも同様である。本来、自然との関係において人間が行った活動、とりわけ目的意識的な活動の結果として当初の予想と意図を超えて生じた結果は、やはり仕事と制作に固有の手段によって対処されなければならない。しかしながら、何か新しいことを始めるという「行為」に源泉をもつこの能力が、自然との関係をも含めた「人間の条件」を大きく変革し始めるのが、近代という時代の特徴だった。

かくして、われわれは最終章において、近代にそうした展開をもたらしたものは何だったのか、それは人間の諸活動の構成そのものにどのような影響を与えたのかを検討することになる。

第Ⅵ章

近代の開幕と活動のヒエラルキーの転換

『人間の条件』最終章で探究されるのは、これまでの各章で述べてきた諸活動の関係の転換をもたらした近代の「世界からの疎外」の淵源である。

もとより、アレントは一元的な原因による単線的な進化・発展という見方を拒否する。ヘーゲルやマルクスのように人間の精神や労働の生産力を発展の原動力とするという立場であれ、あるいはカントが想定したように人類一般の終局目的としての永続的進歩であれ（アーレント 一九八七、八七頁参照）、そうした発展や進歩の図式をアレントは採らない。いずれにせよ、複合的な原因あるいは要素の相互連関、その具体的なあり方によって、それ以降の事象の方向が変わる、というのがアレントの見方である。[1]

1　近代の起点——三つの「出来事」（第35節）

そうした観点から見れば、近代の入口には三つの大きな「出来事」が並んでおり、それが近代の性格を決定している。第一に、アメリカの発見とそれに続く地球全体の探検。第二に、宗教改革に始まる教会と修道院の財産没収を出発点とする個人の財産の収奪と社会的富の蓄積という二重の過程。そして第三に、望遠鏡の発明、宇宙の観点から自然を見る新しい科学の成立である。これらの事件の「出来事（events）」としての性格について、アレントはこう述べている。

これらの出来事は、フランス革命以降に起こった出来事のような意味で近代的なのではない。そもそも出来事は因果関係の連鎖では説明できないものだが、それでもこれらの出来事は過去からの延長線上で起こっていて、具体的な先例や先行者を挙げることもできる。それまで表に出なかった地下の伏流が集まって突然に噴出するというような突出した性格は、これらの出来事にはないのである。(p. 248／四五五頁＝403〜404頁)

三つの出来事には、フランス革命のような何か新しいところ、近代的と呼べるようなところはなかった。これらの出来事には、それぞれ先例や先行者があって、その延長線上に起きたものだったし、その担い手となった人々、地理上の発見を成し遂げた大航海者、探検家、冒険家たち、宗教改革の起点となったマルティン・ルター(一四八三―一五四六年)、そして望遠鏡を発明したガリレオ・ガリレイ(一五六四―一六四二年)といった人々の精神態度は、いずれも前近代世界に属していた。彼らは、一七世紀以降に登場する偉大な著作家、科学者、哲学者たちのように、自分はこれまで見たことのない新たなものを発見したとか、今までにない思想を考え出したというような、新たなものに対する「奇妙なパトス」を持ち合わせていなかった。彼らは新たなものを意図して発見したわけではないし、彼らが結果としてもたらした影響は、決して彼らが意図したことではなかった。

例えば、大航海者や探検家たちが目的としたのは、世界を広げることだったが、その結果としてもたらされたものは、むしろ距離の収縮、地球上の空間そのものが小さく収縮することだった。しかも、そうした距離の収縮以前に、それを先取りするものの見方の変化がすでに生じていた。

もちろん、こうした距離の収縮過程を推進することほど、近代初期の探検家や世界周航者たちにとって無縁なものはなかった。彼らが出ていったのは地平を拡げるためであって、地球をちっぽけな球体にするためではなかった。はるか彼方からの呼び声に応えたとき、その距離を消滅させてしまおうなどという意図はまったくなかった。あとになって考えてみると、測定できれば無限ではなくなるし、調査が進めば離れていた地点が結びついて、圧倒的な距離に緊密さが取って代わるのは、すぐ分かる道理である。例えば、近代初期に作成された地図や海図は、地球上の空間すべてを手にとるように目の前にすることができる技術の到来を先取りするものだった。鉄道、蒸気船、航空機によって空間が収縮して距離が意味をもたなくなる前に、地球は人間精神の調査能力によって、はるかに効果的かつ無限に収縮していたのである。人間の精神は、数やシンボル、モデルを用いて地球上の物理的な距離を、人間の肉体の感覚が自然に理解できる間尺にまで圧縮することができる。われわれが地球を周回できるようになり、人間が住んでいる地域を数日または数時間で往来できるようになる前に、われわれは居間に地球儀を持ち込んで、手で触れたり目の前でまわしたりしていたのだ。(pp. 250-251/四五七頁＝406～407頁)

そうした物の見方の転換をもたらしたものは、いったい何か。そこで、第二の出来事――ルターに始まる宗教改革が浮かび上がる。よく知られているように、マックス・ウェーバーは「プロテスタンティズムの倫理と資本主義の精神」で、プロテスタンティズムの倫理に由来する世俗内禁欲が人々を資本主義的な蓄積に駆り立てる動機になった、と論じた。「プロローグ」で指摘した「世界からの疎外」もそこに由来するのではないか、という問いに対して、アレントはこう答えている。

マックス・ウェーバーは、この疎外現象を「世俗内禁欲」と名づけ、新しい資本家的精神を深部からもたらした源泉と見たが、これは歴史に多く見られる偶然の一致であって、そうした一致があるために、歴史家は幽霊とか悪魔とか「時代精神〔Zeitgeist〕」などというものを信じてしまうのである。まったく正反対のものに類似性があるということが、人を驚かせ、混乱させる。この世俗内的疎外は、その意図においても、内容においても、地球の発見や占有とは何の関係もないからである。しかも、マックス・ウェーバーが有名な論文で歴史的事実として証明したこの世俗内的疎外は、ルターやカルヴァンがキリスト教的信仰の非妥協的な現世拒否を再興しようとする中から生まれてきた新たな道徳精神だけでなく、農民の土地収奪というまったく別の次元にも見ることができる。それ自体は教会財産の没収による意図せざる結果だが、封建制の崩壊をもたらした独立かつ最大の要因だった。その衝撃によって駆り立てられた西洋人は、あらゆる財産を占有の過程で破壊し、あらゆる事物を生産過程で食い尽くし、絶えざる変化によって世界の安定性を掘り崩す発展過程に飛び込んでいったのである。（pp. 251-252／四五八―四五九頁＝407～408頁）

すでに第Ⅲ章で述べたように、財産没収と富の無限蓄積が公私の領域と境界の基礎としての私有財産の解体に導いた原因だとアレントは見ているが、ここではその起点を農民の土地収奪に求めている。この点で、アレントの見方はマルクスが『資本論』第一巻第七篇第二四章で論じていた「資本の本源的蓄積」についての理解と重なるが[2]、ともあれウェーバーが「倫理」論文で証明したような世俗内禁欲が主要な原動力ではない。歴史上しばしば見られる「偶然の一致」にすぎない、とアレントは言うのである。

そうした精神構造の面で「世界からの疎外」をもたらした決定的な出来事こそ、ガリレオによる望遠鏡の発明だった。

2 ガリレオによる望遠鏡の発明——アルキメデスの点の発見（第36節 その一）

ガリレオによる望遠鏡の発明という出来事のもつ「新しさ」について、アレントは次のように述べている。

> ガリレオが行ったのは、それまで誰もしたことがなかったこと、望遠鏡を使って宇宙の秘密を人間が「感覚的知覚の確実さをもって」認識できるようにしたことだった。人間の手の届かないもの、不確かな思弁や想像に頼るしかないと思われていた領域に、地球に拘束された被造物が手を伸ばし、その肉体に制約された感覚器官で捉えることができるようにしたのである。（pp. 259-260／四六八頁＝418頁）

望遠鏡によって、われわれは直接に肉眼で見ることのできない遠く離れた天体をあたかも自分の目で見ているかのように観測することができるようになった。望遠鏡は人間の肉体的感覚器官では到達できないような領域を「感覚的知覚の確実さをもって」認識することを可能にしたのである。

そうした観点から見れば、ガリレオの発見とコペルニクスの理論では意味が異なっている。コペルニクスの地動説が天体観測のデータに基づく推論にすぎなかったのに対して、ガリレオの望遠鏡はそれを観察可能な事実として提示したのである。カトリック教会がコペルニクスら天文学者たちの理論にはとりたてて反対しなかったのに、ガリレオの発見は排斥したのは、そこに理由があった。ガリレオの発見によって、人間はいわば地球の外にその視点を移し替えることになったのである。

今日われわれが物理学の分野で行っていること──通常は太陽でしか見られないエネルギー過程を解放したり、宇宙の進化の過程を試験管の中で始めようとしたり、望遠鏡の助けを借りて、二〇億光年、いや、六〇億光年の宇宙空間の果てに立ち入り、地上の自然界には未知のエネルギーを生産し、コントロールする機械を作り、原子加速装置で光速に近いスピードを得たり、自然には発見されていない元素を作ったり、宇宙の放射線を使って作り出した放射能微粒子を地球上に散布したりする等々のこと──これらはみな、地球の外にある宇宙の一点から自然を操作しているからである。もちろん、アルキメデスが立とうとした点（dos moi pou stō〔われに立つ場を与えよ〕）にわれわれが実際に立っているわけではない。われわれは依然として人間の条件によって地球に拘束されたままだ。それでも、われわれは地球の上に立って、地球の自然の内部にいながら、地球の外のアルキメデスの点から地球の自然を意のままに操作する方法を発見したのである。それが地上の自然の生命過程にもたらす危険をあえて冒してでも、われわれは地上の自然界とは疎遠な宇宙の力に地球をさらしているのだ。(p. 262／四七〇―四七一頁＝421頁)

「私に支点を与えよ、そうすれば(梃子の原理で)地球をも動かしてみせよう」とアルキメデスは述べた。ガリレオが発見したのは、まさに地球の外の「アルキメデスの点」だった。今や人間は、あたかも地球の外の「アルキメデスの点」に立っているかのように、地球の自然に手を加え始めている。地球の外にしか存在しないエネルギーを解放したり、人間を含めた地球上の生命体とその存在条件をみずからの手で操作したりし始めている。今日われわれがそれによって手にした力は、地球の自然とわれわれの生存そのものを脅かしかねないほどのものになっている。

もちろん、今何よりもわれわれの心を捉えて離さないのは、途方もなく巨大な破壊力を人間が獲得した、という事実である。われわれは地球上のすべての有機的生命を破壊することができるし、一日あれば地球そのものを破壊することもできるだろう。しかしながら、この破壊力に見合う形でわれわれが獲得した新たなものを創造する力も、それに劣らず恐ろしいし、扱いが難しい。われわれは、自然のうちには決して見出せない新しい元素を作り出し、質量とエネルギーの関係、両者がその最も深いところで同一であることを推測するだけでなく、実際に質量をエネルギーに変換し、放射線を物質に変換することができる。われわれはまた、自分で作った星を地球のまわりにめぐらせて、人工衛星という新たな天体を作り出しているし、遠くない将来には、生命の奇蹟をみずから作り出す、あるいは再生するという、これまでは自然の最も偉大で最も神聖な秘密に属するとされてきたことを実行できるようになるだろうと期待しているのだ。ここで「創造する〔create〕」という言葉をあえて用いたのは、これまでどの時代にも神だけの特権と考えられてきた事柄を、われわれが実際に行っているのを示すためである。（pp. 268-269／四七九—四八〇頁＝430～431頁）

だが、近代科学と技術のもたらす危険は、それにとどまらない。ガリレオによる望遠鏡の発明による「アルキメデスの点」の発見は、人間が地上の世界で生きていくための日常的な感覚のリアリティに対する深刻な挑戦を意味していた。

地球上の世界の住人としてのわれわれから見れば、地球を取り巻く天体が地球を中心にまわっている、というのが通常の観察と経験から得られる結論である——ただし、太陽系の星々の動きは、地球が同じく太陽を中心にめぐっているため、地上から見ると複雑な動きをする。「惑星」と呼ばれる所以である。したがって、地動説は、地上の人間の感覚からすれば、間尺に合わない仮想の理論ということになる。望遠鏡は、この地動説を人間に知覚可能な事実として提示したのである。言い換えれば、日常的な感覚経験より望遠鏡という観察器具を通した観測結果のほうが正しいことが証明されたのである。

問題は、ここにある。なるほど、近代における自然科学の勃興が人間の知識と力の飛躍的拡大をもたらしたのは確かである。近代に至る少し前までのヨーロッパ人の知識は紀元前三世紀のアルキメデスよりも貧弱なものだったが、近代科学の勃興から二〇世紀前半までの五〇年間に、それまでの歴史すべてを一緒にしても追いつかないほど重要な発見が行われるようになった。だが、それは絶望やニヒリズムを人々の間に蔓延させた。その原因は、まさにガリレオの望遠鏡が、観察器具を通した観測の確実性を証明することによって、人間の感覚の正しさに深刻な疑念を投げかけたことにある。

なるほど、われわれは観測器具によって宇宙に到達できるようになった。だが、その宇宙は、高度な技術によって制作された観測装置を通じて与えられる信号によってしか、われわれには分からない宇宙である。われわれ自身がロケットで宇宙に飛び出しても、原理的に事態は変わらない。われわれは、地球の地上の自然を擬似的に作り出した宇宙船や宇宙ステーション、宇宙服の中でしか生きることはできない。あるいは、身体そのものを地球外の環境に適応できるように改造すればよいのだろうか。仮にそうなったとしても、われわれが直接に向き合っているのは自然でも宇宙でもなく、われわれ人間が作り出した装置であって、物理学者ヴェルナー・ハイゼンベルク（一九〇一—一七六年）の言うように、つまるところわれわれ人間は自分自身に向き合っているのである——宇宙への飛翔＝逃避は同時に人間自身の内面への逃避である、というのは、まさにそうした意味なのである（p. 261／四六九—四七〇頁＝419〜420頁）。

3　近代数学と経験からの解放（第36節 その二）

地上の世界からの離脱という意味での「世界からの疎外」という近代科学の特徴を最もよく示しているのが、数学である。近代代数学の発展は、幾何学（geometry）という文字どおり地球の表面の測量のための技術から発展してきた学問から数学を解き放った。かくして、空間という制約から解放された数学によって、人間の認識能力は無限の宇宙を自由に飛びまわれるようになったのである。

　ここで注意すべきなのは、近代のはじめに人々がプラトンのように宇宙の数学的構造を信じていたということではないし、一世代あとの人々がデカルトのように精神が自分自身の形式や定式を相手にする時にのみ一定の知識は可能になると信じていたということでもない。決定的だったのは、プラトンにとって数学そのものにほかならなかった幾何学を代数学的に処理する、というまったく非プラトン的な方法である。これは地上の感覚的なデータと運動を数学的シンボルに還元しようという近代の理想を示している。この非空間的なシンボル言語がなかったら、ニュートンも天文学と物理学を単一の科学に統合すること、言い換えれば、同一の方程式が大空の天体の運動にも地上の物体の運動にも適用できるという形で重力の法則を定式化することはできなかっただろう。（p. 265／四七四―四七五頁＝425頁）

近代数学は、その抽象性ゆえに精神を否定し、制限するものと考えられてきた。死すべき存在としての人間、この地上の世界に拘束された人間をはるかに超える数学の無限性は、むしろ否定的なものとして考えられてきたのである。それが決定的に転換したのは、数学という「新しい知的道具」が「実験」という自然に対するまったく新しい接近方式へと道を開いたからである。

実験によって、人間は地球に拘束された経験の鎖から逃れて獲得した新たな自由を現実のものにした。人間は自然現象を与えられたままに観察するのではなく、自分の精神の条件のもとに、すなわち普遍的、天体物理学的な観点、地球の自然の外の宇宙の点から得た条件のもとに自然を服属させたのである。(p. 265/四七五頁=426頁)

数学を主要な知的道具として行われる実験によって、人間は地球の外の宇宙的・普遍的観点から自然そのものを統御するようになった。近代数学による地上の経験からの解放は、それまでの哲学の前提を完全に覆(くつがえ)すことになったのである。

近代の勃興とともに数学に起きた変化は、単にその内容を拡大したり、その手を伸ばして、無限に成長し、拡大する無限の宇宙に適応できるようになったりしたことではない。むしろ、数学は現象と関わらなくなった。数学は、もはや哲学の始まり、現象の中に本当の姿を現すはずの存在についての「学問」ではなく、人間の精神の構造についての科学になったのである。(p. 266/四七六頁=426〜427頁)

それまで哲学者たちは、こう考えてきた。現象の背後にある永遠なる存在は、ふつうの人間には捉えることができない。だからこそ、修練を経た哲学者は、感覚器官に頼るのではなく、「精神の眼」によって真の存在を知覚することができる、と。近代数学は、そうした哲学の根本的な想定を掘り崩した。今や数学は、真の存在に関する学としての哲学に取って代わり、人間精神の構造についての科学となる。対象としてそこに残されているのは、人間精神のパターンでしかない。近代哲学の出発点となったルネ・デカルト（一五九六―一六五〇年）は、『哲学の原理』（一六四四年）で、こう述べている。

実際、ありのままを打ち明けると、私は、物体的事物の質料としては、幾何学者たちが量と名づけて、彼らの論証の対象としているもの、すなわち、あらゆる仕方で分割され、形作られ、運動させられることのできるものよりほかには認めない。なおまた、こういう質料において、その分割・形状・運動のほかには、まったく何も考察しない。さらに、これらについて私が真として容認するのは、その真理性を疑いえないところの共通概念から、数学的論証とみなされてもよいほど、明証的に演繹される事柄だけなのである。そして、以下において明らかになるように、こうして、あらゆる自然現象は説明することができるのであるから、私は自然学の原理としては、ここに示したもの以外には、何一つ容認すべきでないし、かつまた要請すべきでもない、と考えるのである。（デカルト 一九七八、四〇七―四〇八頁）

幾何学ないし数学的な論証の明証性のみに依拠して、それ以外の感覚器官からの情報をいっさい拒否すること——これによって、デカルトは真の存在の探求から人間精神の構造の科学へと哲学を転換したのである。そうした転換をもたらしたものこそ、ガリレオによる望遠鏡の発明だった。

4 デカルトの懐疑——内面世界への逃避（第38節）

望遠鏡の発明とそれに基づく「アルキメデスの点」の発見が哲学者に与えた衝撃について、アレントは次のように述べている。

実際に物理的な世界観を変革したのは理性ではなく、望遠鏡という人間の制作した道具だった。新たな知識に人を導いたのは、観照でも、観察でも、思弁でもなく、「工作人」の積極的な介入、制作という人間の能力だった。それまで人間は、肉体と精神の眼に見えたものに忠実でありさえすれば、リアリティと真理はおのずから感覚と理性に向かってその姿を現すと信じてきたが、結局、騙されていたことになる。感覚的な真理と合理的な真理を対置して、真理の受容能力は感覚より理性のほうが優れている、とするそれまでの議論は色あせてしまった。真理もリアリティも放っておけば与えられるもの、われわれの目の前にそのままの姿で現れるものではなく、現象に介入して、現象を排除しなければ真の知識に到達することはできない、というのがこの挑戦の意味だったからである。(p. 274／四八六―四八七頁＝437～438頁)

「アルキメデスの点」の発見は、感覚や理性による真理把握の可能性に対する深刻な疑念を提起した。もしわれわれの感覚あるいは理性がみずから真理に到達することができないとすれば、われわれの肉体の目(感覚)や心の目(理性)に映るものはすべて幻影、夢のようなものではないだろうか。われわれが今見ているものが夢ではなく現実だとどうして言えるのか、という疑念である。

近代がもたらした懐疑は、伝統的な懐疑主義とは性格がまったく異なっている。われわれの前に現れる現象世界は真の存在を隠していて、われわれはその真理に到達することができない、というのが伝統的な懐疑だとすれば、われわれが今直面しているのは、現象の背後でそれを操っている存在への疑惑である。

人間がその感覚で知覚するすべては眼に見えない秘密の力によってもたらされたものであり、たとえある種の工夫や巧妙に作られた装置によって、その力を発見、というより――動物が罠にかかったり、泥棒が犯行中に捕えられたりするように――その力が活動しているところを捕捉できたとしても、われわれの世界に恐るべき影響力を行使しているこの存在の正体を暴露することなど、とうていかなわぬ幻想であって、われわれが現象から引き出した結論も妄想にすぎないからである。(pp. 276-277／四八九頁＝440頁)

なるほど、われわれが目にする現象は幻のようなものかもしれないが、その背後には確かに「秘密の力」が存在している。しかも、それは今日われわれの世界を一変させるほどの効果をもたらす力である。われわれは一定の観測装置によってその力の運動の一端を捕捉することができるけれども、その正体を突きとめることはできない。結局のところ、われわれは知ることのできない、そのような秘密の力に弄(もてあそ)ばれているのではないか——ガリレオの望遠鏡以来の近代科学によって人間にもたらされたのは、そうした根源的な疑惑だった。

「すべてを疑え」という一般的な懐疑主義にとどまらないデカルト的懐疑の深刻さは、ここにある。もしわれわれが自分の感覚や理性を信じることができないとすれば、われわれを創造し、感覚や理性を与えてくれた神がわれわれを騙していることになる。そのような存在は神というよりはむしろ悪霊ではないのか、とデカルトは問うたのである。

重要なのは、そうした懐疑によって決定的に失われたものは、われわれの能力そのものではなく、その「確かさ」だということである。

もちろん、近代になって真理やリアリティへの信頼や信仰そのものが失われたわけではないし、感覚や理性の証言を受け入れる能力も当然ながら残されていた。失われたのは、以前ならそうした証言に必ずともなっていた確かさだった。近代になって宗教が失ったのは、救済や来世への信仰そのものではなく、「救いの確かさ〔certitudo salutis〕」だったのである。すべてのプロテスタント諸国で起きたのは、こうした事態だった。カトリック教会の権威が残されているところでは、教会は近代精神の衝撃と信徒大衆とを隔てる緩衝材としての役割を果たしていたが、カトリック教会の崩壊は、伝統と結びついた権威の最後の制度的な拠り所を取り払ってしまった。確かさの喪失がもたらした直接の結果、この地上の世界における生活を長期にわたる修行期間と考え、そこでみずからの救いを確認するために善を行いたいという熱狂が沸き起こったが、それとまったく同じように、真理の確かさの喪失は誠実さに対する前例のない熱狂をもたらすことになった。(pp. 277-278／四九〇─四九一頁＝441～442頁)

マックス・ウェーバーは、プロテスタンティズムの倫理が「世俗内禁欲」を推進する決定的な動機は「救いの確かさ」だと指摘したが、まさにそうした「確かさ」の喪失がデカルト哲学を衝き動かしている根本的動機だ、とアレントは言うのである。したがって、真理や救いの「確かさ」の追求から「誠実さ」への転換こそが、デカルト的懐疑の解決の鍵となる。

「われわれの精神は物や真理の尺度ではないが、それでもなお人間の精神は、われわれが肯定したり否定したりする尺度でなければならない」というデカルトの確信は、明確に口に出しては言わないけれども、科学者なら誰もが発見していたことだった。真理などないとしても、人は誠実でありうるし、信頼できる確かなものなど存在しないとしても、人間そのものは信頼できる。もし救済があるとすれば、それは人間自身の内になければならない。懐疑がもたらした問題に解決があるとすれば、それは懐疑の中から出てくるはずだ。すべてが疑わしいとしても、疑うことそれ自体は少なくとも確かな現実である。(p. 279/四九二―四九三頁＝443〜444頁)

すべてを疑った上で最後に残るのは、私が今ものを考えている、という事実である。「われ思う、ゆえにわれあり」。自分の内部で進行している意識過程そのもの——感覚の対象ではなく感覚作用、認識対象ではなく認識作用、思考の対象ではなく思考しているという事実——は、少なくともその本人にとっては、生物学的な身体内の過程と同様に確実である。[3] そこにデカルトは依拠すべき「確実さ」の最後の拠り所を見出したのである。こうしてデカルトは、その関心を自己そのものの内部に向けることになった(pp. 279-280/四九三頁＝444頁)。

5 デカルト的内省と共通感覚の喪失(第39〜40節)

しかしながら、内省によって獲得される確実性は、どこまでいっても自己の内部にあるものの確実性にとどまり、外部の世界とそのリアリティとは無縁なままである。

デカルトは、内省という方法がもたらす確かさは私が存在することの確実性である、と考えた。言い換えれば、人は自分の確かさ、自分が存在していることの確かさを、自分自身の中、意識の働きそのものの内に有している。それは世界のリアリティを感覚や理性に与えることはできないが、感覚作用や理性による推論のリアリティ、つまり精神の中で進行している過程のリアリティには確証を与えることができる。この過程は、肉体の中で進行する生物学的過程に類似している。生物学的過程も、人が自分の肉体の中で進行しているのを意識したとき、その過程のリアリティを感じさせてくれるからである。夢もまた、夢を見ている人と夢の存在を前提にしてしまえば、意識の過程そのものは十分に現実的である。難点はただ、肉体の内部で進行している過程を意識したとしても、その肉体の形は自分自身の肉体であっても分からない、ということだけだ。人が自分の感覚作用として意識し、その感覚の一部となった感覚対象を意識したとしても、感覚作用についての意識だけでは、具体的な形状や容姿、色や構成をそなえたリアリティに到達することはできない。人が夢の中で見ている木が夢を見ている本人にとっては十分に現実的であるのと同じように、眺められた木は視覚作用にとっては十分な現実性をそなえているが、決して現実の木にはならないのである。（pp. 280-281／四九四―四九五頁＝445～446頁）

われわれにとって、外部世界のリアリティは、外部に由来する感覚的刺激を通じて得るさまざまな情報に基づいている。だが、内省においてわれわれが見出すことができるのは、外部からの刺激そのものではなく、それによって内部に生じたさまざまな感覚作用にすぎない。内省が確実に知ることができるのは、どこまでいっても感覚作用、そして推論や認識の作用でしかない。だから、純粋に内省のうちにとどまるなら、睡眠中に感覚器官に生じた感覚作用と、外部に現実に存在する事物から生じた感覚作用とを区別する術を、われわれはもたないのである。
そうした感覚作用の限界を超えて、われわれにリアリティを与えてくれるのが、さまざまな感覚作用を統合する「共通感覚」だった。

われわれが世界のリアリティを測る唯一の基準は、それがわれわれすべてに共通のものである、という一点のみである。共通感覚が政治的資質の中で高い位置を占めているのも、それが五感を全体としてリアリティに適合させる感覚だからである。視覚、聴覚、触覚、味覚、嗅覚といったわれわれの感覚は、それぞれ独立していて、それぞれの知覚に特有の情報しか与えない。これらの感覚の知覚作用を、単なる神経への刺激や肉体の抵抗感覚としてではなく、世界のリアリティを開示するものとして判別できるのは、共通感覚のおかげである。(pp. 208-209/三六七頁＝334頁)

もともと「共通感覚」というのは、人間がもっている感覚——視覚、聴覚、触覚、味覚、嗅覚のいわゆる五感を統合する上位の感覚のことを指していた。この「共通感覚」によって、人はさまざまな感覚器官を通じて受け取った情報を総合して、外部の世界と自分との関係を確立すると同時に、内部の感覚を統御して一個の人格になることができる。

したがって、「共通感覚」の形成のためには、五感を通して与えられる「世界」の情報、とりわけ他の人間から与えられる情報が決定的に重要である。そうした情報を通じて、人は他の人々との間に一定の了解事項、必ずしも明文化されない慣習や伝統を形作って、その中で生きている。「共通感覚」の英語表現である「コモン・センス」が「人々に共通する感覚」、つまり「常識」を意味する言葉として用いられているのは、ここに理由がある。

しかしながら、自己の内部の確信のみに依拠するデカルト的な理性は、われわれの個別的・私的な感覚を世界に適合させていた共通感覚を解体してしまった。われわれに残されているのは、世界との関係をもたない内的な能力でしかない。

> 今や人々が共有しているのは、世界ではなく、精神の構造である。厳密に言えば、精神の構造も共有することはできないので、推論の能力が誰でも同じであるということにすぎない。2＋2という計算問題には誰もが同じ4という答えを出す、という事実が、それ以降は常識による推論のモデルになるのである。（p. 283／四九七—四九八頁＝449頁）

今日われわれが自分たちの間で共通するとみなしているのは、数学のような論理的推論の能力である。2＋2という計算問題の答えは誰でも同じである、という事実が、そうした能力がわれわれに共通にそなわっていることの証拠となる。確かに、推理し、計算する能力は人によって違う。計算の遅い早いや正確さには差があるけれども、出てくる結論は、われわれの頭脳の構造に従って、いつでも同じでなければならない。この論理的な推論の能力、つまり一定の与件・条件から結論を導き出す能力——ホッブズが人間のもつ最高の能力と考えた、結果を計算＝予測する能力——こそが、人間を他の動物から区別する唯一の特質となる。[4] その意味において、「人間は理性的動物」であるというアリストテレスの定義が今日ほどあてはまることはなかった、とアレントは言うのである（pp. 283-284／四九八頁＝449〜450頁）。

だが、本来の意味における共通感覚＝常識の喪失がもたらすものは、われわれの日常生活における方向感覚の喪失だけではない。

われわれが現象を超えて、あらゆる感覚的経験の彼方に向かおうとするとき、すなわち、われわれの肉体的な感覚で捉えられる世界像から見れば謎に満ちていて、決してその正体を明かさず、しかもありとあらゆる現象を生み出すほど強力な存在の秘密を、器具の助けを借りて捉えようとするとき、われわれがそこに見出すのは、いつでも同じパターンの規則、極大の宇宙から極小の宇宙までの規則であり、それを器具を通して読み取っているにすぎない。森羅万象を統一する原理が再び見出されたという喜びもつかの間、今見ているのは極大の宇宙でも極小の宇宙でもなく、われわれ自身の精神のパターンにすぎないのではないか、という疑惑がわれわれを捉えて離さない。われわれの精神が器具を設計して、自分が設定した実験の条件のもとに自然を服属させる——カントの言葉で言えば、自然に対して法則を定める——にすぎないのではないか。われわれは悪霊の手のひらの上で踊らされていて、悪霊がわれわれの知識欲を唆（そそのか）しているだけであり、だからわれわれが何かを求めても、結局そこに見出すのは自分たち人間の精神のパターンにすぎないのではないか、と。（pp. 286-287／五〇一―五〇二頁＝452〜453頁）

デカルトが直面した懐疑は、今日の自然科学の最先端である現代物理学にも絶えずつきまとう疑問である。われわれが観測装置を通して見出した世界の法則は、結局のところ、われわれ自身の精神のパターンにすぎず、それはどこまでいっても夢なのではないか、あるいは何か悪霊のような存在の戯れに翻弄されているにすぎないのではないか――そうした根底的な懐疑がわれわれにもたらすものは何か。アレントはこう述べている。

それまでの時代なら、人間は自分以外のものについてリアリティをもって経験することができた。だが、今日、人がそれを望んだ瞬間、自然と宇宙〔universe〕は「その手から逃れ去ってしまう」。実験が明らかにした自然のふるまいに従って構成され、技術的に実際にその作動を確かめられる原理に基づいた宇宙というものは、人間がその感覚を通じて具体的に思い描けるものではない。問題は、人間が想像もできない何かが存在することではない。例えば「魂」のように、そのような「物」があることは知られていたし、物質的な事物を手がかりに、イメージを描けない非物質的な「物」についてもわれわれは考えてきた。だが、今や、われわれが見たり具体的に思い描いたりする物質的な事物そのものも「想像できない」ものになっている。感覚的に与えられた世界とともに、それを超越した世界もまた消滅する。概念と思考によって物質的世界を超越する可能性も消滅するのである。（p. 288／五〇三頁＝455頁）

デカルト的な内省によって、これまで共通感覚によって支えられていた「世界のリアリティ」は解体する。そこに残されているのは、自分自身の内部感覚でしかない。デカルト的内省は「アルキメデスの点」を人間精神の内部に移動させることによって、人間の「世界からの疎外」の過程を完成することになったのである。

人間は地球上の自然的制約から逃れようとして宇宙に飛翔しようとしたが、その宇宙はどこまでいっても人間自身が作り出した人工物を通して、かろうじて手が届くにすぎない。仮に人間が実際に宇宙に出ていったとしても、(地球と同じ生存の自然的条件を保証してくれるような星を見つけないかぎり)同じことである。おのれの触れることのできるもの、知ることのできるものは、おのれの作り出したものにすぎない。行き着くところは、われわれ自身との関係である。かくして、人間の自己の内部への飛翔=逃避は完了する。リアリティをもった外部の「世界」が消滅するとともに、「現実」を超越した世界の可能性も消滅する。そうしたアレントの観点からすれば、神と超越的世界を否定して生の循環に回帰せよ、というニーチェの言う「生」も、つまるところはデカルトによって始められた内省、内的感覚への逃避の終着点だった、ということになるだろう。

6　観照と活動の伝統的なヒエラルキーの解体（第41節）

デカルト的内省による共通感覚の解体こそ、これまでの章で論じてきた人間の活動力とその相互関係の変容の決定的な原因だった。ここでようやく第I章第2節末尾の問題に対する答えが与えられる。そこでは、こう述べられていた。

> 私が問題にしているのはただ、伝統的な序列における観照の圧倒的優位のために「活動的生活」内部の区別が曖昧にされてきた、ということだけである。近代になって伝統からの断絶が進み、マルクスとニーチェによって最終的にこの序列が転倒されたように見えるにもかかわらず、事情はまったく変わっていない。彼らによる哲学体系あるいは既存の諸価値の「転倒」はよく知られているが、概念の枠組みはほとんどそのまま残されているのである。(p. 17／三六頁＝31頁)

プラトンに始まる西洋政治哲学の根本的枠組みを転換しようとしたヘーゲルやマルクスが行ったのは、観照と活動の序列の逆転ではなく、観照を排除して、精神の発現としての歴史あるいは実践としての活動をそれに代えることだった。それにもかかわらず、ヘーゲルやマルクス、ニーチェも、プラトンに始まる西洋政治哲学の観照と活動という二分法に、なおとらわれている。その理由は何か。アレントはこう述べている。

この転倒の根本的な性格が明確に理解されていないのは、それがプラトン以降の西洋思想史を支配してきたもう一つの転倒となぜか混同されるからである。ギリシアの文脈に即してプラトン『国家』の洞窟の寓話を読めば、プラトンが哲学者に求める「転換〔periagōgē〕」が実はホメロスの世界秩序の転倒であることに、すぐ気づくだろう。プラトンの地下世界の「洞窟」は、ホメロスの言う「冥界〔ハデス〕」のような死後の世界ではなく、地上の人間たちが生活するふつうの世界であり、魂は肉体を抜け出して冥界をさまよう影のような存在ではなく、プラトンにとっては、むしろ肉体のほうが魂に照らされて洞窟の壁に映った影なのである。ホメロスにあっては死後に冥界をさまよう魂は感覚をもたない幽霊のような存在であるのに対して、プラトンにとっては天空の目に見えるイデアを捉えるために人間存在という洞窟から抜け出ようとしない者のほうが無感覚な存在なのだ。（p. 292／五〇八―五〇九頁＝460～461頁）

プラトンの政治哲学は、それまでのホメロス的世界観からの転換によって成立した。死後に死者が赴く地下の冥界と地上の生の世界というホメロスの対比を、プラトンは逆転する。人々が生きているのは洞窟の中の世界であり、現象というのは洞窟の壁面に映った影にすぎない。洞窟の暗闇の中に浮かぶ幻影ではなく、洞窟の外の光り輝くイデアの世界こそが真実の世界である、とプラトンは主張したのである。だが、それは本当の意味で「転倒」と呼べるようなものではなかった。アレントは『カール・マルクスと西欧政治思想の伝統』で次のように指摘している。

しかしこのホメロスの転倒は、実際にホメロスを完全にひっくり返したわけではなかった。というのは、このような操作は二分法の枠内でのみ可能なのだが、この二分法はプラトンの世界に起源があって、ホメロスの思想とは無縁だったからである。したがって、われわれがこの伝統を転倒したからといって元のホメロスの位置にたどり着けるわけではない。プラトンがそのイデア論をもっぱら政治的な関連でホメロスを転倒させた形で提起したとき、彼はこのような転倒が概念的構造それ自体によってあらかじめ決定されていて無理なく遂行できるような土台と枠組みを作り上げたのである。古代後期の哲学の発展において、キリスト教以前の世界のさまざまな学派が無類の狂信ぶりで闘争してきたが、彼らが実質的にしたことは、こうした土台や枠組みを転倒したり、二つの対立物の一方を強調することだった。そうした転倒は、プラトンが影のような現象の世界と永遠の真実のイデアの世界とを二分したことによって初めて可能になったのであり、〔魂の向け変えという〕プラトンのペリアゴーゲーはそうした転換の最初の実例となったのである。（アーレント 二〇〇二、第二草稿、第一部、一五〇―一五一頁）

そもそも、仮象と真実という二分法的思考そのものが、プラトンによって設定されたものだった。プラトンは、ホメロスの思想とは無縁な地上と冥界という二分法をみずから設定しておきながら、それを「転倒」してみせたのである。かくして、プラトン以降、西洋哲学は観念論と唯物論、超越論と内在論、実在論と名目論、快楽主義と禁欲主義など、際限のない二分法によって支配されてきた。ヘーゲルによる転倒、さらにマルクスやニーチェによるヘーゲルの転倒も、プラトンの設定した二元論の枠組みを前提として、それを再転倒したにすぎない。それに対して、近代において現実に進行した事態は、そうした知的な転倒の操作とは根本的に異なるものだった。

ここで私が問題にしようとしている転倒、ガリレオの発見がもたらした精神的な結果は、しばしばこうした伝統的な転倒の一つとして解釈され、西洋思想史の重要なひとこまとして位置づけられてきたが、それはこれまでの転倒とはまったく異なる性格のものなのである。客観的な真理は外から人間に与えられるのではなく、人間は自分が作り出した物しか知ることができないという確信は、単なる懐疑主義の産物ではなく、証明可能な発見の結果である。そこから出てくるのは、諦念ではなく、これまで以上の活動か、さもなければ絶望だ。近代哲学による世界の喪失は、内省という方法によって、自分の感覚作用そのものを感覚している内的状態を意識として取り出し、これをリアリティの唯一の拠り所としたことの結果だったが、これはかつての哲学者たちが世界と世界を共有する他者に対して抱いた懐疑とは質的に異なっている。近代の哲学者たちは、滅ぶべき偽の世界に背を向けて永遠の真理の別世界を求めるのではなく、いずれの世界にも背を向けて自分自身の内面に逃れるのである。彼らがそこに見出すのは、注視と観照の対象になるような永遠のイメージではなく、感覚的な知覚の絶えざる運動と、絶え間ない精神の活動にほかならない。(p. 293／五一〇頁＝462頁)

ガリレオによる望遠鏡の発明という「出来事」によってもたらされたものは、観照と活動の関係の転倒ではなかった。「観照」そのものは意義を喪失して、あとに残るのはヘーゲルが精神の弁証法において描いた活動的な精神そのものの運動となる。そこで実際に起こった事態は、どのようなものだったのか。アレントはこう述べている。

一七世紀に起きたこの変化は、ともすれば伝統的な観照と行為の順位の転倒として理解されるが、実際にははるかに根本的な転換だった。厳密に言えば、転倒されたのは思考と行為の関係であって、真理を眺めるという本来の観照そのものは、まったく排除されてしまった。というのも、観照と思考は同じものではないからである。それまでの伝統では、思考は、真理を眺める観照の境地に至るためのいちばん手近で重要な方法だった。プラトン――おそらくはソクラテス――の昔から、思考は人が心の中で自分自身と対話すること（プラトンの対話篇の用語で言えば eme emautō「私が私自身と」対話すること）だと考えられてきた。この内的対話が外に現れることはないし、それどころか他の活動がほぼ完全に中断されても、それ自体は非常に活動的な状態なのである。思考の外見上の不活発さは、受動的なものではない。観照において最後に真理が人間に啓示される時の受動性、完全な静寂とはまったく異なる。中世のスコラ哲学は、本来哲学というものは神学に仕える侍女でなければならないと考えていたが、この点に関してはプラトンもアリストテレスも賛成しただろう。両者ともに、その文脈は違っていたけれども、対話という形でなされる思考過程は思考や言論を超えた真理に到達するために魂を鍛える方法だと考えていた。プラトンにとって真理は「語りえぬもの〔arrhēton〕」、言葉によって伝えることのできないものであり、アリストテレスにとって真理は「ロゴス」を超えたところにあった。（p. 291／五〇七―五〇八頁＝459〜460頁）

伝統的な哲学においても、思考は真理の観照に到達するための手段として考えられていた。しかしながら、プラトンによって「観照」が前面に押し出されるに従い、内的な「対話」としての思考は閑却されていくことになる──絶対的真理の「観照」は「言葉によって伝えることのできない」存在への驚嘆だからである。中世のキリスト教哲学は、神の真理に対して理性による哲学的思考を一段低い位置に置いたが、この場合にも、問題とされていたのは「思考」と「観照」の区別と序列だった。近代は、この「観照」の優位という構図そのものを解体して、「観照」をおよそふつうの人間の営みから排除してしまった。それによって、「観照」に取って代わった「活動的生活」においては、かつて「観照」に付随するものとして位置づけられていた「思考」は、ほとんど無視されるか、あるいは他の諸活動に対して従属的な地位に置かれることになったのである。「転倒されたのは思考と行為〔doing〕の関係」だったとアレントが述べているのは、そうした事情を指している。

7　制作から過程へ（第42節）

伝統的ヒエラルキーの解体、すなわち観照の意義喪失と諸活動の転倒の結果、古代以来、人間の活動の中では低い位置に甘んじてきた制作が前面に出ることになる。ガリレオによる望遠鏡の発明に始まる近代科学の発展は、まさに道具や器具の制作に基づいていた。ただし、注意しなければならないのは、近代科学の発展そのものは、人間の生活を改善するというような実際的な動機を原動力としていたわけではなかった、ということである。第41節の冒頭で、アレントはこう述べている。

近代科学のもつ応用可能性のために、その発展は地上における人間の条件を改革し、生活をよりよくするという実用的な動機がもたらしたものだとしばしば考えられているが、歴史的な事実によれば、近代テクノロジーの起源は、道具——労働の労苦を和らげて工作物の世界を建設するという二重の目的のために人間が考案してきた道具の発展にではなく、役に立たない知識を目的とする、まったく非実用的な探求のうちにあった。例えば、時計というのは、もっぱら自然に対してある実験を行うための、きわめて「理論的」な目的のために発明された。確かに、この発明は、いったん実践上の有用性が明らかになると、人間生活のリズム全体と人間生活の様相そのものを変えてしまった。だが、発明者から見れば、これは単なる偶然にすぎない。もし私たちが人間のいわゆる実践的本能にのみ頼らなければならないとしたら、語るほどのテクノロジーは決して生まれなかっただろう。確かに、今日すでに存在している技術的発明の惰性で、ある程度までの改善は生まれたかもしれない。だが、もしわれわれが人間というものはまず第一に実践的な存在だと信じ続けるなら、技術的に条件づけられたわれわれの世界をさらに発展させることはおろか、維持することも覚束ないだろう。（p. 289／五〇四—五〇五頁＝456〜457頁）

時計は、もともとは実験的計測という生活の必要とは関係がない動機から生まれたが、これが生活のリズムと様相を変化させることになった——オートメーションも作業時間の計測と密接に関わっている。近代のテクノロジーそれ自体、実践的目的だけを動機として発展してきたのではない。そうした形で生成してきた技術に依存するわれわれの生活と世界もまた、非実践的な動機に基づく探求がなければ維持できないだろう、とアレントは言うのである。

ガリレオによる望遠鏡の発明に始まる近代科学の発展は、実用的な効用を直接に目的としない理論的な関心をその動機としていた。では、「制作」という活動を最上位に押し上げることになった理由は何だったのか。

> より決定的なのは、実験そのもののうちに制作の要素が含まれていることである。実験は、観察する現象そのものを作り出すのであり、それゆえはじめから制作の能力に依存している。人間は自分が作り出した物しか知ることができないと信じているからこそ、知識のために実験が行われる。自分が作り出したのではない物についても、それが生成してきた過程を見つけ出して模倣すれば、知ることができる。そうした信念から生まれてきたのが、科学史においてよく議論される、あるものが「何」であり、現にそうあるのは「なぜ」かという古い問題の立て方から、「いかにして」それが生じたのかという問題設定への転換だった。その答えは、実験だけが与えることができる。(p. 295／五一二―五一三頁＝465頁)

自然現象の単なる観測から実験の段階に至ると、実験や観測のための器具だけでなく、実験そのものが「制作」の様相を帯びてくることになる。実験は、一定の条件を設定した実験装置の中で、自然現象そのものを作り出そうとする。かくして、実験室の中では、自然の過程が擬似的に再現されることになったのである。

しかしながら、自然における創造としての制作の過程を実験によって再現することは、結果として、目的と手段によって制御されていた「制作」のうちに自然の「過程」を持ち込むことになる。第Ⅳ章で述べた産業革命における機械制大工業の発展で起こったのと同じ事態、生産の最終目的から過程そのものへの重点の移行が、近代科学のうちでも進行する。人間事象の領域にそうした「過程」の概念を意識的に導入した者こそ、デカルト的内省の衝撃を受けとめたイギリスの哲学者トマス・ホッブズ（一五八八―一六七九年）だった。

この過程という概念は、もともとは自然の事物の生成する過程を「制作」という形で人工的な条件のもとに模倣する実験という操作を通じて自然科学の内に侵入してきたものだが、人間事象の領域における行為の原理としても役立つし、こちらの領域のほうがはるかに有効に適用できるのである。内省によって情念の運動に見出された生命過程は、「偉大なリヴァイアサン」としての「人工人間」を創造し、そこに「自動的な」生命を吹き込むための基準や規則になりうる。確かな知識を与えると思われる唯一の方法としての内省が明らかにしたのは、絶えざる運動だった。感覚作用のあとに残るのは、感覚の対象だけである。感覚の対象は、感覚に先立ち、感覚作用とは独立に存在し続ける。情念の対象もまた、情熱的な欲望によって食い尽くされないかぎり残り続ける。思考そのものではなく思考の対象も、思考の運動を超えたところに存在する。だからこそ、近代において内省こそが唯一確実な知識を与える方法になったとき、「工作人」がその制作活動において依拠できる指針となりうるのは、外部に存在するはずの事物のイデアやモデル、形ではなく、絶えざる運動としての過程そのものなのである。(pp. 299-300／五一八頁＝470〜471頁)

ホッブズにとって重要なのは、運動＝過程としての感覚、情念、思考であって、その対象ではない。対象そのものは感覚、情念、思考の外にあり、われわれはそれに到達することはできない。ホッブズは、こう述べている。

むしろそれが教えているのは、一人の人間の思考や情念は他の人間のそれに類似している、したがって、人が自分自身の内部を深く見つめるならば、自分が例えば「思い」、「考え」、「推論し」、「希望し」、「恐怖する」時に何をしているのか、また何に基づいてそうしているのかを考察するならば、同じような場合における他のすべての人々の思考や情念を、そこから読み取り、また知ることができるということである。

私が言う「情念」の類似とは、「欲求」、「恐怖」、「希望」などあらゆる人間に同一のものであり、情念の「対象」、すなわち人が「欲しがり」、「恐れ」、「希望する」ものの類似ではない。何を情念の対象にするかについては、個々の人間の素質や受けた教育によって異なり、またそれらはきわめて容易に私たちの知識の外に置かれる。したがって、今日のように虚偽と欺瞞とごまかしと過ちに満ちた教説によって汚され混乱させられている人間の心の諸特性は、心を探究する者

だけに読み取ることができるのである。(『リヴァイアサン』序説、ホッブズ 一九七九、五四—五五頁)

欲望や情念の対象、嫌悪や恐怖の対象そのものは、人によって異なる。だから、人が何を求めるべきか、何を避けるべきかを議論しようとすれば、際限のない論争に行き着くことになるだろう——他者に対して自分を際立たせ、優位に立とうとする情念こそが、われわれを「万人の万人に対する戦争状態」へと導くのである。だが、何を欲望や恐怖といった情念の対象とするかは人によって千差万別であっても、そうした情念、欲望や嫌悪、恐怖といった自己の内部の「心の運動」そのものは、すべての人間に共通するはずである。したがって、人間の本質、その基本的性向を分析しようとする者は、まず自分の内部のそうした「心の動き」をつぶさに検討しなければならない。およそ人間についての科学は、すべての人間に共通するそうした性質に基づいて打ち立てられなければならない、とホッブズは言うのである。

かくして、ホッブズは、自己の内面へと沈潜することで、ガリレオによる「アルキメデスの点」の発見がもたらした結果を、その最後の帰結まで徹底したのである。思考や情念の分析に基づいて彼が作り上げた巨大な人造人間である「リヴァイアサン」は、個々の人間の思考や情念そのものが「死によってのみ消滅する」絶えざる運動であるのと同様に、それ自体が一個の巨大な過程となる。ホッブズは『リヴァイアサン』の序説で、神が人間を創造した「技」を模倣して人間が人間みずからを素材として作り上げる政治体「コモンウェルス」あるいは「リヴァイアサン」を、ゼンマイで動く機械仕掛けの時計に喩えているが、その動力源は心臓のように死に至るまで永久運動を繰り返すのである。その意味において、ホッブズは、自動機械のうちに自然の模倣を見出すことによって、機械制大工業において実現される近代の自己発展の論理を先取りした思想家だった。[5]

8　「工作人」の敗北と功利主義の限界（第43節）

こうして、制作の重点が目的・手段から過程に転換するとともに、「工作人」と制作の原理は退けられていくことになる。このことは「工作人」の哲学である「功利主義」の変容のうちに示されている。

> 「工作人」の自己主張が究極的に失敗したことは、その世界観の核心である効用〔utility〕の原理に欠陥があることが明らかになるや、すぐ「最大多数の最大幸福」の原理に取って代わられたことに、はっきりと示されている。(pp. 307-308／五二八頁＝481頁)

アレントのこの発言については、少しばかり注釈が必要だろう。ふつう、功利主義（utilitarianism）というのは、読んで字のごとく、事物のもつ「功利」あるいは「効用（utility）」を判断の基準とする原理だと理解されているからである。そうした事情もあって、アレント自身、この発言の少しあとにつけた原注（72）で、こう述べている。

> ベンサム自身が単純な功利主義哲学に対する不満を、のちの版に付加した注で述べている（ハフナー版、一頁）。「効用という言葉は、幸福〔*happiness*〕や至福〔*felicity*〕という言葉ほど明確には快楽〔*pleasure*〕と苦痛〔*pain*〕の観念を指し示していない」。ベンサムが問題にしたのは、効用は測定できないので「数量〔*number*〕の検討にわれわれを導かない」ということだった。計測可能な数量がなければ「善悪の基準の形成」は不可能だというのである。ベンサムが彼の言う功利の原理を明確に快楽に基づく幸福の原理にするためには、功利〔utility〕という概念を事物の使用〔usage〕から完全に切り離すことが必要だったのである（第一章第三部を参照）。功利と使用の分離は、功利主義の歴史における転換点となった。なるほど、ベンサム以前の功利主義においても、効用はまず第一に自我という主体と関連する概念だったが、ベンサムに至って初めて自己から独立した使用物の世界との関連から完全に切り離されて、功利主義は真の意味で「普遍的なエゴイズム」になったのである[6]（アレヴィ）。（p. 308, note 72／五七四頁＝518頁）

ベンサムの「功利主義（utilitarianism）」は、その名称にもかかわらず、厳密に言えば「効用（utility）」に依拠した原理ではない。すでに第Ⅳ章「仕事」において、目的に対する手段の「有効性」、「有用性」に依拠した工作人の制作の論理は「意味」を与えることができないことを明らかにした。ベンサムは、使用による「有用性」から「効用」を切断し、快楽と苦痛という基準に純化することで、このジレンマを回避しようとしたのである。ベンサムにとっては、快楽と苦痛こそが万人に共通の「測定可能」な普遍的基準になると思われたのだった。

その意味においては、使用対象である物の世界から完全に切り離された「苦痛」と「快楽」に拠り所を求めるベンサムの「功利主義」も、内的感覚作用に究極の判断の根拠を求めるデカルト的内省の延長線上にある。

「快楽と苦痛の計算」というベンサムの発明は、数学的な方法を道徳科学に取り入れたように見えるという利点のみならず、完全に内省に依拠した原理を発見したという点が大きな魅力だった。「幸福」とは快楽から苦痛を差し引いた合計である、というベンサムの原理は、自分の意識活動の意識としてのデカルトの意識と同様、自己の感覚のみに依拠して、外部の世界の対象とはまったく切り離された内部感覚である。さらに言えば、すべての人間が共有しているのは世界ではなく、計算の同一性や快楽と苦痛に影響されるという同一性のうちに現れる人間本性の共通性である、というベンサムの想定は、近代初期の哲学者たちから直接受け継いだものだった。（p. 309／五二九頁＝483頁）

ベンサムの依拠した内的感覚というのは、快楽ではなく苦痛である。快楽が何かを対象として初めて生じるのに対して、苦痛は対象なしでも純粋に内部の感覚のみに依拠して生じる経験だからである。

古代以来、多くの思想が苦痛の経験をその拠り所としてきたが、苦痛の意味についての考え方は古代と近代では基本的に異なっている。古代においては、苦痛と快楽は世界とのつながりを保証するものだった。世界に対する不信、世界が与える苦痛からの逃避が、古代における「世界からの逃避」、ストア主義やエピクロス主義、快楽主義（hedonism）と犬儒主義（cynicism）など、さまざまな変種を生み出してきたのである。それに対して、近代のそれは、ピューリタニズムであれ、感覚主義（sensualism）であれ、ベンサムの快楽主義（hedonism）であれ、すべて人間自身に対する不信、人間の感覚がリアリティを正しく受け入れることができるかという点に対する不信――デカルト的懐疑のもたらす悪夢に源泉をもつ自分自身の不確かさ――への対応だった。かくして、一八世紀から一九世紀にかけてエゴイズムのさまざまな変種が現れる中で、最終的には今一つの原理が浮かび上がる。それが「生命そのものの原理」である。

この種の学説において、苦痛と快楽、恐怖と欲望が実現するのは、幸福ではなく、個体の生命の促進、あるいは人類の生存の保障である。もし近代のエゴイズムが本当に彼らが主張するように（幸福と呼ばれる）快楽を徹底して追求するのであれば、自殺を正当なものと認めなければならないはずだ。本当の快楽主義思想であれば不可欠の自殺擁護論がないことからしてすでに、これらの思想が実際には生の哲学を無批判に受け入れた俗流の議論にすぎないことは明らかである。すべてのものを計る最高の基準は結局のところ生命そのものであり、個人の幸福も人類の幸福も、個体の生命あるいは種としての人類の生命と同じものだとされる。そこでは、生命、生きていることこそが最高の善であることが自明のこととされているのである。(pp. 311-312／五三二―五三三頁＝486～487頁)

個体の生命、さらには種の生命を最高善とする考え方の背景には、制作の経験を基礎とする力学的・機械的自然観から、生命の成長や進化をモデルとする有機的自然観への転換があった。そうした転換をもたらしたものは、ダーウィンの『種の起源』(一八五九年)に代表されるような生物進化論の考え方が一般的に普及したことや、フランス革命以来の政治的・社会的変化の影響――ヘーゲルの歴史哲学は、その表現である――だけではない。すでに述べたように、ガリレオによる望遠鏡の発明は制作の優位をもたらしたが、そこには自然の過程を模倣し、創造するという「過程」の側面が含まれていた。「アルキメデスの点」の発見を受けて伝統的な形而上学を根本的に転換したデカルトの内省は、それをさらに推し進める。制作の論理による実験とデカルト的な内省という二つの方法は一七世紀には並存していたが、やがて後者が勝利を収めることになる。

内省が空虚な自己意識以上のものを見出さなければならないとすれば、それが触れることのできる唯一の対象は、なるほど生物学的な過程以外にはない。自己観察によって接近できるこの生物学的な生命は同時に人間と自然の物質代謝の過程でもあるのだから、内省はもはやリアリティなき意識の迷路で途方に暮れる必要はなく、人間の中に――人間の精神ではなく、人間の身体的過程の中に――人間を再び外部の世界と結びつける外部の物質を見出すことができる。人間の精神に内在している主体と客体の分裂、「思考するもの〔res cogitans〕」としての人間とそれを取り巻く世界の「延長をもつもの〔res extensae〕」というデカルト的な対置においては回復不能だった主体と客体の分裂は、生きた有機体、外部の物質を取り入れて消費することで初めて生き残ることのできる生命有機体においては、まったく消滅する。(p. 312／五三四頁＝487～488頁)

すでに述べたように、デカルトの内省を受けて、ホッブズはそこに思考や情念の過程を見出した。内省の方法がそこに何らかのリアリティを求めるなら、それは自然と人間の物質代謝という生命の過程以外にない。そのような意味において、有機的生命を基盤とする「生の哲学」の興隆は、デカルト的内省がもたらした「自己への逃避」の帰結だった。右の引用の末尾につけた原注(76)で、アレントはこう述べている。

近代の生の哲学の最大の代表者は、マルクスとニーチェとベルクソンである。彼らは三人とも生命と存在を同一視しているからだ。彼らがそこで用いるのは内省である。事実、生命こそが自分自身の中を覗くだけで知ることのできる唯一の「存在」なのだ。この三人が近代初期の哲学者たちと違うのは、生命を意識よりも活動的で生産的なものと考えた点である。意識は、観照や古い真理の理想に依然として結びついたままであるように見えた。近代哲学のこの最後の段階を一言で言い表せば、哲学に対する哲学者たちの反逆ということになるだろう。キルケゴールに始まって実存主義に終わるこの反逆は、観照に反対して活動を強調しているように見えるからである。

しかしながら、よく調べてみると、これらの哲学者の誰一人として、活動そのものに関心をもっていない。世界とは無縁で内面のみに集中したキルケゴールはここでは措くとして、ニーチェとベルクソンは、活動を制作の観点から――「知あるヒト〔homo sapiens〕」ではなく「工作人〔homo faber〕」の観点から――描いている。ちょうどマルクスが活動を制作の観点から考え、労働を仕事の観点から描いているように。彼らの究極的な準拠点が仕事や世界性でないことは、行為と同様である。彼らが依拠しているのは生命であり、生命の繁殖力なのである。(p. 313, note 76／五七五―五七六頁＝519頁)

活動に対する観照の優位というプラトン以来の西洋政治哲学＝形而上学を転倒しようとしたヘーゲルの課題を引き受けたマルクスとニーチェが行き着いたのは、生という人間の自然的存在条件だった。しかしながら、マルクスは人間の生命過程に根ざした労働を、もっぱら道具を用いるという「制作」の観点から捉えていたし、この点はニーチェも同様だった。彼らは「制作」と「労働」という活動内部の区別に十分な注意を払っておらず、「観照的生活」と「活動的生活」という伝統的なヒエラルキーの枠内にとどまっている。アレントが「労働」、「仕事」、そして「行為」という人間の諸活動の区別と関連に焦点をあてた理由は、ここにあった。

9　労働と生命の勝利――キリスト教と近代（第44節）

ただし、デカルトの内省がただちに「生命そのものの原理」の優位をもたらしたわけではない。デカルト的内省が哲学的思索の自律的な展開の中から生み出されたものではなく、ガリレオの望遠鏡による発見という「出来事」の結果だったように、「生命原理」の勝利もまた、デカルト的内省の方法それ自体がもたらした結果ではない。そこには、古代ローマ帝国の崩壊によって支配的になったキリスト教信仰という今一つの背景が存在する。

キリスト教は、政治体としてのポリスの「不死」に対する信仰に代えて、キリストの再臨のあとに到来する人間とこの世界の復活を説いた。そのことが、プラトンに始まる西洋政治哲学における「観照」の優位と相俟って、「不死」から「永遠」へと時間の観念を大きく転換させたのである。それは、古代ギリシアにおいて典型的だったような政治体としてのポリスの「不死」から、種としての人間とそれを構成する個体の生命の「永遠」への転換だった。キリスト教が生命の神聖性を強調したことで、人間諸活動の区別と序列に大きな転換と変容がもたらされる。

キリスト教が生命の神聖さを強調したことで、古代における「活動的生活」内部の明確な区別が取り払われ、労働、仕事、行為はみな、現在の生活の必要性に従属するものとなった。それとともに、労働、つまり生物学的な過程を維持するために必要ないっさいの活動が、古代に受けていた軽蔑から、ある程度まで解放されるようになったのである。古代において奴隷が嫌悪されたのは、彼らが生活の必要性にのみ仕えて、何としても生きていたいと望んで主人の強制に服していたからだが、奴隷に対するそうした軽蔑も、キリスト教の時代には存続できなくなった。もはやプラトンのように、奴隷は自殺もせず主人に服従している、と軽蔑することはできない。いかなる状況に置かれても、生き続けることは聖なる義務となり、自殺は殺人より悪いものとみなされるようになった。キリスト教によって埋葬を拒否されたのは、殺人者ではなく、みずからの命を絶つ者だったのである。(p. 316／五三八頁＝492頁)

創造主たる神によって与えられた生命は等しく神聖であるとするキリスト教の観念は、生命の必然性、生活の必要性に従属するものとして蔑視されていた労働を、すべての活動の最上位に押し上げることになった。その意味では、マルクスの労働概念も、あるいはニーチェの「生の哲学」も――それぞれの立場からキリスト教に対して手厳しい批判者だったにもかかわらず――、キリスト教による生命の勝利の延長線上にある、と言うことができるだろう。

もとより、キリスト教における生命の神聖視が、ただちに労働の優位をもたらしたわけではない。生に対する評価という点では、すでにユダヤ教が、労働や出産の苦しみに対する軽蔑、安楽な生活への憧憬、自殺の肯定といった古代の異教とは異なる態度を示していた。キリスト教は、そうしたヘブライの遺産を継承して、キリストの再臨のあとに復活する個体の生命の永遠を説いたが、そこからはただちに労働と勤労の賛美は出てこなかった。キリスト教が労働の哲学を発展させることができなかったのは、すべての「活動的生活」に対する「観照的生活」の優位という古代の枠組みの上に立っていたためである(pp. 315-318／五三七―五四〇頁＝491～494頁)。

「観照的生活」と「活動的生活」の序列を転覆して、キリスト教信仰の中に含まれていた「生命の神聖視」が重要な歴史的意味をもつようになったのは、ガリレオによる「アルキメデスの点」の発見と連動することによってである。

キリスト教の勃興以前にアルキメデスの点が発見されていたらどうなっていたか分からないのと同じように、ルネサンスの偉大な覚醒運動がアルキメデスの点の発見によって中断されていなかったら、キリスト教がどのような運命をたどることになったか、今となっては確かめることはできない。ガリレオの発見以前には、あらゆる可能性がまだ開かれているように見えた。例えば、ガリレオよりおよそ一〇〇年前のレオナルド・ダ・ヴィンチの時代に戻ってみれば、いずれは技術革命が起こって人文学の発展を圧倒しただろう、と容易に想像できる。それによって、空を飛ぶという、人類がはるか昔から抱き続けてきた夢は実現できたかもしれない。だが、そうした技術の発展と飛翔が宇宙にまで手を伸ばすことはなかっただろう。地上の世界を一つの球体に統合することまではできたかもしれないが、物質をエネルギーに転換することや、装置を通してしか見ることのできないミクロの世界への冒険が行われることはなかっただろう。ただ一つ確かに言えるのは、観照と活動の関係の転倒が、それより前にキリスト教によって行われていた生命と世界の関係の逆転と重なり合ったことが、今われわれが生きている近代の発展の起点になった、ということである。それまで「活動的生活」が拠り所にしてきた「観照的生活」が意義を失って初めて、「活動的生活」は文字どおり活動的な生活となった。そして、この活動的な生活に残された唯一の拠り所が生命活動そのものだったからこそ、労働による人間と自然の物質代謝の過程は、あたかも繁殖力ある生命過程のように、すべてを呑み込んでいくことになったのである。（pp. 319-320／五四一—五四二頁＝496〜497頁）

キリスト教による生命の神聖視があって初めて、ガリレオによる「アルキメデスの点」の発見はあのような結果をもたらしたのだ、とアレントは言うのである。その意味において、近代における転倒をもたらしたのは、キリスト教信仰という精神的土壌と、望遠鏡の発明という出来事との歴史的な出会いだったのである。

10　展　望——「労働する動物」の勝利と行為の行方（第45節）

かくして、ガリレオによる「アルキメデスの点」の発見がもたらした「観照」と「活動」の関係の根本的転倒——「観照的生活」の事実上の消滅——が、それ以前にキリスト教によって行われていた生命の重視——「生命」と「世界」の関係の逆転——と重なり合うことによって、「活動的生活」の中から「労働」が前面に躍り出ることになったのである。

もっとも、「労働する動物」の全面的な勝利は、デカルトの懐疑がもたらした近代の信仰喪失によって、キリスト教が説いた個人の生命の永遠に対する信仰が失われた時に初めて完成する。個人の生命から「不死」が失われ、人間が再び「死すべき存在」となったとき、唯一潜在的に「不死なるもの」として残されたのは、人類という種の生命過程だった。マルクスの言う全面的に「社会化された人間」においては、個人とその活動は自然の生命過程に従属する。すべての活動は「人間と自然の物質代謝」の循環、労働と消費の再生産の巨大なサイクルの中に呑み込まれる。人間は、生命再生産の要求に従って、画一的に行動する。人間の行為を「行為」ではなく「行動」として一律に捉える「社会科学」の有効性は、まさにそうした事態に基づいていたのである。そこでは、それまで人間に特有の活動、人間を人間たらしめているものとされていた、さまざまな活動とその経験そのものが失われる危険がある。

近代世界とそれ以前の世界を比較するなら、そこに示されている驚くべき事実は、発展にともなって起こった人間の経験そのものの喪失である。単に観照がまったく意味をもたなくなっただけではないし、それが主要なことでもない。観照と区別される思考という活動も、それが「結果を計算に入れる」ものとされたとき、頭脳という肉体の一機能に成り下がってしまった。そうした機能なら、電子計算機のほうが、われわれの頭脳よりはるかにうまく遂行できる。行為はすぐに制作の観点から理解されるようになり、現在ももっぱら制作として理解されている。そして、制作は、世界の事物にのみ向けられて直接に生命には関わらないその性格から、今や別種の労働の形態として、非常に複雑だが、それ自体としては神秘的なところはない生命過程の一機能として位置づけられているのである。（pp. 321-322／五四五頁＝499頁）

今や、すべての活動は「労働」に従属するもの、生活のための活動とみなされるようになった。しかも、その「労働」そのものも——まさに人間特有の「創意工夫」の能力を発揮した結果として——さまざまな技術革新によって、それにともなう苦痛や困難が大幅に和らげられる。直接に物を生産する労働作業だけでなく、「消費」、すなわち生命維持に必要な活動、食事という栄養摂取から始まり、呼吸、排泄、排便に至る身体機能に対する補助、その他の肉体的・精神的ケア等々にともなう苦痛や負担は大幅に取り除かれている。これまで人類が生きるために行ってきた「労働」と比べれば、それを「労働」と呼ぶことさえ傲慢と言えるくらいに。おそらく、そうした苦痛や危険がいちばん残っているのは、種の再生産のための性交と出産、そして自立途上の子供の育成だろうか。ともあれ、そうしたテクノロジーの進歩によって「労働」の苦痛さえ大幅に除去された人類は、「歴史上いまだかつてないような致命的で不毛な受動性」に陥る危険に直面している、とアレントは言うのである。

もとより、人類が「労働する動物」に退化するというのは、人間が動物的な本能に従う存在に回帰するということではない。仕事＝制作過程のところで明らかにしたように（第19、20節および第42節）、近代科学とテクノロジーは自然に介入すると同時に、そこでの制作の過程を擬似的な自然過程に転化する。テクノロジーによる自然過程そのものの模倣は、さらに人間の身体とその周辺にまで及んでいくだろう。

ある科学者が少し前に述べたように、現代のモータリゼーションは人間が鋼鉄の甲羅で身体を覆い始めるという生物学的突然変異の過程のように見える。宇宙から観察すれば、この突然変異は、われわれが顕微鏡を通して見るウイルスという微細な有機体が抗生物質の投与に抵抗して新しい株を生み出している過程と、神秘性において変わるところはない。アルキメデスの点の自分自身への適用がいかに根深いものであるかをよく示しているのが、科学的な思考を支配している隠喩である。現代の自然科学は、原子の「生命」について語っている。観測者の目には、すべての分子はあたかも欲するまま「自由」に行動しているように見える。これらの分子の運動は統計学的な法則に従っているが、それは現代の社会科学者が人間の行動を支配しているとする法則とまったく同じで、個々の分子が選択の「自由」をもっているように見えたとしても、集積された多数はそうした法則に従って行動〔behave〕しなければならない。言い換えれば、無限に小さな分子の行動が、太陽系の行動パターンと観測の上では類似しているだけでなく、人間社会の行動パターンとも類似している理由は、われわれが自分自身の存在から切り離されてしまっているからなのだ。われわれは微小な分子や巨大な宇宙に対するのと同じように自分自身から遠く離れたところに立っており、それを最新鋭の装置を用いて観測することはできるけれども、実際に経験することはできないのである。（pp. 322-323／五四七頁＝501～502頁）

地球の外から見れば、自動車に乗って人間が移動するさまは、あたかも動物が機械の外被をまとって行動し始めたように見えるだろう、というのは物理学者ハイゼンベルクの指摘[7]だが、無機物から成る機械体系による自己の身体の拡張は、すでにマルクス自身が道具を使用する人間の本質として指摘していたことである。マルクスは『資本論』第一巻で、こう述べていた。

労働手段は、労働者が自己と労働対象との間に置き、この対象に対する彼の活動の導体として彼に役立つ物または諸物の複合体である。労働者は、物の機械的、物理的、化学的諸属性を利用して、それらを彼の目的に応じて、他の物に及ぼす力の手段として作用させる。労働者が直接に支配する対象は――彼自身の肉体諸器官のみが労働手段として役立つ完成生活手段の獲得、たとえば果実のそれのようなものを別として――労働対象ではなく、労働手段である。かくて自然的なものそれ自体が、彼の活動の器官となる。聖書の言葉にもかかわらず、彼が自身の肉体諸器官に付加して彼の自然の姿〔「身の丈云々」。マタイ伝六章二七節。――訳者〕を延長する器官となる。土地は、彼の本源的な生活必要品倉庫であると同様に、彼の労働手段の本源的な武器庫でもある。（第一巻第三篇「絶対的剰余価値の生産」、第五章「労働過程と価値増殖過程」、第一節「労働過程」、マルクス 一九六九―七〇、(2)一二頁）

アレントがハイゼンベルクを引用しながら述べている身体の機械化、機械の身体化も、マルクスの言う「労働手段の拡張」の延長線上にあると言えるだろう。その意味では、道具による身体の拡張は、すでに人間が体毛の代わりに衣をまとった時に始まったと言うこともできる。人工的な制作物による身体の拡張あるいは代替は、今日では無機的な機械や器具だけでなく、さらには有機的な素材による代替的身体や自然環境の模倣に取って代わられるかもしれない。バイオ技術や遺伝子技術の進展は、そういうところまで来ている。あるいはまた、情報技術の進展によって人工的身体や頭脳を仮想のサイバー空間に置き換える可能性も出てくるだろう。アレントがこの文章を書いた時点ではテクノロジーはまだそこまで進展していなかったけれども、原理的には、それはわれわれが地球の外の「アルキメデスの点」に立って、自分自身を自然的な生命過程として観察するようになったことの結果なのである。

すでにわれわれは、無限小の分子の世界やウイルスの世界、あるいは無限大の宇宙に器具・道具を通じて対しているのと同じように、われわれ自身の存在を扱うことに慣れ始めている。それは、単に観察器具を通して見ているというにとどまらず、われわれ自身をそのような存在に仕立て始めているということではないのか――これが「プロローグ」におけるアレントの問題提起だった。

そうした形で変容された地球とその自然における「人間の条件」のもとで、われわれ人間は、なおも宇宙空間やサイバー空間に飛翔しようとしている――これは「内面」への逃避でもある。もちろん、それは近代人が物を作るという制作の能力を失い始めているということではない。なるほど、そうした本来の制作は芸術家の営みに限定されてきていて、制作にともなう「世界」を経験することは、ふつうの人間の経験の領域からは失われつつある。だが、今日の人間の生活は、実際に何かを作り出すという「制作」の営みなしでは――その意味や態様がいかに変質しようとも――立ちゆかなくなるだろう。では、「行為」はいったいどうなるのか。アレントは、こう述べている。

同様に、行為の能力も、少なくとも過程を解放するという意味では、われわれにまだ残されている。ただし、そうした活動はもっぱら科学者の特権になってしまっており、彼らは人間が関わる事象の領域を拡大して、それまで自然と人間の世界との間に存在して、それぞれを保護していた境界線を消滅させてしまった。ほんの数世紀の間に人知れず静かな実験室の中で成し遂げられた業績を見れば、政治家と言われる者たちが日々の行政や外交でしていることより、科学者たちの動向のほうがはるかに報道する価値があり、政治的にも重要だと言われるのも、当然のように思われる。科学者というのは、社会の中で最も現実に疎く、非政治的な人間だと世間一般では考えられてきた。その彼らこそ、いかに行為するか、いかに共同して行為するかをいまだに心得ている最後の人々だ、というのは確かに皮肉なことではある。一七世紀に自然科学者たちは自然を征服するために組織を作って、自分たちを規律する道徳的規準と名誉法典を生み出していったが、彼らの組織は激変する近代の時代の流れに耐えて生き残ったばかりか、歴史上、最も潜在力を秘めた権力を生み出す集団の一つになったのである。(pp. 323-324/五四八頁=502〜503頁)

近代科学の勃興を担ってきたのは、科学者の組織だった。中世の大学に取って代わって科学の担い手となった学会と王立アカデミーは、実験によって自然から秘密を取り出す中心的な役割を果たしたのである。自然に対する彼らの探究は、器具を用いた実験に基づく仮説の検証であり――その意味において「理論」でも「観照」でもない「実践的」な営みだった。そうした営みにふさわしく、彼らの探究活動は――知的な「誠実さ」に基づいた――組織的なものでなければならない(p. 278/四九一頁=442〜443頁)。アレントは、本章の原注(26)で、こう述べていた。

組織というものは、たとえそれが政治活動をしないとか、政治家にはならないと誓った科学者たちのものであっても、常に一つの政治的な制度である。人が自分たちを組織するとき、それは行為するため、権力を獲得するためなのである。科学者が団体をなして共同作業〔teamwork〕をするとき、それは純粋な科学の営みではない。その目的が、社会に働きかけて、そこに会員たちの地位を確保するためであれ、はたまた――自然科学における組織的研究の大部分はそうだったし、今なおそうなのだが――協力して自然を征服するためであれ、変わりはない。「科学の時代が組織の時代に発展したのは偶然ではない。組織された思考こそが、組織された行為の基礎である」とかつてホワイトヘッドは述べたが〔『教育の目的』〕、その理由は、しばしば考えられているように思考が行為の基礎だからではなく、むしろ近代科学そのものが「組織された思考」となって、思考の中に行為の要素を持ち込んだからである。(p. 271, note 26／五五九頁＝509～510頁)

ここでの科学者の「共同作業」は、もちろんアレントの定義する「分業」に基づく労働集団のそれではない。科学は、自然をみずからの意図のもとに統御するために、その営みの中に専門に基づく「協業」という形の共同作業を持ち込んでいる。その意味において、科学者こそが人と人を結びつけ、組織する「行為」の担い手になっている、とアレントは言うのである。[8]

ただし、「アルキメデスの点」の発見に始まる実験と検証に基づく近代科学の営みが基本的には「認識」だとするならば、近代科学と科学者集団の活動が本当の意味で「思考の組織化」と呼ぶにふさわしいものになっているかどうかは問題だろう。先の引用に続けて、アレントはこう述べている。

しかしながら、科学者たちのこの行為は、宇宙の観点から自然に対してなされるものであって、人間関係の網の目の中で行われるものではないため、自分自身の正体を明らかにするという行為本来の性質を欠いている。自然に対してなされる彼らの行為は、物語を生み出すことができないので、歴史になることもない。みずからを明らかにするこの性質と、歴史を生み出す能力の二つが相俟って、人間存在に意味を与え、それを光で照らすのである。人間の実存の上で最も重要なこの点に関しても、行為は、やはり少数の特権的な者だけが経験できる営みになっている。行為することの意味をまだ知っているこれら少数の者の数は、芸術家の数よりさらに少ない。それは、純粋に世界を経験し、本当に世界を愛する芸術家よりも稀な経験なのである。(p. 324／五四八―五四九頁＝503頁)

自然に対する彼ら科学者の探究は「認識」、そして「仕事」＝制作の範疇に属するものであって(第23節)――その対象が人間の内なる自然や、複数の人間がもたらす自然現象としての「行動」であっても同じである――、そこには人間の網の目の中で営まれる「行為」にそなわっているはずの特質、その人の「正体(Who)」を現すこと、そしてそれを他者が語るという側面が欠落している。そうした自己開示と「物語」を通じて、初めて人間は自分の存在に「意味」――有用性ではなく――を与えることができる。近代科学とその担い手には、それが決定的に欠落しているのである。

近代は、人間の長い間の夢だった地上の世界からの飛翔を実現した。人間は、地球の自然という人間の生物学的条件を超えて宇宙に飛び出すことができるようになっただけでなく、今や地球の外側に立って、地球の自然と自分自身をも大きく変化させせようとしている。

問題は、そうした発展が何らかの単一の原動力とそれに基づく法則的な発展——マルクスの言う労働とそれに基づく生産力であれ、あるいはヘーゲルの言う人間精神の弁証法的発展による歴史の展開であれ——などではなく、人間の諸活動、とりわけ「行為」の特質に根ざしているところにある。人間が人間として生み出されたその初発の時点から、人間は何か「新たなこと」を始める能力を授けられている。[9]アウグスティヌスが捉えた人間のこの特質こそ、予測不能な出来事の連鎖としての歴史をもたらしてきた——単一ではないが——主要な要因だった。だが、今や「行為」は、その本来の領域、人間と人間の間の「公共空間」における営みだけでなく、まさに自然と人間の物質代謝とそこに介在する技術——「仕事」と「制作」の領域——に大きな影響をもたらしている。自然との関係において発揮される人間の「創意」は、制作という自然に対して、一面では破壊的な営みを介して、もはや取り返しのつかない結果をもたらしている。

こうした問題に対する直接的な処方箋をアレントは与えているわけではない。「労働」、「仕事」、「行為」の領域とそれぞれの関係が変化してきている現在、しかもそれが人間の活動とそれによってもたらされた「出来事」の連鎖による以上、どこか単一の活動領域を称揚したり否定したりすることによって問題を解決することはできない。『人間の条件』におけるアレントの議論が「行為」と「政治」の単純な賛美でないのは、そのためである。その上でなお言えることがあるとすれば、アレントにとって、そうした解決あるいは新たな展望は、予測不能な「新たなこと」を始める人間の能力、「行為」のあり方にかかっている、ということである。

もとより「行為」は万能の特効薬ではない。「行為」の意味は、それを他者が語ることによって初めて明らかになる。そして、この物語や歴史の源泉となるものこそが「思考」だった。まさに人間のさまざまな営みに「意味」を与え、「世界」とその継続性の拠り所を与えるものこそが「思考」——特定の目的のためになされる「認識」とは区別された人間の絶えざる営みとしての「思考」なのである。

かくして、『人間の条件』の続編である未完の作品『精神の生活』は、「労働」、「仕事」、「行為」の検討のあとに残された最後の「活動」としての「思考」で始まることになる。

注

［はじめに］

1　ただし、厳密に言えば、天然原子炉の存在が示すように、地球上の自然において核分裂がまったく起こらないわけではない。他方で、火もまた、火災などの自然現象としては稀な事例であった。その意味では、人間による火の使用は、日常的には存在しない自然エネルギーの意識的統御の試みとして、核エネルギーの利用に向かう第一歩だったと言うこともできるだろう。原子力がしばしば「プロメテウスの火」と類比される所以である。

2　原語はjobだが、文脈上では「労働（labor）」であろう。ドイツ語版では、こう述べている。「共和国の大統領や大国の国王や首相でさえも自分たちのしていることを、社会の存続のために必要な労働〔Arbeit〕であり、彼らの公務は他の者たちがしているのと同様の職業〔Job〕だと考えている」（*Vita activa*, S. 13／八頁）。

［序　章］

1　巻末「謝辞」にもあるように、『人間の条件』は一九五六年四月にシカゴ大学で行われた講義を基にしているが、アレントはその前にいくつかの大学で講義をしている。一九五三年九月二一日付および一一月一五日付のヤスパース宛書簡によれば、同年一〇月からプリンストンで連続講義、さらに一一月にニューヨークで二回、一二月にハーヴァードで一回の講義を予定している（Arendt und Jaspers 1985, S. 264, 266／(1)二六五、二六八頁）。主にプリンストン大学の講義のために準備されたと見られる草稿「カール・マルクスと西欧政治思想の伝統」（アーレント二〇〇二）が残されている。

2　アレントにとってsolitudeとlonelinessの区別は重要だが、訳語が必ずしも統一されていないので、注意する必要がある。大衆社会においてバラバラになった個人、全体主義において孤立（isolation）させられた個人の状態は

「孤独〔lonely〕」である。「孤立〔isolation〕が生活の政治的な領域にのみ関わるのに対して、孤独〔loneliness〕は人間生活の全体に関わる。確かに全体主義的統治は、あらゆる専制と同様、政治的な生活の領域を破壊し、人々を孤立させて彼らの政治的能力を破壊しなければ存立しえない。だが全体主義的支配が統治形態として新しいところは、それが人々を孤立させるだけでは満足せずに、彼らの私生活をも破壊することにある。全体主義的支配は人間がもつ最も根本的で最も絶望的な経験の一つである孤独〔loneliness〕の上に、つまり自分がこの世界にまったく属していないという経験の上に成り立っているのである」(アーレント 一九七四、三二〇頁)。

これに対して「思考」を可能にするのは、一人でいることとしてのsolitudeである。ここでは、志水訳の訳語「独居」を用いる。ただし、志水訳では制作者=職人が仕事を行う際のisolationにも「独居」をあてているが、こちらは「孤立」とした。

【第Ⅰ章】

1 アレントは、ギリシアとローマの相違に随所で言及している。氏族・門閥貴族の連合体から平民を包摂する形で民主化を徹底したアテナイに対して、ローマの場合、両者の対抗は元老院と民会という政治体の構成に定着し、そこから「権威」と「権力」という政治制度の構成にとって重要な要素が成立する。また、征服した都市の市民は殺傷するか奴隷にし、同盟した都市もあくまでも目下の存在にとどまったギリシアとは異なり、ローマは市民権の拡大という形で征服した諸都市を包摂していく。こうして成立したローマ帝国がキリスト教を受容したのちに東西に分裂して、西ローマ帝国が崩壊する。ひとりローマに残されたカトリック教会は、ゲルマン民族を中心とした世俗権力との関係を再構築しなければならなくなったのである。ギリシアとローマの相違は西洋の政治制度への継承の上で重要な意味をもつことになる(牧野 二〇一八を参照)。

2 「古代の都市国家の消滅とともに「活動的生活」という言葉は、その固有の政治的な意味を失った——おそらくアウグスティヌスは、かつて市民であることが何を意味していたかを少なくとも理解していた最後の人だった」(p.

14／三三頁＝27〜28頁）。志水訳は、原文の the last を「最も知っていそうにない」ととって「知らなかった」と逆の意味に訳している。

［第Ⅱ章］

1 アレントが『人間の条件』でアリストテレスに言及する際には必ず原典の参照箇所が明記されているが、ここだけは例外で、フュステル・ド・クーランジュ『古代都市』が参照指示されている（第Ⅱ章の原注（6）で英訳本（Fustel de Coulanges 1956）を指示している）。アリストテレスの『政治学』自体でも、ポリスの創設そのものに関連すると思われる第一巻にはクレイステネスの改革についての言及はなく、第六巻第四章で初めて次のような指摘がなされている。「しかしなお、この種の民主制にとって有用なものとしては、またクレイステネスがアテナイで、またキュレネで民主制を確立した人々が民主制を生長させようと思って、用いたような方策がある。すなわち、今までのとは違った部族や胞族がもっとたくさん作られねばならない、また私的な祭祀が僅かな公共の祭祀に統合されねばならない、つまり、凡ての人々が互いにできるだけ混合され、以前の団結が解体されるように、あらゆることが工夫されねばならないのである」（一三一九b二〇、アリストテレス 一九六一、二九四頁）。本文で引用した『アテナイ人の国制』での言及は、その具体的な内容を示すものである。

2 この相互に通婚を禁止している氏族集団をモルガンは胞族（フラトリー）と呼んでいるが、これは古代ギリシアの phratria から採った用語である。モルガンは、古代ギリシアの氏族組織、ゲノス（genos）、フラトリア、そして部族（phyle）という用語と編成を手がかりに、アメリカ・インディアンの部族・氏族組織を分析している（モルガン 一九五八―六一、（上）一二九頁）。

3 ヨーロッパの文明に大きな影響を与えることになったヘブライ、ギリシア、ローマは、とりわけ家父長の権限の強い家共同体を特徴としていた、とモルガンは見ている。そのギリシア、ローマなどの古典文献を批判的に分析しながら、それとは異なる母権の系譜を摘出しようとしたのが、エンゲルスがこの書物で注目する今一つの著作である

4 ヨハン・ヤーコプ・バッハオーフェン（一八一五―八七年）の『母権論』（一八六一年）である。

モルガンも次のように論じている。「政治的社会あるいは国家を氏族の上に打ち立てることは不可能である。国家が依拠するのは領土であって人ではない。その基礎となるのは政治制度の単位としての市区であって、社会制度の単位である氏族ではないのである。このような根本的な制度の変革のためには、時間と、そして膨大な経験とを必要としたのであって、それはアメリカ・インディアン部族の手の届くようなものではなかった。文明国民が現在その下で生活しているような統治組織の新しい計画を案出して、徐々に採用していくためには、ギリシア人やローマ人のような精神能力と、そして祖先から連綿として受け継がれた経験を必要としたのである」（モルガン 一九五八―六一、(上)一六八頁）。

5 原始集団婚の仮説やその上に立つ母権制あるいは母系優位論は別として、氏族的な血縁的ないし疑似血縁的な組織原理から地域的な単位への編成替えを本来の政治団体の成立の指標と見て、その典型を古代ギリシアの都市共同体、とりわけアテナイにおける民主政ポリスの成立に求めるという点では、マックス・ウェーバー（一八六四―一九二〇年）も同様の見方をとっている。「貴族でない者〔平民〕の全面的ないし部分的勝利は古代世界全体にわたって政治団体とその行政の構造に次のような重要な結果をもたらすことになった。第一に、それは政治団体がますますアンシュタルト的なものになるということを意味していた。それはまず地域ゲマインデの原則の貫徹となって現れる。中世ではすでに門閥支配の時代に都市市民大衆の都市区域への区分が行われて、ポポロが官吏を少なくとも部分的には都市区に従って選出していたが、古代の門閥都市も貴族でない平民を、賦役や負担の分配のために地域によって区分していた。ローマでは氏族（Sippe）やクリアから人的に構成された三つの古いトリブスと並んで、同じくトリブスと呼ばれるが、こちらは純粋に地域ごとの都市区域があり、さらに平民（プレブス）の勝利とともに農村トリブスがこれに加わった。スパルタでは古い人的な三つのフュレーとは別に地域的なフュレーが四つ、のちには五つになった。しかしながら本来の民主制が行われた地域では、民主制の勝利ということは地域区分としての「デーモス」を全ポリスの下位区分とするということを意味していた。ポリスの一切の権利と義務はこれに基づくものとなったのである。このような変化が実際にどのような意義をもっていたかについては直に考察することになるが、ともあれその結果として、ポリスはもはや軍事的・氏族制的団体の兄弟盟約ではなく、一個のアンシュタルト的な領域ケルパーシャフト（Gebietskörperschaft）として扱われることになったのである」（ウェーバー 一九六四、二三四―二三五頁）。なお、アレントは、ウェーバーの『古代農業事情』（ウェーバー 一九五九）は参照しているが、『経済と社会』の一部として公表された『都市の類型学』は参照していない。

6 アレント自身は『人間の条件』でポリスを「都市国家（City-state）」と呼んでいるが、これはもちろんマルクスやエンゲルスの言う古代奴隷支配者の階級支配の機関としての「国家」とは区別されねばならない。近代に本格的に登場する主権国家と区別するという意味でも、ここでは「ポリス」あるいは「都市共同体」と表記することにした。

7 あるいは、有機的生命という拘束から逃れて、肉体を完全な人工の機械で置き換えたり、さらにはある種のサイバー空間を構築して、そこに個体の「思考」や「感覚」を浮かべることを夢見る者も出てくるだろう。そこで「思考」の名に値する営みが可能かどうかが、アレントにとってはおそらく問題になるだろう（第Ⅳ章第23節参照）。仮にそのような永続する「思考」、有機的生命体の循環から離脱した永遠の思考の連続が実現されたとしよう。それは人間個体の思考や感覚に耐えうるものなのか、むしろ終わりなき悪夢ではないのか、という問いは措くとしても、人工肢体やサイバー空間の物質的基盤そのものは、それが無機的な素材による機械であれ、何らかの有機的な素材で形成されたものであれ、使用物の摩耗という形で緩慢な「死」を免れない。したがって、それを維持するための「労働」を誰が、あるいは何が担うか、という問題は残る。

8 中世ヨーロッパの都市におけるキリスト教の意味についてのアレントのこうした理解は、マックス・ウェーバーとは少し異なっている。ウェーバーによれば、キリスト教の形成期、とりわけパウロによる食卓共同体の形成――割礼を受けていない異邦人とは食卓をともにしてはならない、というユダヤ教の禁忌を破って異邦人の信徒と食事をともにしたこと――が、古代の都市共同体では不十分だった血縁・地縁的な関係の切断による自由な市民の形成を可能にした。「兄弟盟約（Verbrüderung）」（兄弟の契りを結ぶこと、アレントが本文で示しているconfrériesもそれにあたる）こそが、自由で平等な共同関係形成の出発点となった、と言うのである。およそ一緒に酒食をともにすることが親密な人間関係形成の一歩だとすれば、これを家族の拡大延長に位置するものと考えるか、それとも「新たな」関係形成の萌芽を潜在的に含むものと考えるかは、アレントの議論に即して見ても検討の余地があるだろう。この点はウェーバーの都市論の核心的な論点だが、すでに指摘したように、アレントは『都市の類型学』を参照していない。

9　ただし、マキアヴェッリ自身は、傭兵隊長をそれほど高く評価していない。アレントは、この箇所につけられた原注（29）で、『君主論』第六章末尾のシラクサのヒエロを例として挙げている。傭兵制と傭兵隊長の弊害について論じた第一二章ではなく、軍事力と「力量」で権力を獲得した新君主について論じた第六章を参照指示していることは、アレントのマキアヴェッリ理解の特徴を示している。

10　ホメロスに歌われたそうした徳は、古典的なポリス共同体の確立以前からのギリシア人の政治の営みの本質的な構成要素だとアレントは見ている。

11　ここでは本来の公的な活動としての言論や行為に「労働」が対比されているが、厳密に言えば、近代になって人々が公的な場で卓越を競うのは、「労働」そのものよりは職人的な「仕事」と「消費」である。アレントは、ソースティン・ヴェブレンが『有閑階級の理論』（Veblen 1899 (1918)）で示した「顕示的消費（conspicuous consumption）」という概念を借りて、「顕示的生産」から「顕示的消費」への展開として論じている（第Ⅳ章参照）。

12　「キリスト教徒の間の「兄弟愛〔brotherhood〕」だけでなく、すべての人間関係を隣人愛〔charity〕の上に築くことを提案したのが、アウグスティヌスだった」（p. 53／八六頁＝79～80頁）。なお、志水訳は信徒の「兄弟愛（brotherhood）」と、より普遍的な「隣人愛（charity）」を「同胞愛」と一括して訳しているために理解しにくくなっている。

13 世界に対して無関心あるいは否定的でありながら、他者との「世界」の形成への潜在力を秘めているというキリスト教の独特の「無世界性」は、第10節で論じられるナザレのイエスの「善行」への「愛」——これも単なる「愛」とは区別される——に源泉がある。

14 アレントが哲学の擁護する「理性の真理」と区別して「事実の真理」をその改竄や忘却から擁護しようとしたのも、そうした理由による（牧野 二〇一九を参照）。

15 ドイツ語版の訳者である森一郎は「便所と寝室」と敷衍している（*Vita activa*, S. 89／八九頁、および五一〇頁、訳注一一）。確かに、排便・排尿、発汗や息など、他人の目にさらしたくない、あるいは他人のそれに触れたくないとわれわれが考えるものは、主として身体から放出されるものに関連している——性的交接や出産が公の目から遠ざけられるべき「私的」な営みの最たるものである理由も、それが肉体という他者や「世界」との境界線上の営みだからだろう。ただし、排泄や性交などと同じく肉体的・身体的な機能に属するものであっても、飲食については、やや事情が異なっている。飲食もまた、排泄とともに「自然と人間の物質代謝」における物質の摂取という重要な機能である。したがって、本来は「私的」な領域で営まれるべきものだが、そうであるからこそ、人と人を親密に結びつける際に重要な役割を果たしている。われわれが公的な場で集まる時には、テーブルを囲んで会談するだけでなく、飲食を——儀礼的な乾杯という形であれ——ともなうのがふつうである。アレントはこの食卓の共同性を基本的には家の領域に属するものと考えているようだが、マックス・ウェーバーはキリスト教、特にパウロによる食卓共同体の形成をヨーロッパにおける都市共同体の出発点として位置づけている（前注8を参照）。

16 絶対的な意味の「善（goodness）」——古代ギリシア・ローマの「役に立つ（good for）」や「卓越（excellent）」とは異なる意味における「善」が西洋の文明に現れたのは、キリスト教の勃興からだった。「公的な事柄ほど疎遠なものはない」というテルトゥリアヌスの言葉に示されているように、キリスト教が公的・政治的な生活を拒否した理由は通常、初期の終末論的期待の結果と理解されているが、キリスト教の超世界性には初期の終末論的期待とは別の起源がある、とアレントは見ている（pp. 73-74／一〇八—一〇九頁＝104頁）。

17 以下でも繰り返し指摘するが、アレントにおいて「思考」は「観照」へとつながるにもかかわらず、「活動」に属している。このことは、すでに冒頭の「プロローグ」で明言されていた。「「われわれが行っているのは、いったい何なのか」。これが、この本の中心テーマである。ここで試みるのは人間の最も基本的な条件を明らかにすることであり、伝統においても今日の見方においてもすべての人間が行っている活動が扱われる。そうした理由および、のちに述べる理由から、人間のなしうる最高の活動、おそらく最も純粋な活動である思考は、ここでの考察の対象から外される」(p. 5／一二頁＝16頁)。

18 プラトンの哲学は、人間事象の「洞窟」から去り、イデアの大空のもとで存在する絶対的な真理を求めたが、そこではなお「私と私自身(eme emautō)」の間で交わされる対話が残されていた。その意味において、プラトンもやはりソクラテスが始めた「一者の中の二者」の対話に従って思考していた、とアレントは見る(pp. 75-76／一一一頁＝107頁)。

［第Ⅲ章］

1 アレントは、第Ⅳ章「仕事」で次のように述べている。古典時代のギリシアでは、道具を用いて行われる職人の仕事――アレントの「制作」――は、それ自体を目的とするものではなく、生活のためになされる「卑俗(banausic)」な営みとされていた。ギリシア語でそうした職人の営みを示す「バナウソス(banausos)」という言葉は、ドイツ語では「俗物(Banause)」という意味で用いられているし、英語ではphilistineがこれにあたる。職人の「仕事」が奴隷の「労働」とともに蔑視されたという事情が、古代において「労働」と「仕事」という活動の区別が必ずしも明確にされなかった原因なのであった、と(pp. 156-157／二七六頁＝250頁)。

2 アレントは、ここで人間のもつ「労働力(labor power)」を「力量(strength)」と言い換えている。のちに「権力」の定義のところで述べるように、アレントにおいては複数の人間の間の協同によって発生する「権力(power)」と、個体としての人間がもつ「力量(strength)」とは区別される。したがって、労働力とは個人としての労働者の肉体的あるいは精神的な能力であり、協同によって生み出される力はこれとは範疇が異なる。この箇所ではじめにpowerを用いたのは、おそらくマルクスの「労働力（Arbeitskraft）」概念に準じてだろう。

3　人間にとっての「生」は単なる生物学的生命ではない。原語はいずれもlife（Leben）が用いられているが、適宜訳し分けた。もっとも、生物の「生命」もいずれは生命活動の停止へと至る自然の物理的法則に抵抗して維持されている、という意味では、有機的生命体の「生命」活動は人間の「生」のモデルではある。

4　「さらに、製作と行為とは種の上で異なっているものであるから、両者いずれも道具を必要とするにせよ、必然にそれらの道具は同じように異なっていなければならない。しかし生活は行為であって、製作ではない。それ故に奴隷もまた行為に関することどもの下働き人である」（『政治学』一二五四a七、アリストテレス　一九六一、三九頁）。

5　ロックの本文は自然の対象に労働を投入して「混ぜ合わせる」という意味にとれるが、アレントは「混ぜ合わせる（mixes with）」の前にbodilyを補って「労働によって自然の対象をみずからの肉体に取り込む」と――マルクスの物質代謝論に引き寄せる形で――読んでいる。ちなみに、ロックが「混ぜ合わせる」という表現を用いているのは、この第二七節のみである（『統治二論』後篇、第二七節、ロック　二〇一〇、三二六頁）。

6　アレントが参照している英語版『資本論』（Karl Marx, *Capital: A Critique of Political Economy*, revised and amplified according to the fourth German edition by Ernest Untermann, New York: The Modern Library, 1906, p. 200）にはLabour has incorporated itself with its subject: the former is materialised, the latter transformed とある。対応するドイツ語原文はDie Arbeit hat sich mit ihrem Gegenstand verbunden. Sie ist vergegenständlicht, und der Gegenstand ist verarbeitet（*Marx-Engels Werke* [MEW], Bd. 23, Berlin: Dietz, 1956, Dritter Abschnitt, S. 195）であるから、明らかに誤訳である。日本語訳は「労働はその対象と結合した。労働は対象化され、対象は加工される。労働者の側に不安定な形態において現れたものが、今や安定的な性質として、存在の形態において、生産物の側に現れる」（マルクス　一九六九―七〇、⑵一五頁）。『人間の条件』のドイツ語版では「対象化

(Vergegenständlichung)」が用いられている（*Vita activa*, S. 121／一二一頁）。

7　ただし、アレントは、第Ⅲ章の原注（41）のGegenstandについての注釈では、同じ箇所を「[労働は]対象化されて、対象が加工される」と正しく翻訳している（pp. 102-103／二二九頁＝209〜210頁）。なお、英語版『資本論』は、この箇所に限らず、Gegenstandを一貫してsubjectと訳している。

8　ドイツ語版につけられた注三九では、自然の対象を「貪り尽くす」生産的消費としての労働、という本文で紹介した『資本論』でのマルクスの言葉を引用して、こうした発想の元になったのはロック『統治二論』後篇第二七節の「労働と自然の対象とを混ぜ合わせる」であろう、とアレントは推測している。

この点でいささか解説が必要なのは、次の第Ⅳ章第18節の農業についての議論である。

> 土地の耕作は、人間の労働の最も必要かつ基本的な要素だが、労働がその過程で仕事に転化するという完璧な例のように見える。土地を耕すという作業は、生命の成長と衰退のサイクルに密接に関連しており、より大きな自然の循環過程に完全に依存しているけれども、活動のあとにも存続する耐久性のある産物を工作物にもたらすからである。毎年毎年続けられるこの作業は、ついには荒野を耕地に変える。〔…〕確かに、耕作における仕事と労働の類似性は否定し難いし、農業が昔から尊ばれてきたのは、土地を耕せば生存のための手段が獲得できるだけでなく、その過程で大地を世界を建設するための土台として整備できるからである。だが、その場合でもなお、仕事と労働の区別は歴然と残っている。耕作された土地は、厳密に言えば、使用の対象ではない。使用対象物はそれ自体として耐久性をそなえていて、これを保存するには、ふつうの世話〔care〕があれば足りる。それに対して、耕作地をその状態に保つには、繰り返し労働を加えなければならない。言い換えれば、一度生産されればそのまま存続するという意味での真の物化は起こらない。耕作された土地が人間の世界にとどまり続けるには、繰り返し再生産されなければならないのである。（pp. 138-139／二五五頁＝226〜227頁。傍線は引用者）

第Ⅲ章での議論と同様、土地の耕作が「労働」である理由は、「繰り返し耕作しなければ農地を維持できない」という点に置かれている。だが、農地と対比される「使用」対象物も――その生産は「制作」であるとしても――、これを絶えず使用可能な形で「保存するためのふつうの世話」は、前章でのアレントの議論に従えば「労働」に入るはずである。他方、農業における土地は「使用」の対象物ではない、とアレントは言うのだが、さりとて人間は土をそのまま摂取して直接に「消費」するわけではない。この点は「間接的な消費」という形で整理し直す必要があるだろう。

9 ただし、純然たる自然の事物、あるいはそれを素材とする制作物に対する「メンテナンス」と、人間を相手とする「ケア」とは区別する必要がある。後者の場合には、人間の複数性、したがってアレントの用語で言えば「行為」の要素が入ってくるからである。官僚機構のメンテナンスについても、それを構成する人間をもっぱら機械の部品として扱うかどうかによって変わってくるだろう。医療その他の分野において今日「ケア」と呼ばれる営みで問われているのは、そうした側面である。

10 これは、のちに触れるソースティン・ヴェブレンの『有閑階級の理論』の言葉である。「行為主体としての人間には、目的に適う行動を好み、無駄な努力を嫌う傾向〔repugnance to all futility of effort〕が備わっている」(Veblen 1899 (1918), p. 17／七七頁)。また、「賤しい労働に本能的な嫌悪感〔repugnance for the vulgar forms of labor〕」(ibid., p. 19／八二頁)という表現も見られる。ただし、アレントが原注(67)で参照指示している(p. 119, note 67／二四一頁＝216頁)第四章冒頭(p. 33)にはrepugnanceについての言及は見当たらない。

11 なお、これに続く部分は、ニーチェにおける観照と実践の関係を考える上で重要である。「だが、この場合、彼に連れ添う不断の伴侶は幻想だ。すなわち、彼は人生という巨大な演劇と音楽の前に自分が観客や聴衆として立たされているのだ、と思う。彼は自分の本性を観想的と呼ぶ。その際、彼自身がその人生の真の詩作者でもあり詩作し続ける者でもあることを看過する、――もちろん彼はこのドラマの俳優、いわゆる行動する人間とは非常に違った存在であるが、しかし舞台の前の単なる観客や賓客とはそれ以上に違った存在だということを彼は看過する。詩作者としての彼は観想の力（vis contemplativa）と自分の作品への回顧を有していることに間違いはないが、同時に何はおいてもまず彼は、見た目にどうであろうと一般俗論がどう言おうと、行動する人間には欠けているところの創造力（vis creativa）をもっている。われわれ、この考えながらに感受する人間こそは、まだ現存しないところのものを実際に、また不断に作り上げる者なのだ、つまり評価や色彩や重さや遠近や順位や肯定や否定の無限に成長する世界全体を作り上げる者なのだ。われわれによって案出されたこの創作物が、いわゆる実践的人間（前に述べたようなわれわれの俳優たち）によって、絶えず覚え込まれ、練習され、肉となり現実となり、いな、日常茶飯事に翻訳されてしまう」（ニーチェ 一九九三a、三一六―三一七頁）。

12 複数の人間の協同というかぎりにおいて、これは「行為」の問題でもある。「仕事の専門化と労働の分業が共通しているのは、その一般的な組織原理のみであって、この原理そのものは仕事とも労働とも関係なく、むしろ生の厳密な意味での政治的領域、すなわち人間の行為する能力、互いに協力して行為する能力に由来している。人間は単に生命体として生きるだけでなく、一緒になって行為する。そうした政治的組織の枠の中で初めて仕事の専門化も労働の分業も可能になるのである」（p. 123／一九七頁＝183頁）。

13 すでに第II章の段階で「分業」の定義は提示されていたが、専門化に基づく「協業」については、まだ明示されていない（p. 47, note 38／一三〇頁＝120～121頁）。

14 アレント自身、原注（17）で『資本論』第三巻第七篇第四八章の「自由の国は事実、労働が止む〔aufhört〕ところから始まる」をわざわざドイツ語で引用しながら、これを初期の『ドイツ・イデオロギー』における「問題なのは労働を解放することではなく廃止すること〔aufzuheben〕である」と同様に「労働の廃止」の意味だとしている（p. 87, note 17／二二〇頁＝204頁）。

15 conspicuous consumption はヴェブレンの『有閑階級の理論』第四章のタイトルで、第三章は conspicuous leisure（顕示的余暇）である。消費者社会の問題についてのヴェブレンの議論を、アレントは継承している。

［第Ⅳ章］

1　アレントは、第Ⅵ章で、ギリシア哲学における「観照」には二つの源泉があると論じている。第一の源泉は、存在の奇蹟に対する「驚き」である。これはプラトンからアリストテレスに受け継がれている。もう一つの源泉は、職人による制作の経験である。「ここで彼〔プラトン〕が依拠しているのは、職人の経験である。職人は、事前に作るものの形を心の眼で思い描き、その形に従って対象物を制作する。このモデルは、職人がみずから作るものではなく、模倣することができるだけのものであり、人間の精神の産物ではなく、精神に外から与えられたものだった。そのようなものとして、モデルは一定の永続性と卓越性を有している。人間の手はそれを完全に実現することはできず、具体的な物にする際、その完全性は多少とも損なわれざるをえない。人間の手による仕事は、単なる観照の対象であれば永遠に残るモデルの卓越性を、滅びゆく物に具体化することで損なってしまう。したがって、仕事と制作を導くモデル、プラトンのイデアに対してとるべき適切な態度は、それがおのれの心の眼に現れるがままにしておくことである。人が仕事の能力を放棄して何も行わない時に初めて、彼はイデアを眺め、その永遠に与ることができる」（pp. 302-303／五二二頁＝474～475頁）。

2　アレントは、第Ⅳ章の原注（8）で、カール・ビューヒャーをはじめとする労働歌研究に言及しながら、こう指摘している。「それらの研究の中で最良のもの（ヨーゼフ・ショップ『ドイツの労働歌』）が強調するのは、労働歌〔labor songs〕はあるが、仕事の歌〔work songs〕というのは存在しない、ということである。職人の歌は、仲間との交流のためのもので、仕事が終わったあとに歌われる。もちろん、これは仕事には「自然な」リズムというものがないという事実を示している」（p. 145, note 8／三〇二頁＝276頁）。

3　中世キリスト教修道院で精神の集中と観照のために労働が推奨されたという事実の典拠としてアレントが参照指示しているのは、エティエンヌ・ドラリュエル「四世紀から九世紀の西洋修道院宗規における労働」（Etienne Delaruelle, « Le travail dans les règles monastiques occidentales du quatrième au neuvième siècle », *Journal de psychologie normale et pathologique*, Vol. XLI, No. 1, 1948）である。第Ⅵ章の原注（83）では、ドラリュエルの同

4

論文の他に、アウグスティヌスの定めた修道院規則が挙げられているが、アレントの指示するアウグスティヌス書簡などを見ても、観照のための手段として労働を推奨している箇所は見当たらない（p. 317, note 83／五七八―五七九頁＝520～521頁を参照）。

ヴェイユが工場での作業に慣れた第五週第四日の記録には、こう書かれている。「八時四五分―一時半（立ったまま）。研摩。ちょっとした操作で、タイム一〇分、そして、〇・〇二三パーセントの割で三〇〇個。六フラン九〇の収入。タイム二時間四五分（または二時間半か）。一時間あたり、二フラン四〇から二フラン七〇。ベルト・コンベアで研摩作業、困難だ。ゆっくりとやる。見た目にも、手ぎわがよくない（なかなか、手先が器用にならない）。それでも、オシャカの品を出さずにすむ。しかし、ムーケはわたしに仕事を止めさせて、残りの二〇〇個をほかの者にやらせる」（ヴェイユ 二〇一四、四〇―四一頁）。同様の記述は随所に見られるが、そこでの注意は何よりも機械に合わせた作業に集中し、作業遂行の所要時間と個数、そして報酬に意識が向かっている。他のことを考える余裕がある、という記述は見当たらない。

ただし、作業場によっては、そこでの協同労働がある種の喜びをもたらすことも、ヴェイユは伝えている。先の引用に続く部分では、こう述べられる。

かまど。同じ工場のはしにありながら、この一角はまったくちがっている。上役もめったにやって来ない。自由で友愛に満ちた雰囲気で、卑屈な、さもしいものもうまったく見られない。調整工の役を引き受けている、感じのいい少年……溶接工……ブロンドの髪の若いイタリア人……わが「婚約者（フィアンセ）」氏……その兄弟……イタリア人の女……木づち係のたくましい若者……

とにかく、楽しい作業場だ。協同作業。製缶の機械、器具類、特に木づち。小さな手動機械で曲げを与え、次いで木づちで形を整える。だから、手先の器用なことが第一に要求される。何度も計算をして、長さを決める。――製缶作業は協同でやる。たいていの場合、いや、ほとんどいつも二人が組んで仕事をする。（同書、四一頁）

5 「新たなテクノロジーの利点を最大限に得るためには生産物、生産工程（プロセス）、あるいは機械（machinery）――時としてこれら三つすべて――の再設計（redesign）が必要となる。単に現在の機械にコンピュータを連結して、今日と同じ生産物をまったく同じ方法で作ることがオートメーションだと考えるのは間違いであるのみならず、みずからオートメーションの可能性を狭めるもの〔self-limiting〕である。単にオートマティックな制御を利用する生産工程と、真に自動化している生産工程（オートマティックなプロセス）との間には巨大な違いがある」(Diebold 1952 (1983), p. 32／三一頁)。

6 したがって、「補修」作業が労働者に職人のような自尊心を与えてくれる、などという期待は「オートメーションが一般に広まるはるか以前に消滅している」とアレントは述べている（p. 149, note 12／三〇五頁＝279頁）。

7 「ホモ・ファーベル（homo faber）」という用語は、ベルクソンに由来する。「かりに私たちが思い上がりをさっぱりと脱ぎ捨てることができ、人類を定義する場合その歴史時代および先史時代が人間や知性のつねに変わらぬ特徴として提示しているものだけに厳密にたよることにするならば、たぶん私たちはホモ・サピエンス（知性人）とは呼ばないでホモ・ファベル（工作人）と呼んだであろう。つまり、知性とはその本来の振る舞いらしいものから見るならば人工物なかんずく道具を作る道具を製作し、そしてその製作にはてしなく変化をこらす能力なのである」（ベルクソン 一九七九、一七一頁）。

8 志水訳では、これらを「ある目的のために」と「それ自体意味のある理由のために」とそれぞれ「目的」と「意味」という言葉を補って意訳しているので（246頁）、かえって分かりにくくなっている。

9 アレントが言及している注釈は、こうである。「（注一三）アリストテレスの定義は、元来は、人間は本来、市民であるというのである。この定義が古典的古代に特徴的であることは、人間は本来道具をつくる動物だというフランクリンの定義が、アメリカ流にとって特徴的であるのと同様である」（マルクス 一九六九―七〇、⑵二五六―二五七頁）。

10 近代に登場した労働運動は、本質的に政治運動として、人民の唯一組織化された部分、指導的な部分として、その政治的機能を果たしていたのであり、労働者としての存在にその基礎があったわけではない——古代においても、近代においても、奴隷の反乱が驚くほど少なかったことは、そのことを裏側から示している（p. 215／三七五頁＝343頁）。

11 アレントも、第Ⅳ章の原注（36）で、この箇所を参照指示している（p. 165, note 36／三一四—三一五頁＝283頁）。アレントは、ドイツ語版も含めて「『資本論』第三巻、六八九頁（『マルクス＝エンゲルス全集〔*Marx-Engels Gesamtausgabe*〕』〔旧MEGA〕第二部〔Zürich, 1933〕）」としか表記していないが、おそらくマルクス－エンゲルス－レーニン研究所の編集による普及版（Volksausgabe）のことだと思われる（*Das Kapital*, besorgt vom Marx-Engels-Lenin-Instituts, Moskau, Bd. 3, Moskau: Verlagsgenossenschaft Ausländischer Arbeiter in der UdSSR, 1932）。『マルクス＝エンゲルス著作集』（*Marx-Engels Werke* [MEW], Bd. 25, Berlin: Dietz, 1963）では、S. 651-652が該当する。

12 アレントがここで「価値（value）」と対比しているworthという言葉にも他との比較という意味合いはともなっており、日本語では「値打ち」以外に適当な訳語が見当たらない。その意味で「値打ち（worth）」と「価値（value）」という対比でこの問題を論じるのは、いささか無理がある。アレント自身も、ドイツ語版ではworthをQualität（質）と訳している（*Vita activa*, S. 198／二〇〇頁）。

13 芸術作品の源泉は「思考」にあるという観点から、ベンヤミンのいわゆる「複製芸術」の問題も考えることができるだろう。その際には、すでに述べた「大衆文化」に対するアレントの立場も合わせて検討することが必要である。

14 「芸術作品の場合、物化は単なる変形〔transformation〕以上のものである。火がすべてを灰燼に帰するように、決して元に戻らない自然の過程そのものを逆転させて灰が再び燃え上がるような変容〔transfiguration〕、真の意味での変身である」（p. 168／二九〇頁＝265頁）。思考を「変容」させて物化したものが芸術だとすれば、哲学は思考を「変容」も「変形」もなしに物化したものということになる。もとより哲学も、思考そのものではなく、思考の結

15 果を言葉によって「物化」した作品である。

16 アレントは『過去と未来の間』に収録された「真理と政治」という論文で、「事実についての真理」を提示し、擁護する大学の機能について論じているが、そこでの「学問」は「自然科学」ではなく「歴史学と人文学（historical sciences and humanities）」である。「アカデミーのこの正真正銘の政治的意義は、今日、アカデミーの専門学部が重きをなすようになり、その自然科学部門が発展したために容易に見過ごされている。自然科学部門では基礎研究（pure research）から予想もしなかったような仕方で国全体の死活に関わるような重大な成果が生まれてきている。大学のこうした社会的、技術的な有用性を否定することは誰にもできないが、そうした意味での重要性は政治的なものではない。歴史学と人文学は、事実の真理やこれまでの人間の記録を見つけ出し、これを保護し解釈することをその任務としているが、これは政治によりいっそう密接な関連性を有しているのである」（Arendt 1961 (2006), pp. 256-257／三五六頁）。歴史学と人文学こそが事実の真理について思考を通じて解釈する「学問」の中心であって、それは「認識」を追求する「自然科学」や「社会科学」ではない、ということだろう。

17 原語は brain power だが、以下、本文で述べているように、肉体的な力と同じく個人に内属する力量（strength）の一種ということになるだろう。

その意味において、頭脳の力としての「知性」は、個体に帰属する能力としての「力量（strength）」であって、複数の人間の集合的な力としての「権力（power）」とは異なる。肉体の能力と同様に測定できるのも、そのためである。

［第Ⅴ章］

1 人間の特質を「新たなことを始める」能力のうちに見るという考え方の出発点を、アレントはアウグスティヌスに見ている（Arendt 1963 (1990), p. 27／三六頁、牧野 二〇一八、四九頁）。アウグスティヌスについてのアレントの独特な解釈については、ナザレのイエスとキリスト教の関係についての見方と合わせて、別に検討を要する。

2　この第24節の冒頭で、アレントは活動の基本的前提条件としての人間の「複数性（plurality）」について、「他者性（otherness）」と「差異性（distinctness）」の区別と関連させながら、こう述べている。他者性と差異性は同じものではない。他者性とは、存在するいっさいのものがもつ――他の個物とは異なるという――特質である。有機的生命の場合には、これに加えて「差異性」をもつ――同じ種に属する個体それぞれは多様である。有機的生命が有するこの「差異性」を、人間は他者に伝達することができる。みずからを他と区別して表現することができる、という意味において、人間の「他者性」と「差異性」は「唯一性（uniqueness）」となる。言論と活動は、この「ユニーク」な「差異性」を明らかにする（p. 176／三二二頁＝286～287頁）。第二の「出生」は、生物学的な生命有機体の第一の「出生」が、存在のもつ「他者性」に加えて、絶えず新たな「差異性」をもたらすのに対して、個体のもつ「唯一性」を「何者であるか（who）」という形で新たに世界に挿入する、ということになるだろう。

3　ギリシア人の活動に対する姿勢には、著しく「個人主義的」な特徴があった。アキレウスの物語に示されているように、何よりも、自己の生命をも賭して自己の「誰であるか」を確証することが、彼らの関心の中心にあった。他者と競い合うことでみずからを際立たせるという「アゴーン」の精神がギリシア人に特徴的であることは、アレントならずとも、しばしば指摘される。そうした「個人主義的」関心からする「競技精神」が、ギリシアの都市共同体における政治の観念の基礎にあった。それゆえ、人間事象の脆さという場合、近代に顕著になるような活動の「予測不能性」がもたらす困難よりは、「無制約性」に抗して関係の網の目をいかにして維持していくのか、という問題のほうが重要となる（p. 194／三四七頁＝313～314頁）。

4　志水訳はstrengthを「体力」、forthを「実力」と訳しているが、前者が個人に帰属する能力で、必ずしも肉体的・物理的なそれに限定されないこと、後者はそうした力量を手段によって増幅したものであることが明確にならない。なお、論文「暴力について」における暴力、権力、力量、強制力についての定義もほぼ同じであるが、こちらでは「強制（coercion）」のための手段を用いる力としての「暴力」と、「自然の力」や「事の成り行き」というように物理的ないし社会的な運動から発せられたエネルギーを指す「強制力（force）」とが区別されている（Arendt

1972, pp. 143-144, 155／一三三―一三五頁)。

5 トゥキュディデス『戦史』の有名なペリクレスの葬送演説は、こう始まっている。「かつてこの壇に立った弔辞者の多くは、この讃辞を霊前のしきたりとして定めた古人を称えている。戦いの野に生命を埋めた強者らには、讃辞こそふさわしい、と考えたためであろう。しかし思うに、行為によって勇者たりえた人々の栄誉は、また行為によって顕示されれば充分ではないか。なればこそ今、諸君の目前で行われたように、この墓が国の手でしつらえられたのである。それに反して、多くの勇士らの勇徳が、わずか一人の弁者の言葉の巧拙によって褒貶され、その言うなりに評価される危険は断じて排すべきだと私は思う」(トゥキュディデス 一九八〇、三五五頁)。

6 ergon の訳語は work, Werk だが、この文脈では「作品」ではなく「仕事」、「働き」を意味する。「このことは、おそらく、人間の機能(エルゴン)の何たるかが把握されるとき果たされるであろう。というのは、笛吹きとか彫刻家とかその他あらゆる技能者、総じて何らかその固有の機能とか働きとかを有している人々にあっては、かかる機能を果たすことにその善とそのよさがあるごとく、人間についてもまた、何らか「人間の機能」なるものが存在するかぎり、これと同様なことが言えると考えられるからである」(『ニコマコス倫理学』一〇九七b二二、アリストテレス 二〇〇九、(上)三九頁)。

7 アリストテレス哲学の文脈では、actuality は「現実態」と括弧付きで訳した。

8 「アリストテレスの言うエネルゲイアとエンテレケイアという二つの概念は、密接に関連している(energeia … synteinei pros tēn entelecheian〔エネルゲイアは……エンテレケイアを目指している〕)。完全な現実態〔actuality〕(エネルゲイア)は自分自身以外の何ものも生み出さないし、完全に実現された現実〔reality〕(エンテレケイア)はそれ自身の他には目的をもたない(『形而上学』一〇五〇a二二―三五を参照)」(p. 206, note 37／四二八頁＝392頁)。

9 アレントのアリストテレスからの継承は、第V章冒頭のエピグラフに暗示されている。英語版のエピグラフにはダンテ『帝政論』からのラテン語引用とその英語訳が掲げられているが、英語訳はアレントの解釈が入った意訳に近く、原典の解釈としては疑義があると、森一郎はドイツ語版の邦訳五一三頁で指摘している。試みに小林公訳『帝政論』第一巻第一三章に依拠して、アレントが引用して英訳している部分を傍線で示すと、以下のようになる。

(1)さらに、支配することへと最善の仕方で秩序づけられうる者こそ、他者を最善の仕方で秩序づけることができる。というのも、行為者が自然的必然によって行為しようと意志によって行為しようと、あらゆる行為において行為者が第一に目指すのは、自己と類似したものをさらに生み出していくことだからである。(2)それゆえあらゆる行為者はまさに行為者であるかぎりにおいて、自分の行為に喜びを感ずることになる。なぜならば、存在するものはすべて自己の存在を欲求し、行為により行為者の存在は何らかの意味で増大するがゆえに——そして喜びは欲求の対象と常に結びついているので——必然的にそこから喜びが生ずるからである。(3)それゆえいかなるものも、行為の作用を受けるものへと伝達されるはずの性格をすでに有していないかぎり行為することはない。それゆえアリストテレスは『形而上学』において「可能態から現実態へと変化するものはすべてすでに現実態においてそのようなものとして存在しているものによってそのように変化させられる」と述べており、或るものがこれと異なる仕方で行為しようと試みても、その試みは無益である。(ダンテ・アリギエーリ 二〇一八、四九—五〇頁)

10 「行為」の喜びがみずからの存在の拡大にあること、そうした特質はすでにアリストテレスが「可能態から現実態へ」という形で捉えていたものである、とダンテは明言しているのである。

11 ヘーゲル 一九七八、第一四二節(第二部「本質論」、C「現実性(Die Wirklichkeit)」)、(下)八一—八二頁参照。ここでエンテレケイアにあたるヘーゲルの「現実性(Wirklichkeit)」とアレントの「リアリティ」は、ほぼ照応する関係にある。アレントは、ドイツ語版では英語版の reality に対応する箇所で Wirklichkeit と Realität を併用している。区別はやや不分明なところがあるが、共通世界や公共空間が客観的な形をとって現象する際の「現実性」を

Wirklichkeit、それをわれわれが主観的に感得する場合にRealitätをあてている。ドイツ語版の邦訳は、この区別にこだわり、Wirklichkeitを「現実性」と訳し、Realitätにのみ「リアリティ」の語をあてているため、かえってアレントの「リアリティ」の意味が分かりにくくなっているきらいがある。アレントは、ドイツ語版では「エネルゲイア」（英語版ではactuality）の訳語にAktuelle、「エンテレケイア」（英語版ではreality）にWirklicheをそれぞれあてている（*Vita activa*, S. 463, Anm. 37／四八二―四八三頁）。この点から見ても、アレントの「リアリティ」にあたるドイツ語はWirklichkeitだと考えるべきだろう。なお、哲学史の文脈では、Realität（通常「実在性」と訳される）とWirklichkeitでは、その意味するところが異なっている。カントに至るまでの「現実性」と「実在性」の関係についての簡明な整理としては、木田 二〇一二、第二回「〈実在性〉と〈現実性〉はどこがどう違うのか」を参照。

12 その際に指導理念となる「イデア」の観念もプラトン自身の中で変容した、とアレントは見ている。プラトンが政治哲学に関心をもっていない『饗宴』のような著作では、イデアは「前を最もよく照らす（ekphanestaton）」、つまり、美なるものの変種として語られている。ところが、『国家』では、行動の標準、尺度、規範、つまり「善」のイデアの変奏（variations）あるいは派生物（derivations）として語られている、と。「イデア論を政治に適用するためには、この転換が必要だった。最高のイデアは美ではなく善である、とプラトンが宣言したのは、本質的に政治的な目的、人間事象の脆弱性を除去するためだった。だが、善のイデアは、哲学者の最高のイデアではない。哲学者の願望は、存在の真の本質を観照することであり、そのために人間事象の暗い洞窟を離れて輝かしいイデアの天空に向かうことだからである。『国家』においてもなお、哲学者は善の愛好者ではなく、美の愛好者として定義されている。善が最高のイデアであるのは、人間事象の支配者としての哲人王にとってである」（p. 226／三八七―三八八頁＝356頁）。

13 この関連については、アーレント 二〇〇二、二四五―二四六頁のほうが簡明な説明を与えている。

14 アレントが一九五〇年から晩年の一九七三年に至るまでの思索を記録した『思索日記』の最初の部分は、この問題についての省察にあてられている。「人が犯した不正は肩に掛かる重荷だが、人が自分で背負い込んだからには自分で担うしかない。これはキリスト教的な罪の観念とは対立する考え方である。キリスト教的な罪の観念に従えば、ある者の犯した不正はその者の中に罪として残り、すでに汚れている内的組織をさらに毒していく。だから人は恩寵や許しを必要とする。それは重荷をとり除くためではなく、浄められるためなのである」（アーレント 二〇〇六、(1)五頁）。ここでは、キリスト教的な罪の観念に基づく「許し」に対して、真の「和解」が求められている。「他者との和解は見かけだけの出来事ではない。それは不可能なことをするなどと偽らない。他人の重荷を取り除くと約束することもないし、自分には重荷はないと称することもないからである。和解においてもそのようなことが起こる見込みはほとんどない。和解する者はただ、他人がいずれにせよ担う重荷を、進んで担うだけである。和解する者はこれによって平等を再建するのである。したがって和解は不平等を打ち立てる許しとは真正面から対立する。不正の重荷は、それを犯した者にとっては、自分で背負い込んだものだが、和解する者にとっては、自分にとって起きてしまったことなのである」（同書、六頁）。不正を犯してしまった者が良心の呵責を感じていたとしても、その心の重荷を取り除いてやることなど、他人にはできない。罪を許してやるというのは、心の負い目をもたない人間が、罪の意識を感じている相手に対して道徳的に優位に立とうとする試みでしかない。そこでは、許す者と許される者は根本的に断絶している。犯された不正を黙って見過ごすのではなく――それは単なる復讐の断念でしかない――、起きてしまったことにともに向き合うこと。「和解」とは、いったん崩された関係を平等な関係に修復することだ、とアレントは言うのである。

15 アレントは、『革命について』で、ナザレのイエスの「愛」の特質について、メルヴィルの『ビリー・バッド』、ドストエフスキーの『カラマーゾフの兄弟』の「大審問官」の挿話を題材にして論じている。イエスの「同情」は、不特定多数の人間ではなく、個別具体的な相手に向けられている。一般化できないというこの特質は、「言葉にすることができない」という極限的な形で示される。ビリーは、十字架上のイエスのような苦悶の表情を浮かべて悪人クラッガートを殴り殺し、その処刑の場面で、ただ一言だけ「神よ、ヴィア艦長に祝福を」と言葉を発する。

「大審問官」に登場するイエスも、老審問官に対して終始無言で、最後には黙ったまま老審問官の唇に接吻する。不特定多数の者の救済を雄弁に語る大審問官の「憐れみ」こそが、ルソーからロベスピエールに引き継がれて「テロル」の原動力となる（Arendt 1963 (1990), pp. 85-89／一二七―一三四頁、牧野 二〇一八、九八―一一三頁を参照）。

16 ドイツ語版には、こうある。「約束、ならびに約束から生ずる協定や契約は、非‐主権という条件のもとで与えられる自由に適合している唯一の結束のかたちだからである」、「団結と相互結束を誇る共同体にも――多数者からなる一者を形作っている何らかの個人の共同体支配欲的な意志に基づいてではなく〔…〕――主権がそなわることがあるが、そのような主権は、「自由」であるがゆえに約束による結束や趣意による団結というものがないすべての集団と比較して、疑いもなく優れている」（*Vita activa*, S. 312-313／三二二―三二三頁）。

17 「ひとりのみどりごがわれわれのために生まれた」（『イザヤ書』九・五）。ここでの「よき報せ（glad tidings）」は、言うまでもなく「福音（Gospel）」を意味するが、いわゆる福音書には直接該当する箇所はない。『ヨハネによる福音書』一・一四には「ことばは人となって、私たちの間に住まわれた」とある。そのためか、ドイツ語版では「クリスマスのオラトリオ」と訂正されている。アレントがこの言葉に着目したのは『イザヤ書』九・五を引いたヘンデルのオラトリオ《メサイア》第一二曲からだ、と森川輝一は指摘している（森川 二〇一〇、二九八―三〇一頁）。

18 第33節の議論の順序では、このあとにナザレのイエスの「許し」による救済が論じられているため、一見するとイエスの「許し」の奇蹟のような能力があれば、自然に対する「行為」の介入も修復可能のように読めるが、自然の改変はイエスの「許し」という「奇蹟」によっても修復することはできない。人間の制御しうる範囲内であれば、目的意識的な制作による再建か、あるいは自然の循環による回復を待つほかはない。本文で引用した箇所に続く以下の文章は、自然に対する「行為」の介入ではなく、複数の人間の間の「行為」の領域に「制作」が介入する場合を述べている。「同様に、制作の仕方で、目的と手段の枠組みに基づいて行為することがもたらす大きな危険の一つは、それによって行為に特有の救済をみずから奪ってしまうことである。この場合、人はあらゆる制作に必要な暴力という手段をもって行うだけでなく、制作の場合のように失敗した制作物を破壊するという形で元に戻そうとする。こうした試みほど人間の力の偉大さを示すものはないように思われる。その力の源泉は行為という人間の能力にあり、行為に内在する救済がなければ、不可避的に人間自身だけでなく、人間に生が与えられた条件そのものを圧伏して、やがては破壊することになるだろう」(p. 238／四〇四頁＝374頁)。なお、*Vita activa*, S. 304／三一二―三一三頁も参照。

[第Ⅵ章]

1　しばしば誤解されているが、アレントは歴史的な出来事における原因・結果の因果連関を否定しているわけではない。そもそも人間事象における因果の連鎖関係を想定しなければ、「許し」はほとんど意味がなくなるだろう。

2　マルクスや通常の歴史理解では一五世紀末～一六世紀に進行していた第一次囲い込みをその起点としているのに対して、アレントは一五三〇年代にヘンリー八世によって行われた修道院解散と土地没収をその起点ないし主要な動因としている点で、宗教改革の影響を重視するウェーバーに近い、と言うことができる。

3　デカルトの内省が実際に獲得したのは、「思考」の確実性ではなく、意識の特定の状態についての「認識」の確実性だった。「実際のところ、内省とは人間精神が自分の魂や肉体の状態を省みて熟考すること〔reflexion〕ではない。そうではなく、意識が意識それ自体の内容に対して向ける純粋に認識的な関心〔cognitive concern〕なのである」(p. 280／四九三頁＝444頁)。ここでも「思考」と「認識」が対比されている。内省が果たすのは、感覚作用であれ、認識作用であれ、あるいは「思考」であれ、自己の意識の内部で進行している過程についての「認識」なのである。

4　アレントは引用文につけた原注(44)で次のように述べている。「共通感覚をこのようにある種の内的感覚〔an inner sense〕に転換してしまうことは、近代全体の特徴である。ドイツ語では、この変化は言葉そのものの変化に現れている。以前のドイツ語ではGemeinsinn〔共通感覚〕と呼ばれていたものが、最近ではgesunder Menschenverstand〔健全な人間の知性〕という言葉に取って代わられているのである」(p. 287／五六七頁＝513頁)。

5 アレントのこうした理解は、ホッブズを近代初頭の「機械論的世界像」の代表と見るボルケナウなどとは重点の置き方がまったく違っている。「手工業的な労働の分割が、ガリレイ力学の前提である。ところで、この力学〔Mechanik〕あるいはこの種類の力学は、機械論的世界像の前提となっている。この世界像は、自然におけるいっさいの事象を、前述の意味での機械的過程として理解せんとする努力にほかならない。機械論的世界像は、近代力学および近代哲学の発展と同時に滲透していった。事実、この新しい哲学は、デカルトの『原理』やホッブズの主著を一瞥すれば明らかなように、まずもって、いっさいの自然事象は数学的‐力学的に説明されうるということの論証である」(ボルケナウ 一九六五、三三頁)。ボルケナウの言う「機械論的世界像」は、マニュファクチュア時代の分業の進展による労働の抽象化を背景とする力学(メカニーク)的観点から自然と社会を把握するものであり、自動機械による自然過程の模倣とは似て非なるものである。マニュファクチュアにおける労働分割・分業を基礎にした産業革命＝機械制大工業の成立を、道具＝生産手段の高度化として捉えるマルクスに対して、自動機械＝自然過程の模倣として捉えるアレントの見方が、ここでのホッブズ理解に反映されている。アレントが『全体主義の起源』において、治安の維持を目的とする「リヴァイアサン」の設立という通常のホッブズ解釈ではなく、権力の無限拡大こそがホッブズの議論の核心だとしたのも、ここに理由があった。

6 ここでアレントは、ベンサム『道徳および立法の諸原理序説(*An Introduction to the Principles of Morals and Legislation*)』(一七八九年)のハフナー版(New York: Hafner, 1948)へのローレンス・J・ラフルールによる序論を参照している。

7 アレントは、第20節末尾で、ハイゼンベルクの次のような言及を引用している。今日の技術発展を高所から見れば、テクノロジーというのは「人間がその物質的な力を拡大しようとする意識的な努力の産物というより、生命有機体としての人間の内部にそなわっていた構造がますます周囲の環境に移植されていく、いわば人類の生物学的な発展のように見えてくる」(p. 153／二七一頁＝244頁)。原文は、Heisenberg 1955, S. 14-15／一二―一三頁。

8　ここでアレントが参照指示しているホワイトヘッド自身の議論の焦点は、「行為の組織化」よりも「思考の組織化」のほうに置かれている。「一つの科学の時代があると、それはやがて発展して一つの組織化の時代を迎えるのは偶然ではありません。組織化された思考は、組織化された行為〔action〕の基礎です。組織化とは、諸々の要素を調整して、それらの相互関係があらかじめ定められたある特性を示すようにすることです。叙事詩は、組織化が著しく成功したものと言えましょう。少なくともそれがよい叙事詩であればの話ですが。それは、多様な言葉の響き、言葉の組み合わせ、さまざまな出来事の絵に見るような思い出、日常普通に起こる感情などを、著名な事件を扱った独特の物語に結びつけて、うまく組織化したものです」(Whitehead 1929 (1949), pp. 106-107／一四五頁)。

9　もとよりアレントは、アウグスティヌスとは異なり、人間が神によって初発から人間として生み出されたとは考えないだろう。種としての人間(homo sapiens)が、いつの時点で、どのようにして生まれたのかについてアレントは直接に論じていないが、おそらくそれはマルクスやエンゲルスの言う「道具」ではなく「言葉」をもった時点ということになるだろう。

文献一覧

外国語文献

Arendt, Hannah 1961 (2006), *Between Past and Future: Eight Exercises in Political Thought* (New York: Viking Press, 1961), New York: Penguin Books, 2006.（ハンナ・アーレント『過去と未来の間——政治思想への8試論』引田隆也・齋藤純一訳、みすず書房、一九九四年）

—— 1963 (1990), *On Revolution* (New York: Viking Press, 1963), Harmondsworth: Penguin Books, 1990.（ハンナ・アレント『革命について』志水速雄訳、筑摩書房（ちくま学芸文庫）、一九九五年）

—— 1972, *Crises of the Republic: Lying in Politics, Civil Disobedience, on Violence, Thoughts on Politics and Revolution*, New York: Harcourt Brace Jovanovich.（ハンナ・アーレント『暴力について——共和国の危機』山田正行訳、みすず書房（みすずライブラリー）、二〇〇〇年）

Arendt, Hannah und Karl Jaspers 1985, *Briefwechsel 1926-1969*, herausgegeben von Lotte Köhler und Hans Saner, München: Piper.（『アーレント＝ヤスパース往復書簡 1926-1969』（全三巻）、L・ケーラー＋H・ザーナー編、大島かおり訳、みすず書房、二〇〇四年）

Bücher, Karl 1896 (1924), *Arbeit und Rhythmus* (Leipzig: S. Hirzel, 1896), 6. Aufl., Leipzig: E. Reinicke, 1924.（カール・ビュヒアー『作業歌——労働とリズム』高山洋吉訳、刀江書院、一九七〇年）

Diebold, John 1952 (1983), *Automation: The Advent of the Automatic Factory* (Princeton: Van Nostrand, 1952), New York: American Management Associations, 1983.（J・ディボルト『オートメーション』中島正

信・渡辺真一訳、中央経済社、一九五七年）

Fustel de Coulanges, Numa Denis 1956, *The Ancient City: A Study on the Religion, Laws, and Institutions of Greece and Rome*, Garden City, N. Y.: Doubleday (Anchor books).（フュステル・ド・クーランジュ『古代都市』田辺貞之助訳、白水社、一九六一年）

Heisenberg, Werner 1955, *Das Naturbild der heutigen Physik*, Hamburg: Rowohlt.（W・ハイゼンベルク『現代物理学の自然像』尾崎辰之助訳、みすず書房、一九六五年）

Thielicke, Helmut und Kurt Pentzlin 1954, *Mensch und Arbeit im technischen Zeitalter: zum Problem der Rationalisierung*, Tübingen: J. C. B. Mohr.

Veblen, Thorstein 1899 (1918), *The Theory of the Leisure Class: An Economic Study in the Evolution of Institutions* (New York: Macmillan, 1899), New York: B. W. Huebsch, 1918.（ソースタイン・ヴェブレン『有閑階級の理論』（新版）、村井章子訳、筑摩書房（ちくま学芸文庫）、二〇一六年）

Whitehead, Alfred North 1929 (1949), *The Aims of Education: And Other Essays* (New York: Macmillan, 1929), New York: The New American Library (A Mentor Book), 1949.（『教育の目的』森口兼二・橋口正夫訳、『ホワイトヘッド著作集』第九巻、松籟社、一九八六年）

邦訳文献

アリストテレス 一九六一『政治学』山本光雄訳、岩波書店（岩波文庫）。

―― 一九八〇『アテナイ人の国制』村川堅太郎訳、岩波書店（岩波文庫）。

―― 二〇〇九『ニコマコス倫理学』（全二冊）、高田三郎訳、岩波書店（岩波文庫）。

アーレント、ハンナ（ハナ）一九七四『全体主義の起原3 全体主義』大久保和郎・大島かおり訳、みすず書房。

――一九八七『カント政治哲学の講義』ロナルド・ベイナー編、浜田義文監訳、伊藤宏一・多田茂・岩尾真知子訳、法政大学出版局（叢書・ウニベルシタス）。

――二〇〇二『カール・マルクスと西欧政治思想の伝統』佐藤和夫編、アーレント研究会訳、大月書店。
＊引用に際しては、アメリカ議会図書館のＨＰ内「Hannah Arendt Papers」(https://www.loc.gov/collections/hannah-arendt-papers/) の "Speeches and Writings File, 1923-1975" に収録されている Essays and Lectures "Karl Marx and the Tradition of Western Political Thought", Lectures, Christian Gauss Seminar in Criticism, Princeton University, Princeton, N. J., 1953 を適宜参照した。
――二〇〇六『思索日記』（全二巻）、ウルズラ・ルッツ＋インゲボルク・ノルトマン編、青木隆嘉訳、法政大学出版局（叢書・ウニベルシタス）。

――二〇一七『エルサレムのアイヒマン――悪の陳腐さについての報告』（新版）、大久保和郎訳、みすず書房。

ヴェイユ、シモーヌ 二〇一四『工場日記』田辺保訳、筑摩書房（ちくま学芸文庫）。

ウェーバー、マックス 一九五九『古代社会経済史――古代農業事情』渡辺金一・弓削達訳、東洋経済新報社。

――一九六四『都市の類型学』世良晃志郎訳、創文社。

エンゲルス 一九六五『家族・私有財産・国家の起源――ルイス・H・モーガンの研究に関連して』戸原四郎訳、岩波書店（岩波文庫）。

カント 一九七九『人倫の形而上学の基礎づけ』野田又夫訳、野田又夫責任編集『カント』（「世界の名著」39）、中央公論社（中公バックス）。

ダンテ・アリギエーリ 二〇一八『帝政論』小林公訳、中央公論新社（中公文庫）。
デカルト 一九七八『哲学の原理』井上庄七・水野和久訳、野田又夫責任編集『デカルト』（「世界の名著」27）、中央公論社（中公バックス）。
トゥキュディデス 一九八〇『戦史』久保正彰訳、村川堅太郎責任編集『ヘロドトス トゥキュディデス』（「世界の名著」5）、中央公論社（中公バックス）。
ニーチェ、フリードリッヒ 一九九三a『悦ばしき知識』信太正三訳、『ニーチェ全集』第八巻、筑摩書房（ちくま学芸文庫）。
—— 一九九三b『道徳の系譜』信太正三訳、『ニーチェ全集』第一一巻、筑摩書房（ちくま学芸文庫）。
プラトン 一九九三『法律』（全二冊）、森進一・池田美恵・加来彰俊訳、岩波書店（岩波文庫）。
ヘーゲル 一九七八『小論理学』（改版）（全二冊）、松村一人訳、岩波書店（岩波文庫）。
—— 一九九四『歴史哲学講義』（全二冊）、長谷川宏訳、岩波書店（岩波文庫）。
ベルクソン 一九七九『創造的進化』（改版）、真方敬道訳、岩波書店（岩波文庫）。
ホッブズ 一九七九『リヴァイアサン』永井道雄・宗片邦義訳、永井道雄責任編集『ホッブズ』（「世界の名著」28）、中央公論社（中公バックス）。
ボルケナウ、フランツ 一九六五『封建的世界像から市民的世界像へ』水田洋・花田圭介・矢崎光圀・栗本勤・竹内良知・元浜晴海・山田宗睦・田中浩・菅原仰訳、みすず書房。
マルクス 一九六九—七〇『資本論』（全九冊）、エンゲルス編、向坂逸郎訳、岩波書店（岩波文庫）。
—— 一九七〇『フランスにおける内乱』村田陽一訳、大月書店（国民文庫）。
—— 一九七八『ドイツ・イデオロギー』（改版）、古在由重訳、岩波書店（岩波文庫）。
モルガン、L・H 一九五八—六一『古代社会』（全二冊）、青山道夫訳、岩波書店（岩波文庫）。

ロック、ジョン 二〇一〇『完訳 統治二論』加藤節訳、岩波書店（岩波文庫）。

日本語文献

木田元 二〇一二『ハイデガー拾い読み』新潮社（新潮文庫）。
牧野雅彦 二〇一八『アレント『革命について』を読む』法政大学出版局。
―― 二〇一九「政治における虚偽と真実――アレント「真理と政治」によせて」、『思想』第一一四四号（二〇一九年八月）。
森川輝一 二〇一〇『〈始まり〉のアーレント――「出生」の思想の誕生』岩波書店。

あとがき

『人間の条件』には『全体主義の起源』を書いて以降にアレントが展開するさまざまな論点が集約されているが、労働、仕事、行為という一見分かりやすい構成をとっているにもかかわらず、その論旨を追うのは容易ではない。多様な論点を結びつける一本の筋道があるとすれば、西洋政治哲学の批判的再検討ということになる。アレントは、古代ギリシアの政治的経験を背景にして生まれた政治哲学の展開、プラトン、アリストテレスに始まる西洋政治哲学の枠組みを転倒させようとするヘーゲルの試みを批判的に再検討する中で、みずからの位置を定めている。本書は、ヘーゲルによる転倒の終着点としてのマルクスを軸に解読を試みたものである。その是非については読者の判断に委ねたい。

ただし、西洋政治哲学の終着点には、今一人の人物、ニーチェがいる。ニーチェとの関係を軸に据えなかった理由を挙げるとすれば、アレントのニーチェ批判が『人間の条件』ではまだ完結していなかったから、ということになるだろう。マルクスに対する批判が『人間の条件』でほぼ完結するのに対して、ニーチェとの対話は『人間の条件』以後も継続する。それは、アレントがマルクスよりニーチェに思想的な親近感を抱いていたこと、ニーチェから批判的に継承したもののほうがより大きかったことを意味している。

ニーチェとの批判的対決のためには、ハイデガーとの間合いを計る必要があったということも、今一つの事情として挙げることができるだろう。アレントのハイデガーに対する批判が、戦後早い時期に書かれた実存主義批判で尽くされないことは、アレント自身も自覚していたはずである。『存在と時間』以降のハイデガーの思索、特に一九三〇年代の「ニーチェ講義」をはじめとする一連の講義で示されるそれに本格的に取り組むのは、かなりあとになってからであり、それを踏まえてハイデガーとニーチェに対する自分の立ち位置を確かめるのは、最晩年——おそらく、人間的なことを考慮すれば、政治的な対話のいちばんの相手だったヤスパースが没して以後——のことになる。

およそ思想や学問の上で師をもったことのある者であれば、やがて師の教えに従うだけでは飽き足らず、自分で歩き始めようとする時が来る。師の呪縛から逃れようと、まったく違う領域に飛び込んでみたり、あるいは師の唱える説にあえて挑戦してみたり。そうした悪戦苦闘の末におぼろげに見えてきたのは師の背中だった、ということもあるだろう。アレントにとって、ハイデガーはそうした存在だったはずである。

ニーチェ、そしてハイデガーとの関係については、いずれ別の形で触れることができればと考えている。

編集部の互盛央さんには大変お世話になった。互さんはいつも絶妙のタイミングでボールを投げてくれる。今回は『人間の条件』の翻訳にまで手を伸ばすことになったが、アレントの考えていることを理解する上で、またとない機会を与えてくれたことに感謝したい。

二〇二三年一月

牧野雅彦

牧野雅彦（まきの・まさひこ）

一九五五年、神奈川県生まれ。京都大学法学部卒業、名古屋大学大学院法学科博士課程単位取得。名古屋大学助教授、広島大学法学部教授を歴任。現在、広島大学名誉教授。専門は、政治学、政治思想史。

主な著書に、『歴史主義の再建』（日本評論社）、『マックス・ウェーバー入門』（平凡社新書）、『国家学の再建』（名古屋大学出版会）、『ヴェルサイユ条約』（中公新書）、『ロカルノ条約』（中公叢書）、『精読 アレント『全体主義の起源』』、『危機の政治学』（以上、講談社選書メチエ）、『アレント『革命について』を読む』（法政大学出版局）、『ハンナ・アレント』（講談社現代新書）ほか多数。

主な訳書に、ハンナ・アレント『人間の条件』（講談社学術文庫）ほか。

精読(せいどく) アレント『人間(にんげん)の条件(じょうけん)』

二〇二三年　三月　七日　第一刷発行
二〇二三年　三月二八日　第二刷発行

著者　牧野雅彦(まきのまさひこ)

発行者　鈴木章一
発行所　株式会社講談社
東京都文京区音羽二丁目一二―二一　〒一一二―八〇〇一
電話（編集）〇三―三九四五―四九六三
（販売）〇三―五三九五―四四一五
（業務）〇三―五三九五―三六一五

KODANSHA

装幀者　奥定泰之
本文印刷　株式会社新藤慶昌堂
カバー・表紙印刷　半七写真印刷工業株式会社
製本所　大口製本印刷株式会社

ISBN978-4-06-531428-9　Printed in Japan　N.D.C.114　315p　19cm

講談社選書メチエの再出発に際して

講談社選書メチエの創刊は冷戦終結後まもない一九九四年のことである。長く続いた東西対立の終わりはついに世界に平和をもたらすかに思われたが、その期待はすぐに裏切られた。超大国による新たな戦争、吹き荒れる民族主義の嵐……世界は向かうべき道を見失った。そのような時代の中で、書物のもたらす知識が一人一人の指針となることを願って、本選書は刊行された。

それから二五年、世界はさらに大きく変わった。特に知識をめぐる環境は世界史的な変化をこうむったとすら言える。インターネットによる情報化革命は、知識の徹底的な民主化を推し進めた。誰もがどこでも自由に知識を入手でき、自由に知識を発信できる。それは、冷戦終結後に抱いた期待を裏切られた私たちのもとに差した一条の光明でもあった。

その光明は今も消え去ってはいない。しかし、私たちは同時に、知識の民主化が知識の失墜をも生み出すという逆説を生きている。堅く揺るぎない知識も消費されるだけの不確かな情報に埋もれることを余儀なくされ、不確かな情報が人々の憎悪をかき立てる時代が今、訪れている。

この不確かな時代、不確かさが憎悪を生み出す時代にあって必要なのは、一人一人が堅く揺るぎない知識を得、生きていくための道標を得ることである。

フランス語の「メチエ」という言葉は、人が生きていくために必要とする職、経験によって身につけられる技術を意味する。選書メチエは、読者が磨き上げられた経験のもとに紡ぎ出される思索に触れ、生きるための技術と知識を手に入れる機会を提供することを目指している。万人にそのような機会が提供されたとき初めて、知識は真に民主化され、憎悪を乗り越える平和への道が拓けると私たちは固く信ずる。

この宣言をもって、講談社選書メチエ再出発の辞とするものである。

二〇一九年二月　　野間省伸

ヘーゲル『精神現象学』入門　長谷川　宏
カント『純粋理性批判』入門　黒崎政男
知の教科書　ウォーラーステイン　川北　稔編
人類最古の哲学　カイエ・ソバージュⅠ　中沢新一
熊から王へ　カイエ・ソバージュⅡ　中沢新一
愛と経済のロゴス　カイエ・ソバージュⅢ　中沢新一
神の発明　カイエ・ソバージュⅣ　中沢新一
対称性人類学　カイエ・ソバージュⅤ　中沢新一
知の教科書　スピノザ　C・ジャレット　石垣憲一訳
知の教科書　ライプニッツ　梅原宏司・川口典成訳　F・パーキンズ
知の教科書　プラトン　三嶋輝夫ほか訳　M・エルラー
フッサール　起源への哲学　斎藤慶典
完全解読　ヘーゲル『精神現象学』　竹田青嗣　西　研
完全解読　カント『純粋理性批判』　竹田青嗣
本居宣長『古事記伝』を読むⅠ～Ⅳ　神野志隆光
分析哲学入門　八木沢　敬
ドイツ観念論　村岡晋一

ベルクソン＝時間と空間の哲学　中村　昇
精読　アレント『全体主義の起源』　牧野雅彦
九鬼周造　藤田正勝
夢の現象学・入門　渡辺恒夫
ヨハネス・コメニウス　相馬伸一
アダム・スミス　高　哲男
ラカンの哲学　荒谷大輔
記憶術全史　桑木野幸司
オカルティズム　大野英士
新しい哲学の教科書　岩内章太郎
アガンベン《ホモ・サケル》の思想　上村忠男
使える哲学　荒谷大輔
極限の思想　バタイユ　佐々木雄大
極限の思想　ニーチェ　城戸　淳
極限の思想　ドゥルーズ　山内志朗
極限の思想　ハイデガー　高井ゆと里